· 光明文丛系列 ·
光明文丛 **Guangming Wencong series**

全国高校思政课"手拉手"集体备课中心课题（21SZJS52066324）成果
马克思主义·思想政治教育研究中心（贵州师范大学—贵州省）研究成果
贵州省高等学校教学内容和课程体系改革项目（2021064）成果

新时代高校思想政治理论课教学改革理论与实践探析

陈瑞欣 赵耀 李霞 ◎主编

光明日报出版社

图书在版编目（CIP）数据

新时代高校思想政治理论课教学改革理论与实践探析 /
陈瑞欣 , 赵耀 , 李霞主编 . —北京 : 光明日报出版社 ,
2023.6

ISBN 978-7-5194-7266-5

Ⅰ . ①新… Ⅱ . ①陈… ②赵… ③李… Ⅲ . ①高等学
校－思想政治教育－教学改革－研究－中国 Ⅳ .
① G641

中国国家版本馆 CIP 数据核字（2023）第 094528 号

新时代高校思想政治理论课教学改革理论与实践探析
XINSHIDAI GAOXIAO SIXIANGZHENGZHI LILUNKE JIAOXUE GAIGE LILUN YU
SHIJIAN TANXI

编　　者：陈瑞欣　赵　耀　李　霞

责任编辑：舒　心　周　桐　　　　责任校对：曲建文
封面设计：张鑫月　　　　　　　　责任印制：董建臣

出版发行：光明日报出版社
地　　址：北京市西城区永安路 106 号，100050
电　　话：010-63169890（咨询），010-63131930（邮购）
传　　真：010-63131930
网　　址：http://book.gmw.cn
E － mail：gmrbcbs@gmw.cn
法律顾问：北京市兰台律师事务所龚柳方律师

印　　刷：天津融正印刷有限公司
装　　订：天津融正印刷有限公司
本书如有破损、缺页、装订错误，请与本社联系调换，电话：010-63131930

开　　本：170mm×240mm
字　　数：304 千字　　　　　　印　　张：17.5
版　　次：2023 年 6 月第 1 版　印　　次：2023 年 6 月第 1 次印刷
书　　号：978-7-5194-7266-5

定　　价：78.00 元

编 委 会

前　言

百年大计，教育为本。习近平总书记强调，思想政治理论课是落实立德树人根本任务的关键课程。我们党历来高度重视高校思政课建设，在革命、建设、改革的各个阶段，都对该项工作做出重要部署并取得丰硕成果。进入新时代，高校思想政治理论课建设在党的领导下取得历史性成就，积累了丰厚的经验，形成了一系列规律性认识，这为高校思政课建设守正创新提供了重要基础。但是，思政课建设仍存在一些亟待解决的重要问题，如增强高校思政课内容的时效性，提升高校思政课教学效果，提高高校学生抬头率等问题，还需要在实践中不断探索。

讲好思政课是一件需要下苦功夫的事。首先，思政课程内容覆盖的知识面较广，涵盖马克思主义哲学、政治经济学、科学社会主义，涉及政治、经济、文化、社会、生态文明和党的建设等马克思主义中国化理论创新成果，以及改革发展稳定、内政外交国防、治党治国治军等中国特色社会主义建设一系列重大现实问题。尤其是在当前国内外形势、党和国家工作任务发展变化较快的时代背景下，思政课教学内容只有跟上时代，做到常讲常新，才能取得较好的教学效果。其次，思政课的授课对象专业不同、学段相异，需要教师依据实际，加大对学生认知规律和接受特点的研究，充分掌握他们普遍关注的问题及其思想状况，提升思想政治教育的亲和力和针对性，满足学生成长发展需求和期待，才能从整体上照顾到不同情况的学生的理论需要和接受程度。因此，要进一步提升思政课的实际效果，必须持续推进教学改革。近年来，贵州师范大学马克思主义学院秉持与时俱进、大胆探索的教育理念，着力推动教学改革。2019年我们编印了《高校思想政治理论课经典·教材·现实三位一体教学模式探讨》，引起同行的密切关注。我们在探讨教学问题时，教师多从自身的角度去思考怎样开展教学，或从学生的角度去想象他们怎样接受教学。2021年学院获得全国高校思政课"手拉手"集体备课中心以来，我们对教学改革的视角有了新的思考。

　　习近平总书记明确指出，思政课教学离不开教师主导，同时要坚持以学生为中心，充分发挥教师的主导作用和学生的主体性作用。因此，本次教学改革成果来源，一是教师的教学反思、教学研讨、教学过程中凝练；二是博士生专题式教学的启发、反思和归纳等。邀请博士生参与，主要基于博士生既是授课的对象，又是授课的主体，通过他们的体验式思考有助于推进教学改革往纵深发展。我们将不断提升教学效果，让思政课成为一门有温度的课，以教学改革行动践行习近平总书记的重要讲话精神。

　　本书分为两大板块，分别从"教学改革理论探究""教学改革实践探索"两大方面，对进一步推进思政课教学改革做了较为深入的思考。这些成果的汇集和出版，是学校和学院领导大力支持、学院老师和博士生们倾力参与的结果，同时也是编辑老师付出辛勤汗水的结果，在此，一并向他们表示衷心的感谢！

　　限于编者水平，书中疏漏在所难免，恳请专家、学者和广大同仁批评、指正。

编者

2023 年 5 月

目　录

新时代高校思想政治理论课教学改革的理论探析

新时代高校思想政治理论课教学改革的实践探索

新时代高校思想政治理论课教学改革的理论探析

新时代推进马克思主义理论学科研究生培养的战略思考

李红军

（贵州师范大学马克思主义学院，贵州 贵阳 550001）

摘　要：马克思主义理论学科研究生培养是加强马克思主义理论队伍建设的内在要求，是服务思想政治理论课教学实践的现实要求，也是深化马克思主义学科内涵建设的必要途径。新时代，应该对该学科研究生培养模式做出新的思考，以实现马克思主义理论学科研究生培养质量以及马克思主义理论学科建设质量的稳步提升。

关键词：新时代；马克思主义理论；研究生；培养模式

研究生教育肩负着高层次人才培养和创新的重要使命，是关乎国家改革创新和高质量发展的重大社会问题。积极探索与时俱进的高层次人才培养模式，有助于培养造就大批技艺高超、德才兼备的高层次人才，以推动我国哲学社会科学的内涵式发展。马克思主义理论学科的设立是坚持马克思主义指导地位、社会主义办学方向的必然，也是保证马克思主义人才供给、维护巩固意识形态安全的重要途径。当前，马克思主义理论一级学科已形成马克思主义基本原理、马克思主义发展史、马克思主义中国化研究、国外马克思主义研究、中国近代史基本问题研究、思想政治教育和党的建设等七个具体的学科方向。学科规模的扩张和学科体系的丰富对适应国家重大战略需求、加强党的思想理论建设和推进马克思主义中国化、时代化、大众化有着重要意义。进入新时代，马克思主义理论学科建设面临新的机遇和新的挑战，高校也应该对马克思主义理论学科研究生的培养进行新的战略思考。马克思主义理论教育工作者要以新视野、新思维审视马克思主义学科研究的培养模式，及时挖掘其中的新要求与新问题。

一、新时代马克思主义理论学科研究生培养的新要求

习近平总书记在纪念马克思诞辰 200 周年大会上指出："马克思主义思想理论博大精深、常学常新。新时代，中国共产党人仍然要学习马克思，学习和实践马克思主义，不断从中汲取科学智慧和理论力量。"① 要推动马克思主义学科的发展，就必须有一支强有力的学科队伍，运用马克思主义分析解决时代课题，不断强化马克思主义理论本身所彰显的社会关怀、人本关怀和未来关怀。因此，要形成这样一支队伍，马克思主义学科研究生培养是关键。在新时代，深化马克思主义学科研究生培养模式改革创新有重要的现实意义。

（一）加强马克思主义理论队伍建设的内在要求

马克思主义始终是我们党和国家的指导思想，是我们认识世界、把握规律、追求真理、改造世界的强大思想武器。党的十八大以来，以习近平同志为核心的党中央强调意识形态工作是党的一项极端重要工作，要巩固马克思主义在意识形态领域的指导地位，巩固全党全国人民团结奋斗的共同思想基础。推进马克思主义中国化、时代化、大众化，以马克思主义的科学世界观和方法论塑造人的精神灵魂，确保中国特色社会主义意识形态安全，需要一支对马克思主义有信仰、对社会发展有担当、对人民群众有情怀、对历史进步有贡献的马克思主义理论队伍。培养马克思主义理论学科研究生就是培养马克思主义理论队伍的后备军，高校需要培养一批政治素质高、专业知识强和理想信仰坚定的马克思主义理论研究与宣传的"生力军"。

（二）服务思想政治理论课教学实践的现实要求

办好思想政治理论课是全面贯彻党的教育方针、落实立德树人根本任务的重要途径。要办好思想政治理论课，最核心的问题就在于要弄清楚"培养什么人""怎样培养人"以及"为谁培养人"，而要解决这一核心问题就必须首先弄清

---

① 习近平：《在纪念马克思诞辰 200 周年大会上的讲话》，《人民日报》，2018-05-05（2）。

楚"谁来培养人"。在新的历史方位下，我们作为思想政治教育工作者，首要任务就是努力培养担当民族复兴大任的时代新人、培养德智体美劳全面发展的社会主义建设者和接班人。让马克思主义理论及其中国化的优秀理论成果入脑入心，引导学生树立正确的政治信念和价值标准，学会明是非、辨真假，就必须竭尽全力办好思想政治理论课，办好思想政治理论课的关键在于有能够发挥积极性、主动性、创造性的好教师，高校思想政治理论课教师很大一部分来源于马克思主义理论学科研究生，研究生培养的保质保量可为思想政治教育工作创造活力。做好新时代马克思主义理论学科研究生培养，有助于为各级学校输送一大批政治强、情怀深、思维新、视野广、自律严、人格正的思想政治理论课教师。

（三）深化马克思主义学科内涵建设的必要途径

马克思主义是一个整体性的理论学科，旨在运用辩证唯物主义和历史唯物主义的基本研究方法从整体上研究马克思主义基本原理的科学体系。在马克思主义理论的研究中，"理论与实践""逻辑与历史""继承与创新""科学性与意识形态性"是研究者必须处理的几对辩证关系。经过几代马克思主义研究者的共同努力，马克思主义理论学科已经形成了较为合理的学科布局，马克思主义整体性研究共识已经基本形成，学位点的数量及发展规模有了显著提升，国家对于马克思主义学科专门人才培养的力度也明显加大。进入新时代，马克思主义学科的创新和发展站在新的历史起点上。"雄关漫道真如铁，而今迈步从头越"，新时代的马克思主义理论学科需要强化内涵式发展，在扩大学科规模和增加学科数量的同时，要树立"品质意识"，全面提升学科严肃性、学术严谨性和学理严格性。因此，要强化马克思主义学科内涵建设，就必须加强马克思主义理论学科研究生培养，努力培养一批理论功底扎实、勇于开拓创新的中青年学术教学骨干人才。

二、新时代马克思主义理论学科研究生培养的新问题

十多年来，我国马克思主义理论学科研究生培养已经取得了长足进步，集聚了一批"静"能安心读书思考，深入研究马克思主义经典著作，认真钻研马克思主义基本理论问题；"动"能走出书斋、走向社会、深入实践的复合型马克思主义理论者。进入新时代，马克思主义理论学科在哲学社会科学中的地位越来越凸显，

马克思主义理论学科培养单位承担着为中小学、高等院校培养和输送马克思主义理论研究与教学人才的重任。必须指出的是，在过去相当长一段时间里，马克思主义理论学科研究生培养仍存在一些亟待解决的问题，这既包括培养模式本身的问题，也涉及研究生自身的问题。

（一）传统培养模式与研究生能力要求不匹配

人才培养模式是指在一定教育理论和教育理念的指引下，按照特定的培养目标和培养规格，通过传授相对稳定的教学内容和课程体系，适用相应的管理制度和评估方式，对人才进行教育培养的一系列科学的教学方式、方法手段与过程的总和。自 20 世纪 80 年代起，人才培养模式就是高等教育的核心议题，科学有效的人才培养模式能够遵循人才培养的基本规律，有助于实现人才培养效能的最大化。当前，人才培养模式仍是我国高等教育尤其是研究生教育的薄弱环节。

目前，在马克思主义理论学科范围内，传统的研究生培养模式与新型研究生能力要求形成一定程度的张力。相比于本科生以"老师教、学生学"来实现知识和技能传递的培养模式，研究生更应该掌握学习的主动权，即"学生"才是培养模式的行为主体，学生自主确定学习研究方向以及科学的研究方法，教师（导师）只在研究思路上给予指引，目的是最终培养科研型人才。传统的学科研究生培养大体上倾向于理论学习，依照培养模式设置的相关课程采取以"传授—接纳"为主的方式，这类"单一灌输、被动接受"的人才培养模式压制了研究生学习的主体性与能动性。与此同时，尽管马克思主义是一门理论性较强的社会科学，但是马克思主义的科学性和实践性还是要求该学科的研究生能够多关注社会现实、民生疾苦，能对世事有自己的理性思考。因此，新时代马克思主义理论学科研究生培养应该注重"理论研究"与"实践探索"双能力的整合，要强调研究动态的而非静态的马克思主义理论，强化研究生运用理论分析实际问题的能力以及运用各种学科工具拓展学术接触面的能力。

（二）专业素养期待与研究生自身情况不符合

从狭义角度理解，专业素养可以指一个人所拥有的专业知识、专业理论、专业技能以及必要的学术管理方面的素养；从广义角度理解，专业素养则代表一个更为广泛的概念形态，专业本身所特别要求的感性需求，专业情感、专业理想、专业情操、专业性向、专业自我等因素都囊括其中。一名合格的马克思主义理论专业研究生应该具备未来作为一名马克思主义理论工作者所必需的专业素养，这种专业素养既体现为扎实掌握马克思主义基本原理，又体现为自觉运用马克思主义方法论，更体现为能够坚守马克思主义的立场、怀有马克思主义的情怀，且能够将马克思主义的操守品格转化为学习、工作和生活中的行动自觉。

但是，我们不难发现，在当前的培养模式下，现实与期待仍存在很大的差距。一方面，马克思主义者的理论素养是"通才"素养而非"专才"素养，作为马克思主义创始人、全世界无产阶级和劳动人民的伟大导师的马克思之所以被称为"千年思想家"，正是因为他在政治学、哲学、经济学、历史学等各领域都有理论建树，广义上的"马克思主义"也是一个包含众多学科门类知识的复杂系统体系。在中国，几乎每个学生都知道一些马克思主义基本原理，以马克思主义理论为专业的学生也或多或少读过一些马克思主义经典著作，但是要真正做到学懂、弄通、做实，则非一日之功，需要广博的学理知识作为支撑。这对现在的马克思主义理论研究生，尤其是学习背景、学习经历复杂的跨专业深造的学生确实是一个不小的挑战。另一方面，马克思主义理论者不应该只是"甘坐冷板凳"的理论研究者，更是思想理念的传递者。"教者姿态"也是马克思主义理论学科研究生所必需却很缺乏的专业素养。一名合格的马克思主义理论研究生不能"两耳不闻窗外事，一心只读圣贤书"，醉心于自己的"一亩三分地"，止步于写论文、发文章，而应做到"坐着能写"和"站着能说"，要能将自己头脑中的先进理念、先进思想以丰富的情感、缜密的逻辑、易懂的话语传递给大众。因此，要成为马克思主义工作者，语言表达能力尤为重要，做到声能入心、话能入情，使真理能直抵人心。

（三）研究生现有状态与理想信念要求存在差距

理想信念是作为一个马克思主义工作者的"首要修行"，也是共产党人的政治灵魂和精神支柱。习近平总书记曾反复强调"理想信念"的重要性："理想信念就是共产党人精神上的'钙'，没有理想信念，理想信念不坚定，精神上就会'缺钙'，就会得'软骨病'。"[①] 因此，作为一名共产党员、一名马克思主义工作者，必

---

① 习近平：《紧紧围绕坚持和发展中国特色社会主义 学习宣传贯彻党的十八大精神》，《人民日报》，2012-11-19（2）。

须树立对马克思主义、共产主义的信仰，树立对社会主义的信念，否则就像没有思想的苇草一样随风飘摇，被各种错误观念所左右，被各种错误主义所侵蚀。

然而，马克思主义工作者理想信念的养成并不是一蹴而就的，而需要长期磨砺。学生时代是马克思主义研究者理论养成、信仰形成的关键时期。在新时代，马克思主义理论学科研究生在学期间要完成马克思主义的理论武装，在深入学习马克思列宁主义、毛泽东思想、邓小平理论、"三个代表"重要思想、科学发展观的同时，深入学习贯彻习近平新时代中国特色社会主义思想，要深刻认识这一思想的时代意义、理论意义、实践意义、世界意义，深刻理解这一思想的核心要义、精神实质、丰富内涵、实践要求，深刻体悟这一思想彰显和贯穿的科学的思想方法、高度的理论自觉、坚定的理想信念、真挚的人民情怀以及"我将无我，不负人民"的初心担当。当前，一些马克思主义理论学科研究生虽然在理论上有钻研精神，但在理想信念上缺乏坚定追求，成为理论研究的"精致利己主义者"，以功利主义、实用主义的心态去研究马克思主义。其中，有一部分研究生不注重对马克思主义经典著作的挖掘，将对现实问题的策略性研究简单地等同于对马克思主义的研究。除此之外，更有一部分研究生只是口头上的"马克思主义者"，不能树立正确的世界观、人生观和价值观，无法在实践中自觉调整和校正个人的思想行为。这既与我们当前的培养方式有很大的关系，也与研究生的治学情绪、理想信念密切相关，任重而道远。

三、新时代马克思主义理论学科研究生培养的探索与实践

新时代，要抓好马克思主义理论学科研究生的培养工作，高校以及有关培养单位有义不容辞的责任。马克思主义理论学科研究生的培养必须以习近平新时代中国特色社会主义思想为理论指南，用科学的思想指导工作，用恰当的方法开展工作，用严谨的态度总结工作，为培养新一代信仰坚定、功底扎实、学风优良、富有朝气、勇于创新的马克思主义工作者以及中青年理论家奠定坚实基础。

（一）转变人才培养观念，创新人才培养模式

马克思主义理论学科研究生尤其是博士生的培养是我国高等教育高层次人才培养的重要组成部分，对于繁荣和发展中国特色的哲学社会科学，加强社会主义

意识形态建设，发展 21 世纪马克思主义、当代中国马克思主义等都有十分明显的积极作用。在新时代，转变人才培养理念、创新人才培养模式有助于充分挖掘学生潜能、提高学生整体能力。树立先进的培养理念是培养一流人才的关键，要做好马克思主义理论学科研究生的培养工作，就必须"理念先行"。作为与党的指导思想一脉相承的理论学科，其目的就是以马克思主义作为教育底色，以理论与实践相结合为培养根本。马克思主义理论学科研究生是马克思主义理论的学习者、研究者和传播者，应该自觉做到知行合一。

在基本理念的指引下，马克思主义理论研究生的培养要注重基本性、宽广性和实践性。开设该学科的总体目标是培养具有马克思主义信仰和社会主义信念，德智体美劳全面发展，有较好的马克思主义素养、较扎实的专业基础知识和较宽的知识面，具有正确的理论方向和良好学风，能适用社会主义现代化建设需要的科研、高等教育和党政实际工作部门的高层次专门人才。

根据总体目标所设置的课程可分为"理论"与"实践"两部分。在理论学习方面，马克思主义经典著作是学科学习的"根"。该学科研究生的培养要以马克思主义经典著作的学习为基本，使学生从经典原著中汲取原汁原味的马克思主义。"马克思主义经典作家眼界广阔、知识丰富，马克思主义理论体系和知识体系博大精深，涉及自然界、人类社会、人类思维各个领域，涉及历史、经济、政治、文化、社会、生态、科技、军事、党建等各个方面，不下大气力、不下苦功夫是难以掌握真谛、融会贯通的。"[①] 在培养中，一定要防止马克思主义被边缘化、空泛化、标签化，也要防止对于马克思主义的研究被实用化、功利化。在原著学习的基础上，要分学科、分方向、有针对性地开展专题课程，开设"马克思主义发展史专题研究""马克思主义中国化史专题研究""马克思主义哲学专题研究"等课程。在实践学习方面，该学科研究生的培养不可拘泥于完成教学实习、学术活动等规范性流程，"纸上得来终觉浅，绝知此事要躬行"，学校还必须组织学生走出校园，走向社会，带领他们参加社会实践、科研创新、志愿活动、素质文化等形式的"第二课堂"，使学生在实践活动中，凝练理论与实践的共通点，以理论促实践，以实践促理论。

---

① 习近平：《在哲学社会科学工作座谈会上的讲话》，《人民日报》，2016-05-19（2）。

（二）加强科研创新能力，强化理论建设担当

马克思主义理论者的社会责任就是以马克思主义为指导，在学术规律的支配下做有创新、有深度、有信仰的学术研究，这也是马克思主义理论学科研究生的主要培养宗旨。在该学科研究生的培养中，应加强以"问题意识"为导向的科研创新能力培养。马克思主义的研究不是"空中楼阁"，也不是"信口胡诌"，而要以现实作为理论研究的蓝本。同时，马克思主义研究生还应该具有一定的批判能力，正所谓"尽信书不如无书"，批判性是一个社会不可或缺的精神状态，也是马克思主义理论者最宝贵的理论品格、必不可少的治学态度。在平日的研究中，要避免人云亦云、随波逐流，要拒绝不接地气的偏话、套话、空话和假话，应该用"马克思主义精神"去诠释社会问题和人文问题。

马克思主义理论学科研究生首先要确立正确的立场，从马克思主义唯物史观来看，正确的立场就是"人民的立场"，因此只有以人为本，站在人民的立场，从人民的角度去论证理论的合理性或非合理性，这样的马克思主义才会有生命力。其次，该学科研究生还要坚持客观的态度。解放思想、实事求是、与时俱进是马克思主义一贯坚守的理论品质，对于马克思主义的研究也不应该采取教条主义的做法。因此，必须从一开始就帮助学生树立一种对待事物的客观态度，教会学生不做无根据的判断、不说不负责任的话，应该凡事讲证据、勤论证。正如恩格斯所言："即使只是在一个单独的历史事例上发展唯物主义的观点，也是一项要求多年冷静钻研的科学工作，因为很明显，在这里只说空话是无济于事的，只有靠大量的、批判地审查过的、充分地掌握了的历史资料，才能解决这样的任务。"[①]最后，从技术层面看，该学科研究生还应掌握一套社会科学的研究方法。学习社会科学是一个复合性的过程，因为社会科学各领域并不是完全孤立的，而是相互联系的。作为一名合格的马克思主义理论研究生，决不能认为读了几篇马克思主义经典文章就万事大吉，而应该极力拓展自己的知识面，广泛涉猎历史、伦理、宗教、经济、社会、法律等各个学科的知识，将各领域知识融会贯通。除此之外，一名马克思主义理论学科研究生还应该具有历史视野、现实视野、学术视野、理论视野。在学术研究过程中，应该遵循"了解—理解—深解—独解—通解"的学

---

① 中共中央马克思恩格斯列宁斯大林著作编译局：《马克思恩格斯文集》第二卷，人民出版社2009年版，第598页。

术理论，对任何问题都应该从理论的深度中理解它并寻找创新点。

（三）提高教育教学技能，增强理论宣传水平

思想政治理论课是落实立德树人根本任务的关键课程，是引导学生增强中国特色社会主义道路自信、理论自信、制度自信、文化自信，厚植爱国主义情怀，把爱国情、强国志、报国行自觉融入坚持和发展中国特色社会主义事业、建设社会主义现代化强国、实现中华民族伟大复兴之中的重要途径。学生时代是人成长的关键时期，思想政治教育对于世界观、人生观和价值观形成至关重要。办好思想政治理论课关键在教师，而马克思主义理论研究生是思想政治理论课教师队伍的后备人才，该学科研究生的培养质量直接关系到未来思政课的教育教学质量。只有注重思政课教师队伍后备人才的培养，才能为贯彻党的教育方针、落实立德树人根本任务提供源源不断的力量。

目前，大多数从事思想政治理论课的研究生都有扎实的学科知识功底，但是如何将丰富的学科知识、深刻的人生哲学用通俗易懂的语言传递给学生，就很考验他们的教育教学技能。从学历背景来看，大多数该学科研究生的本科不是在正规师范院校就读的，缺乏一定的教育教学技能，对于如何讲好"马克思主义为什么行、中国共产党为什么能、中国特色社会主义为什么好"无所适从，纯理论化的灌输也使受教者觉得索然无味。因此，高校或培养单位应该完善课程设置，提高教育教学课程的占比，以培养研究生教育教学能力，使之适应高等教育发展之需。基于这一思路，应做到三点，一是树立研究生的"执教思维"。要成为一名教师，首先要解决"教什么"的问题，即要用心钻研自己的专业知识，使自己的专业理论知识更加扎实。在解决"教什么"的前提下，应同样重视"如何教"的问题。马克思主义理论学科研究生满腹经纶，但讲不出或所讲授的知识不能很好地被学生接受、理解。二是优化研究生课程结构。对于马克思主义理论学科研究生的培养应秉持多元化和个性化的培养理念，课程设置上可以涵盖一些跨学科的课程，使学生了解学科知识的前世今生，把控学术最新动态，进一步提升研究生素质，提高专业水平。三是适当增加师范类课程，实现"专业课程"和"师范课程"同步推进，提高该学科研究生"怎么教"的能力。在研究生学习期间，可在专业课程之外，增设师范教育课程方面的必修课或选修课，使其研习课堂教学的相关策略，提高教学技能，充分掌握受教者心理，调动受教者积极性，使其未来的思

想政治理论课能够"满堂生辉"。

（四）健全分段考核机制，构建多维评价体系

2019 年，教育部在《关于进一步规范和加强研究生培养管理的通知》中指出："加强培养过程管理和学业考核，确保培养方案的严格执行。落实以教学督导为主、研究生评教为辅的研究生课程教学评价监督机制，对研究生教学活动全过程和教学效果进行监督"，要"科学合理设置培养要求和学位授予条件，重点抓住学位论文开题、中期考核、评阅、答辩、学位评定等关键环节，严格执行学位授予全方位全流程管理"。当前，马克思主义理论学科研究生的培养要健全分段考核机制，借助多元化的评价方式，对研究生进行甄别考核，对不适合继续攻读学位的研究生要及早分流，加大分流力度，实现教育资源的最大化整合。

对于马克思主义理论学科研究生培养的分段考核，应该在思想上重视、制度上支持。一方面，必须在学生、导师中加强对分段考核的重视，树立危机意识，培养良好学风，保持学业初心。对学生而言，研究生中的落后者应该产生紧迫感，及时改变心浮气躁、投机取巧的学习心理，将更多的精力放在科研中，激发学习动力，以促进研究生整体学风趋向良好。对于导师而言，对学生的引导应张弛有度，强化责任意识，对一时落后的学生给予更多关注，主动参与学生分段考核，避免"走过场"，应该"动真格"，确保考核过程的严谨性和考核结果的准确性。另一方面，高校与培养单位必须确保研究生中期考核工作的机制化和制度化。一是可以采取分段考核、多轮考核的办法，以一学期或一学年为周期，对学生的课程情况、科研情况进行考核，以避免因考核时间太晚延误对学生发展方向的及时纠正。二是确立科学的考核标准，明确考核的评判依据，要紧密结合培养方案探讨学生学业进展，已经通过论文开题的研究生还应该结合开题报告探讨论文研究进展。同时，还必须分段、分时对学生的科研成果、学术活动进行科学量化，不能仅仅依靠学位论文答辩委员会的主观判断，而应该以制度确立相应的衡量标准。三是细化考核结果，并将其纳入研究生评优评奖体系。在对研究生的考核中，以一定的标准对结果进行等级划分，将其作为奖助学金以及荣誉称号评定的重要依据，这一做法可以给暂时落后者敲响警钟，也能对踏踏实实在学业上做出成绩的学生进行激励。四是落实刚性制度，使制度落地生根。研究生、导师以及相关工作人员都应该认真对待制度本身的威严性，都应该严格遵守考核制度规定，严肃

对待考核过程，做到"刚柔并济"，既不能钻牛角尖，对某些无关紧要的细节加以苛求，也不能做"老好人"，对不符合考核要求的学生瞻前顾后、知情不报。对于执行不力的考核人员，应采取措施追究其责任。

（五）优化导师队伍建设，理清权力职责清单

在马克思主义理论学科研究生的培养中，导师是第一责任人。导师不仅是研究生学业的引导者，也是研究生思想道德状况的掌门人。在"立德树人"的培养目标下，要优化研究生导师队伍建设，探究研究生导师考核机制，以满足提高马克思主义理论学科研究生培养质量的现实需求，推动马克思主义理论学科研究生教育内涵式发展。在新时代，要进一步提高对建设高素质导师队伍重要性的认识，要千方百计地培养出一支政治素质过硬、业务能力精湛、育人水平高超的马克思主义理论学科导师团队。

当前，要切实加强导师队伍建设，必须做到以下三点。第一，强化和健全"导师负责制"，加强导师在培养马克思主义高层次人才方面的责任意识。高校应该充分尊重研究生导师在招生、培养、资助、学术等各环节的自主性，明确厘清导师权力责任清单，严格执行教育部印发的《研究生导师指导行为准则》，引导研究生导师贯彻党的教育方针，立德修身、严谨治学、潜心育人，坚决防止导师行为突破"红线"。第二，构建以立德树人为目标、以"学校＋学院＋研究生"为主体的三维导师考核机制。学校负责把握研究生导师考核的总体方向，使导师考核的大方向不偏移。学院是研究生导师所在的直接上级主管部门，更是研究生导师工作的统筹安排者和首要见证者。以学院作为考核实施主体之一，更好地发挥学院对研究生导师在研究生培养工作中的直接监督作用和激励作用。以研究生作为考核实施主体的新兴主体，研究生是导师培养工作的直接受众，研究生加入导师考核，能够加强考核工作的客观性和科学性。第三，改革研究生导师聘任评价机制。过去，对于研究生导师的评价大体上仅以科研成果作为唯一标准，而不重视其对于研究生培养的实际作为。为支持和引导广大研究生导师将更多的时间和精力投入研究生培养中，应将对于研究生导师评价的指标倾向于承担研究生教育教学工作以及导师指导研究生完成的科研成果质量评估上，以全方位考察导师在研究生培养中的贡献。

进入新时代，我国发展处于新的历史方位，在实现全面建成小康社会的"第

一个百年目标"之后，我国要再利用 15 年的时间基本实现社会主义现代化，进而全面建设社会主义现代化强国并最终实现中华民族伟大复兴中国梦。在这个机遇与挑战并存的漫长历史征程中，要动员全国各族人民更加紧密地团结在以习近平同志为核心的党中央周围，与新时代同行、为新目标奋斗，在新征程建功，就需要一批政治坚定、理论坚定的马克思主义工作者。因此，对于马克思主义理论学科研究生的培养，需要有历史大背景下的战略性思考。只有多措并举、多管齐下，才能实现马克思主义理论学科研究生培养质量以及马克思主义理论学科建设质量的稳步提升。也只有做好"人才培养"这一根本工作，才能源源不断地培养本学科高水平青年后备人才，为办好思想政治理论课输送一批又一批好"苗子"。

关于马克思主义理论学科"热"的思考

——兼论马克思主义理论本科专业人才培养

宋富娟

（贵州师范大学马克思主义学院、贵州财经职业学院党政办，
贵州 贵阳 550001）

摘　要： 马克思主义理论学科在短短的十几年里发展迅速，特别是党的十八大以来，逐渐成为热门学科。马克思主义理论学科快速发展是对意识形态斗争形势的回应与应对，是对高等教育人才培养根本使命的诠释与回归，是对马克思主义理论学科发展及人才培养工作的谋划与回答。但同时也应看到，量的扩张不能等同于质的提升，马克思主义理论学科的发展，要重视和加强本科专业人才培养，要使学生树立坚定的马克思主义信仰、夯实专业知识素养、提高社会实践能力，培养学生的创新能力。

关键词： 马克思主义理论本科；意识形态；人才培养

马克思主义理论学科设立较晚但发展迅速。2005 年 12 月，国务院学位委员会、教育部印发学位〔2005〕64 号文件，明确马克思主义理论作为硕博研究生学位授予一级学科，下设马克思主义基本原理、马克思主义发展史、马克思主义中国化研究、国外马克思主义研究、思想政治教育 5 个二级学科。[①] 后又分别于 2008 年、2017 年增设中国近现代史基本问题、党的建设作为二级学科。自成立以来，马克思主义理论学科发展势头迅猛，截至 2021 年 12 月，马克思主义理论硕士、

---

① 李红军：《马克思主义理论学科建设的出发点》，《思想理论教育导刊》，2009 年第 8 期。

博士点分别增至 279、104 个。①2017 年，马克思主义理论本科作为特设专业设立，首批 8 所高校于 2018 年开始招收本科生②，标志着马克思主义理论本科生、硕士研究生、博士研究生招生体系形成，社会对马克思主义理论学科的关注度也显著增加。综合来看，近几年，特别是党的十八大以后，马克思主义理论学科得到了空前的发展，成为热门学科。然而，在看到马克思主义理论学科"热"的同时，也要冷静地认识到，量的扩张不等于质的提升。学科长远发展的根本在于学科自身，人才培养是学科建设的核心。③学界对硕博士人才培养研究得较多，对本科专业人才培养的研究不足。本科教育是人才培养基础阶段，有必要对这一问题进行探讨。

一、应对与回应：人才培养的根本动因

马克思主义理论学科在短短的十余年里快速发展成为大学科，这与学科自身固有属性和发展有关，更得益于党和国家的政策支持。特别是党的十八大以来，面对错综复杂的国际国内形势和意识形态领域的斗争，党和国家对马克思主义理论学科发展和人才培养工作提出了更高的要求，催生了马克思主义理论学科"热"和人才培养的新需求。

1. 争夺意识形态话语权是意识形态斗争的现实表征

"意识形态领域历来是敌对势力同我们激烈争夺的重要阵地。敌对势力要搞乱一个社会、颠覆一个政权，往往先从意识形态领域打开缺口，先从搞乱人们思想入手。"④意识形态领域的战争是一场没有硝烟的战争，意识形态阵地马克思主义不去占领，非马克思主义甚至是反马克思主义的思想就会去占领。始终坚持和巩固马克思主义在意识形态领域的指导地位，是中国革命、建设、改革取得成功的思想保障，也是党和国家事业取得成功的经验总结。现阶段，来自国际国内的各种挑战，对意识形态工作提出了更高的要求。从国际看，西方国家对中国的"和平

① 《教育部新闻发布会介绍 5 年来贯彻落实全国高校思政会精神工作进展成效》，http://www.gov.cn/xinwen/2021-12/07/content_5659166.htm，2021-12-07。

② 艾四林、吴潜涛：《高校马克思主义理论学科发展报告（2018）》，高等教育出版社 2019 年版，第 21 页。

③ 艾四林、吴潜涛：《北京高校马克思主义理论学科与思想政治理论课建设发展报告（2019）》，人民出版社 2020 年版，第 18 页。

④ 中共中央文献研究室：《十六大以来重要文献选编》，中央文献出版社 2008 年版，第 399 页。

演变"从未停止，它们不遗余力地攻击和诽谤我国的社会主义制度和马克思主义意识形态，颂扬资本主义制度及其意识形态，将"和平演变"的图谋锁定在青年身上，企图引诱和败坏青年人，让他们怀疑、鄙视甚至反对党的领导，丧失马克思主义信仰。20 世纪 60 年代，毛泽东同志就敏锐地指出，这种"演变"对第一、二代没有希望，但对第三、四代"很有希望"。当代青年人，没有经过炮火的洗礼，贫困和饥饿正在或已成为他们的回忆，加之各种错误思潮的影响和迷惑，他们极易被误导，这严重威胁我国的意识形态安全。从国内看，改革开放以来，我国经济社会发展迅速，人们思想更加活跃、价值观念更加多元，西方理性至上、利益至上的价值观念或多或少地影响着人们的观念，利己主义、享乐主义、消费主义等价值观滋生，历史虚无主义、新自由主义思潮、普世价值观等错误思潮趁机渗透，企图扭曲人们的思想，给社会主义制度和马克思主义意识形态造成巨大安全隐患，马克思主义理论学科"热"是时代所需。

维护意识形态安全最根本的是坚持马克思主义在意识形态领域的指导地位。始终坚持和巩固马克思主义在意识形态领域的指导地位，是中国革命、建设、改革取得成功的思想保障，也是党和国家事业取得成功的经验总结。实践证明，只有始终坚持把马克思主义作为指导思想，牢牢把握意识形态的领导权、主动权，才能不断推进党和国家的事业向前发展。党中央高度重视意识形态建设，马克思主义始终占据着主导地位，但就个别领域、个别情况而言，马克思主义的指导地位有削弱的迹象、趋势和危险。习近平总书记指出："在实际工作中，在有的领域中马克思主义被边缘化、空泛化、标签化，在一些学科中'失语'、教材中'失踪'、论坛上'失声'。"[①] "意识形态工作是党的一项极端重要的工作[②]"，维护意识形态安全，最根本的是坚持马克思主义在意识形态领域的指导地位。马克思主义坚持以问题为导向，马克思主义基本原理是被实践证明了的科学真理，当今世界的发展情势仍符合马克思、恩格斯对世界历史和人类社会发展规律的结论。马克思主义理论是世界的、科学的、民族的，只有始终坚持马克思主义的指导，善于将马克思主义与本国国情相结合，不断解决重大理论问题和实践问题，才能不断推动经济社会发展。马克思主义理论学科具有鲜明的意识形态性和政治属性，是从

---

① 习近平：《在哲学社会科学工作座谈会上的讲话》，人民出版社 2016 年版，第 10 页。

② 中共中央党史和文献研究院：《习近平关于总体国家安全观论述摘编》，中央文献出版社 2018 年版，第 106 页。

整体上研究马克思主义理论形成、发展、传播，特别是研究马克思主义与中国实际相结合并指导实践的学科。习近平总书记在哲学社会科学座谈会上强调"要加强马克思主义理论学科建设"①，为马克思主义理论学科"热"提供了新助力。

2. 意识形态工作的领导权必须始终掌握在马克思主义信奉者手上

做好意识形态工作，离不开马克思主义理论学科的支撑和马克思主义理论学科人才的培养。要使意识形态始终反映社会主义国家人民的意志，就必须使意识形态工作的领导权始终掌握在信仰马克思主义的人手上。一段时间以来，西方利用其在网络科技方面的技术优势，通过网络对我国进行意识形态渗透，采用更为隐蔽、更具迷惑性的方式传播反马克思主义的思想，竭力动摇马克思主义在意识形态领域的指导地位。在国内，一些人不信仰马克思主义，主要表现是不知不信、不懂不信。只有深入、广泛、持久地开展马克思主义理论教育，加快马克思主义理论学科人才队伍建设，马克思主义研究和宣传工作才能有坚强的力量来源，党牢牢掌握意识形态工作领导权和话语权才能得到源源不断的人才保障。马克思主义理论本科专业致力于培养学生坚定的马克思主义信仰、宽厚的马克思主义理论素养、科学的马克思主义研究方法、良好的人文社科素养、开阔的国际视野、较好的理论思维能力、严谨踏实的学习作风、优秀的网络新媒体技能和高尚的道德情操，使学生能够胜任马克思主义理论教学、研究工作和党建实务工作。

二、诠释与回归：人才培养的根本使命

"培养什么人"是办好教育首先要弄清楚的问题。在出席清华大学活动、北大120周年校庆、全国教育大会时，习近平总书记都强调了"我国高等教育要培养的是德智体美全面发展的社会主义建设者和接班人"。我国的大学是中国共产党领导下的大学，社会主义国家的性质决定了中国大学必须以培养社会主义建设者和接班人为根本使命。毛泽东同志曾指出："世界是你们的，也是我们的，但是归根结底是你们的。"②中国特色社会主义是史无前例的事业，需要一代又一代具有共产主义远大理想和社会主义共同理想的青年人才来引领和守护。"青年一代有理想、有

---

① 习近平：《习近平谈治国理政》第二卷，外文出版社 2017 年版，第 345 页。
② 中共中央文献研究室：《毛泽东年谱（一九四九——一九七六）》第三卷，中央文献出版社 2013 年版，第 248 页。

担当，国家就有前途，民族就有希望。"① 培养社会主义建设者和接班人，是马克思主义理论本科专业建设发展的根本动力。

1. 践行高等教育的根本使命，要求越来越多的人"在马"

"在马"主要指进行马克思主义理论学习、教学、研究和管理。一般而言，学者们在谈到"在马"时，指的多是学生、教师群体。但随着马克思主义理论本科的设置以及加强新时代马克思主义学院建设意见的出台，"在马"的群体对象得到了扩展，一些从事具体管理工作的人也属于"在马"范围，这种扩展也使得马克思主义理论学科"热"起来。在过去，马克思主义理论学科曾有被矮化和弱化的现象。马克思主义理论的几个二级学科，除思想政治教育开设了本科专业、有固定的生源外，其他 5 个专业均没有对应的本科专业，马克思主义理论本科生人才相对不足。由于缺少正确的学科定位，过去很多高校管理者认为思想政治教育是谁都可以教的课程，因此在人才招考和引进时，不招、不引进或者极少引进具有马克思主义理论学科背景的教师，造成人才储备不足。各个部分的人才储备不足造成整个社会马克思主义理论人才不足。培养社会主义建设者和接班人，要求更多的人参与到这项工作中来。近年来，随着国家对马克思主义理论学科的重视，各领域都急需马克思主义理论人才，马克思主义理论学科人才不足的问题进一步凸显。2020 年 1 月，教育部审议通过了《新时代高等学校思想政治理论课教师队伍建设规定》②，以部门规章的形式规定了思政教师选配标准，从而保障了马克思主义理论学科人才队伍的质量和规模。但在整体上，高校马克思主义理论教师超负荷工作现象依然严重，仍需要更多的优秀人才参与到教学科研中来。马克思主义理论本科生源，是培养优质硕博毕业生的基础，也是未来高等教师的后备资源，是高等教育应重视的一环。

2. 践行高等教育的根本使命，需要越来越多的人"懂马"

"懂马"，即掌握扎实系统的马克思主义理论学科基础理论知识，熟悉马克思主义基本原理产生和发展的历史进程，具有较深厚的马克思主义理论专业素养。"在马"必须"懂马"，"懂马"才能"信马"。马克思主义是博大精深的理论体系，

---

① 中共中央文献研究室：《习近平关于青少年和共青团工作论述摘编》，中央文献出版社 2017 年版，第 3 页。

② 艾四林、吴潜涛：《高校马克思主义理论学科发展报告（2020）》，人民出版社 2020 年版，第 115 页。

不下一番苦功夫，是无法了解其真谛的。习近平总书记曾告诫："对待马克思主义，不能采取教条主义的态度，也不能采取实用主义的态度；对马克思主义的学习和研究，不能采取浅尝辄止、蜻蜓点水的态度。"① 然而，一些人仅将马克思主义理论理解为一种理论、一种学术体系，从而忽视它的意识形态性，这不能算是真正懂得马克思主义；一些人只看到了马克思主义的意识形态性，而不是从整体上对马克思主义进行理解，把学术问题与政治问题混为一谈，这也不能算是真正弄懂马克思主义；还有一些人，干脆将马克思主义泛化，认为马克思主义就是一个筐，什么都可以装。而实际上，马克思的每个论断，马克思主义的每个原理，都有一定的语境，既不能把马克思说过的片面化，也不能把马克思没有说过的随意扩大化。本科教育应该为学生打下良好的马克思主义理论基础，为"懂马""言马""信马"奠定基础。

3. 践行高等教育的根本使命，需要越来越多的人"信马"

"信马"就是对马克思主义怀着真挚的情感，相信马克思主义的科学性和真理性，并将马克思主义视为信仰。现在，我们比任何时候都需要坚定马克思主义信仰。但青年中不"信马"的现象仍然存在。一些青年学生认为马克思主义理论课程内容空洞、没有实用性，对就业没有多大帮助，就是一门普通的公共课，平时上课不听，期末临时抱佛脚地背一背也能拿到学分。由于没有兴趣，上课也没学，所以对马克思主义知之甚少，也无信仰；一些青年学生认为马克思主义理论课就是"讲大道理"的课程，内心对马克思主义排斥；还有的青年学生每天沉迷于网络世界或者其他与学习无关的事情，不想学习、不会学习、不爱学习，对人生缺少规划、生活没有目标、家国情怀缺失，抱着"躺平"的信念和人生观，没有任何信仰，更没有马克思主义信仰。自近代以来，中国从来没有哪个时候像现在这样接近实现伟大复兴的梦想。中华民族伟大复兴，离不开青年人才的贡献。2014年，习近平总书记动员北京大学青年学生为中华民族伟大复兴而奋斗，提出"执着的信念、优良的品德、丰富的知识、过硬的本领"的要求，强调青年要在时代条件下谋划人生、创造历史。四年之后，他又来到北大，再次勉励"广大青年要成为实现中华民族伟大复兴的生力军"。在北师大，他将青年由"生力军"变为"主力军"，并要求广大教师把青年打造成"中华民族'梦之队'"。青年正处于

---

① 习近平：《在哲学社会科学工作座谈会上的讲话》，人民出版社2016年版，第12页。

"拔节孕穗期"，一个人的伟大志向都是在青年时期确立的，推进社会主义事业、实现中华民族伟大复兴，有必要对青年进行马克思主义理想信念的培育和引导。马克思主义理论学科是领航学科，在培育青年的理想信念方面具有天然的优势，马克思主义理论专业本科人才将来从事的多是对意识形态要求较高的岗位。毕业生越多，越能服务党的事业。

三、谋划与回答：人才培养的根本指引

自独立成为一级学科以来，马克思主义理论学科在不到十七年的时间里取得了长足发展，但马克思主义理论本科生源不足、学科人才贯通式培养不足、学科发展内涵有待提高的问题突出。要适应党和国家对马克思主义理论人才培养的需要，马克思主义理论学科必须从外延式发展向内涵式发展转变。本科是人才培养的基础，加强马克思主义理论本科人才培养，既是适应时代需要和践行高等教育根本使命的需要，也是马克思主义理论学科自身发展的需要。

1. 本科专业人才培养，为硕博研究生培养提供生源保障

学生素质是影响马克思主义理论学科人才培养质量的重要因素。专业背景、毕业院校、招生方式、生源结构等直接影响着生源质量。在专业背景上，马克思主义理论成为一级学科后，硕士、博士学科点发展迅速，二级学科也由成立之初的 5 个二级学科发展为马克思主义基本原理、马克思主义发展史、马克思主义中国化研究、国外马克思主义研究、思想政治教育、中国近现代史基本问题、中共党建 [①] 7 个二级学科。从生源来看，与其他学科相比，马克思主义理论学科学生专业背景复杂，跨专业的占大多数，绝大多数来自其他人文社科类专业以及理工农医等专业，马克思主义理论课程在这些专业通常被看作可有可无的公共选修课程，大多数学生的理论基础打得不牢。从毕业院校来说，来自名校的学生占比较少，绝大多数学生毕业于非"985"和非"211"院校，来自科研院所的学生占比也不高。从招生办法来看，目前大多数高校的博士生招生分为公招、申请—考核、硕博连读、直博等形式，硕士招生包括全国统考、推免、单考、联考等形式。此外，

---

① 佘双好、董梅昊：《马克思主义理论学科的发展历程及趋势》，《马克思主义理论学科研究》，2020 年第 1 期。

一些高校也通过举办夏令营、"高校思想政治理论课教师在职攻读马克思主义理论博士学位专项计划"、"高校思想政治理论课教师队伍后备人才培养专项支持计划"等方式招生，招生方式呈现多元化，拓展了生源渠道，壮大了人才队伍。但由于非应届生、定向生源数量的上升，在一定程度上影响了人才培养质量。到研究生阶段，马克思主义理论本科专业的毕业生可以报考马克思主义理论学科下设的七个专业中的任何一个，扩展了马理论学科生源。

2. 本科专业人才培养，为构建本硕博一体化人才培养体系奠定坚实基础

构建贯通本科、硕士、博士阶段的人才培养体系，是提高马克思主义理论学科人才培养水平的关键举措。马克思主义理论本科专业开设前，绝大多数学生以跨专业（学科）或以同等学历身份报考，学生的马克思主义理论基础薄弱是马克思主义理论学科研究生培养的最大掣肘因素。诚然，很多跨专业的学生非常优秀、学习刻苦，但比较而言，本科阶段才是专业知识积累的最佳时期，身体健康、精力旺盛、记忆良好、无所牵绊。而随着年龄的增长，积累等量的知识则需要的时间和精力更多。在研究生阶段才开始系统地学习基础理论，在起点上已经落后了。因此，最大限度地培养马克思主义理论本科学生，通过四年专业知识和基本方法的学习，让学生初步系统地掌握马克思主义理论基础知识、了解马克思主义理论的知识体系、熟悉马克思主义发展的历史脉络、知道科学研究的基本方法、树立马克思主义理论情感，能为研究生阶段人才学术兴趣激发、学术思维训练、学术能力培养、学术品格陶冶、学术格局养成奠定基础。同样，提前在本科阶段让学生了解自己，认清自己是否具有科研兴趣，具备科研潜力，对于学生个人职业生涯的规划也非常重要。当前，马克思主义本科、硕士、博士一体化培养体系尚在探索阶段，需要进一步扩大马克思主义理论本科专业学生规模，为加快推进本硕博一体化马克思主义理论人才培养体系奠定更为坚实的基础。

3. 本科专业人才培养，为实现马克思主义理论学科内涵式发展提供根本动力

内涵式发展与外延式发展是一组相对的概念，与外延式发展片面追求数量、规模、短期效益不同，内涵式发展更注重质量、水平、长远效益。党的十八大提出我国高等教育要走内涵式发展之路，实现内涵式发展是我国教育现代化的必由之路，也是马克思主义理论学科发展的必然要求。近几年，马克思主义理论学科得到快速发展，硕士、博士授权点数量陡增，本科学位点也得到了发展。但马克思主义理论学科人才能力水平与社会需要不完全匹配也是不争的现实。之所以出现

"失语""失声"的情况，马克思主义理论工作者自身理论准备不足是其重要原因之一。人才培养是学科发展的核心，实现马克思主义理论学科内涵式发展，就要将发展的重心由注重人才培养的数量向质量转变，从关注人才培养的规模向关注人才自身的发展转变，从只关注学生学业向关注学生学业与个人职业生涯发展转变。本科教育既是大学之本，也是学科之本，马克思主义理论学科只有做到"以本为本"，才能更好地满足党和国家对于马克思主义理论人才的渴求。

四、理论 + 实践：人才培养的主要路径

应对意识形态领域的严峻形势，诠释社会主义高校职责使命，促进马克思主义理论学科自身发展，要着力培养优秀的马克思主义理论本科人才，侧重培养学生的马克思主义理论专业兴趣与综合素质，打牢马克思主义理论学科以及相关学科的知识基础。

使学生树立坚定的马克思主义信仰。所谓信仰，是人的内心对某种事物的信奉和尊重，是人的一种内心需要，它是人做出某种行为的动力来源。马克思主义信仰，即对马克思主义和马克思主义理论的信奉、尊重、认同、笃信。具有坚定的马克思主义信仰，是马克思主义理论本科专业人才培养的根本规格要求。一个没有马克思主义信仰的学生，难以成为一个合格的马克思主义理论专业人才。学习的过程是枯燥的、孤独的，马克思主义理论是由一系列的概念、范畴、体系构成的，是抽象性、政治性、理论性都很高的科学理论，没有专业情感、没有理论崇拜、没有坚定意志，是学不会、学不深、学不透的。马克思主义理论本科学生要真正地坚定对马克思主义的信仰，首先，必须培养马克思主义理论情感。"思想是行动的先导。"[①] 任何理论只有让人在情感上接受、不排斥，才会给人的行动带来改变。可先从伟人的生平入手，让学生在起伏的故事情节中了解伟人成长的历程、无私的精神和博大的情怀，从心底产生崇拜之情，了解理论产生的背景，从而愿意接受理论。其次，培养马克思主义理论认同。培养理论认同，需要做到真正关心学生的需要。学生作为理论认同的主体，他们的需要是否得到满足，影响着他

---

① 习近平：《干在实处 走在前列——推进浙江新发展的思考与实践》，中共中央党校出版社 2006 年版，第 544 页。

们对马克思主义认同与否。马克思曾说："人们为之奋斗的一切，都同他们的利益有关。"① 学生最大的需要就是就业，只有当专业得到社会认同，人生价值得到实现，才能增进理论认同。要关注学生的社会需求和发展需求，遵循人才培养与社会发展、学生发展相互作用的规律，以用人单位的人才需求为导向，依据党政机关、群团组织、企事业单位对人才的需求对学生进行"按需培养"；要培养学生的理论自信，而自信的根源在于真正信服马克思主义的科学性和真理性。马克思曾说："理论一经掌握群众，也会变成物质的力量，理论只要说服人，就能掌握群众；而理论只要彻底，就能说服人。"② 在培养过程中，要通过贴近学生生活实际的方式向学生讲清楚中国特色社会主义为什么"好"、中国共产党为什么"能"、马克思主义为什么"行"。

1. 夯实专业知识素养

所谓"基础"，可以理解为"初级"水平，即本科教育期间获得的知识和能力在知识层级、能力水平中处于初级层次，本科教育是硕士、博士阶段教育的起步。马克思主义理论专业本科生教育的目标是让学生初步具备扎实的理论素养，较为系统、合理的知识结构，掌握一定的理论研究方法，能够在导师指导下独立开展科学研究。因而，本科人才培养，既要坚持宽口径的要求，又要注重打好基础。一是打好知识基础。在课程设计方面，要牢牢把握马克思主义理论本科专业是从整体上研究马克思主义的特点，课程设计要能使学生从整体上掌握马克思主义理论，并且与硕士、博士课程衔接，避免简单重复。这点与马克思主义理论类本科其他三个专业（科学社会主义、中共党史、思想政治教育）专注于研究某一领域不同。因此，要注意开设马克思主义发展史等课程，让学生从整体上了解马克思主义理论发展的源流。开设马克思主义经典著作、马克思主义哲学、科学社会主义、政治经济学等课程，让学生对马克思主义理论的基本内容有较全面的掌握。开设马克思主义研究方法、思想政治教育方法等课程，让学生掌握初步的科学研究方法。开设国学、美术、自然科学、人文科学、信息技术等通识教育课程，鼓励学生选修跨学科课程，提高学生的科学素养、人文精神和拓展知识面。二是

---

① 中共中央马克思恩格斯列宁斯大林著作编译局：《马克思恩格斯全集》第一卷，人民出版社 1995 年版，第 187 页。

② 中共中央马克思恩格斯列宁斯大林著作编译局：《马克思恩格斯文集》第一卷，人民出版社 2009 年版，第 11 页。

打好能力基础。重视学生理论思维能力的培养，培养学生的问题意识，关注生活、时代问题，并用马克思主义的立场、观点和方法分析和解决问题。重视学生的国际交流能力培养，要使学生掌握一门外语，能够阅读外文文献、掌握学术动态，并能运用外语进行学术交流。重视对学生科研引导，培养学生的科研意识，加强学术技能和技巧的训练，使其善于运用专业知识和学科理论发现、分析问题。培养学术交流能力，通过引导学生多读马克思主义经典著作，把握马克思主义中国化成果并进行交流，提高学生交流能力。三是打好进一步深造基础。继续深造，攻读硕士、博士学位，是马克思主义理论本科专业学生毕业后的主要选择。因此，马克思主义理论本科生培养，不能止步于让学生修满毕业所要求的学分，而要做出顶层设计，理顺本科、硕士、博士一体化培养机制和淘汰机制，有意识地选拔具有继续深造意愿的学生，进行有针对性的学术训练。同时，及时甄选不适宜从事科研的学生并对其进行职业规划和指引。

2. 提高社会实践能力

除了具备坚定的政治信仰、扎实的理论功底、良好的科学素养和人文精神外，马克思主义理论本科专业学生还应具备较强的社会实践能力，能够胜任思想政治教育工作，能够从事与专业相关的教育教学、科学研究和党政群团、企事业单位的实务工作。新形势下，面对网络意识形态领域的尖锐斗争，还需具备较强的新媒体传播技能。马克思主义是实践的科学，不是"书斋"里的学问。[①] 马克思主义理论专业本科生培养，既要让学生"坐得住冷板凳"，又要让学生"走向社会"。首批 8 所高校 2018 年开始招收本科生，今后马克思主义理论本科专业的学生会越来越多。要使马克思主义理论本科生更好地满足社会的期待，就必须不断提高学生的适应性。要鼓励学生继续提升学历，攻读硕士、博士学位。要鼓励学生在本科四年的学习中，利用"三下乡"、共青团志愿服务等机会，有意识地开展科学研究，提高从事党政机关、企事业单位事务工作能力。可组织学生就经济社会发展过程中的现实问题、难点问题，地方党委和政府关心的实际问题，开展调查研究，形成调研报告，提高学生分析问题和解决问题的能力。也可组织学生到城市街道社区、乡镇村居进行实习，让学生了解党政机关组织架构、运行机制、工作方式。

---

① 彭庆红、马海燕：《试论马克思主义理论学科研究生素质的新时代要求和专业特质》，《思想教育研究》，2019 年第 7 期。

党的十八大以后，"融媒体中心"成为各地加强意识形态建设重要平台，马克思主义理论本科生可借助这一平台，发挥专业优势，提高新媒体传播能力。实践是检验学习效果的重要途径，把问题"想清楚"是做研究，而把问题"讲清楚"则要凭借教学。学生可利用毕业实习的机会到中小学从事马克思主义理论教学工作，提高教学能力。

3. 培养学生的创新能力

马克思主义不是僵化的，而是不断发展着的。马克思主义理论的特性，为马克思主义理论本科专业人才培养提供了重要思路。人才培养和科学研究均是现代大学的基本职能，但两者并不是完全平行的，而是相融相生的。科学研究为人才培养提供全面支撑，而人才培养为科学研究提供动力。[1] 作为一项创造性的活动，科学研究既能检验学生掌握理论知识的情况，也能体现学生运用知识解决实际问题的能力。在本科阶段，通过培养学生的创新意识、创新能力，提高培养质量，关键在于寓教于研，引导学生按照自己的兴趣、思路来理解和思考问题，变被动的"知识灌输"为主动的知识建构，通过独立探索学习实现对知识的体悟。具体来说，要完善本科生科学研究机制，从低年级开始，教授学生科学研究方法，要求学生完成一定数量的学术论文，如部分课程考试可以写学术论文的方式进行考查。实行全员导师培养制，以兴趣小组或者社团的方式，让学生在导师或者硕士、博士研究生的指导下完成一定学术论文或者科研项目，熟悉科研流程，培养初步的科研素养。利用好本科毕业论文这个载体，从选题开始，将毕业论文流程进行拆解，每个环节严格把好关，让学生尽早体验科研，从而树立学术自信。

五、结语

马克思主义理论学科快速发展，是马克思主义理论自身发展的需要，也是加强意识形态建设、壮大马克思主义理论研究及宣传队伍的需要。践行高等教育使命，需要越来越多的人"在马""信马""懂马"。加强马克思主义理论专业本科人才的培养，能够为硕士、博士研究生培养提供生源保障，为构建本硕博一体化人

---

① 张立迁、靳鹏霄：《研究生创新人才培养：基于科学研究的视角》，《重庆高教研究》，2016年第6期。

才培养体系奠定坚实基础，为实现马克思主义理论学科内涵式发展提供根本动力。随着开设马克思主义理论本科专业的高校数量的增加，探讨马克思主义理论本科专业人才培养工作更显重要和紧迫。要在遵循经济社会发展需要规律、马克思主义理论学科发展规律和学生成长成才需要的基础上，进一步做好马克思主义理论学科人才培养工作。要使学生树立坚定的马克思主义信仰，夯实专业知识素养，提高社会实践能力，培养学生创新能力。

马克思主义理论学科建设具体问题探究

杨建莹

（贵州师范大学马克思主义学院，贵州 贵阳 550001）

摘　要： 马克思主义理论学科作为传播马克思主义的主要阵地，加强马克思主义理论学科的建设绝对必要。它的蓬勃发展有利于发挥马克思主义在意识形态工作中的指导地位。由于学科成立时间短，目前存在的主要问题是马克思主义理论学科人才队伍建设力度不够；对马克思主义基本原理体系的重视也不够。针对这些问题，应该明确相应的解决措施，包括加快本硕博一体化马克思主义理论学科人才培养体系建设，尽全力培养高素质专业人才；开设马克思主义经典著作课程，让同学们切实感受马克思主义理论的根和魂。

关键词： 马克思主义；马克思主义理论研究；学科建设

自改革开放以来，我国在马克思主义理论学科建设方面经历了漫长的过程。学科的完善不是一蹴而就的，需要经过长期的实践和思考才能逐步达成目标。马克思主义理论学科经历了萌芽、学科整合、建立三个阶段。

1988 年 9 月，我国首批思想政治教育专业的硕士研究生入学，这意味着我国思想政治教育已经从专业建设进入学科建设阶段。1990 年，在国务院学位委员会和国家教育委员会公布的《授予博士、硕士学位和培养研究生的学科、专业目录》中，"马克思主义理论教育"和"思想政治教育"正式增列在法学大类政治学一级学科中，并授权硕士学位点。至此，马克思主义理论、思想政治教育学科分别进入发展的历史阶段。[①]到 1995 年，马克思主义理论和思想政治教育硕士点分别进入

---

① 余双好、董梅昊：《马克思主义理论学科的发展历程及趋势》，《马克思主义理论学科研究》，2020 年第 1 期。

整体建设阶段。一直到 2005 年，国务院学位委员会印发《关于调整增设马克思主义理论一级学科及所属二级学科的通知》，明确表示设立马克思主义理论一级学科，马克思主义理论学科作为独立一级学科建设的历史由此开启。

一、加强马克思主义理论学科建设的必要性

马克思主义理论学科经过持续发展，如今，马克思主义理论学科领域不断拓宽，学科体系日趋完善，这对学科发展的质量提出了更高的要求。

（一）加强马克思主义理论学科建设，对于凸显马克思主义在意识形态工作中的指导地位具有重要意义

意识形态这一领域的斗争非常复杂、艰巨，同时也是长期存在的。随着中国特色社会主义进入新时代，党和国家事业发展的历史方位发生了巨大变化，这样的变化为加强社会主义意识形态的凝聚力提供了有利条件。但是，在看到机遇的同时也不能忽略挑战的存在。我国面临的挑战则是，西方资本主义国家对我国"西化"甚至分化的意图必然会长期存在，这样的意图不会随着中国的发展而消失；恰恰相反，甚至可能随着中国的不断强大而加强。"在当今世界经济互惠、政治交流、文化交融日益增强的背景下，不同国家思维方式的差异、价值观的对立仍然存在，西强我弱的国际话语空间格局仍未改变。"① 由于互联网的迅速发展，意识形态领域斗争的主战场已经转向互联网领域。由于互联网传播快、传播范围广等，在意识形态领域我们面临更为艰巨的挑战。习近平总书记在十九大报告中指出，新时代"意识形态领域斗争依然复杂"，并强调我们要"牢牢掌握意识形态工作领导权""不断增强意识形态领域主导权和话语权"。②

党的十九届四中全会审议通过的《中共中央关于坚持和完善中国特色社会主义制度 推进国家治理体系和治理能力现代化若干重大问题的决定》，强调坚持马克思主义在意识形态领域的指导地位，并作出一系列重大部署。这是我们党首

① 吕峰：《论中国共产党推进马克思主义意识形态话语转换的三重维度》，《理论探讨》，2018 年第 6 期。

② 习近平：《决胜全面建成小康社会 夺取新时代中国特色社会主义伟大胜利——在中国共产党第十九次全国代表大会上的报告》，《党建》，2017 年第 11 期。

次将马克思主义在意识形态领域的指导地位作为一项根本制度明确提出来。马克思主义理论学科作为传播马克思主义的主要阵地，加强马克思主义理论的学科建设，有利于发挥马克思主义在意识形态工作中的指导地位。

（二）加强马克思主义理论学科建设，对于进行马克思主义整体性研究具有重大意义

马克思主义成为独立一级学科之前，马克思主义哲学、马克思主义政治经济学、科学社会主义是其三个主要专业方向。除此之外，与马克思主义其他学科领域相关的研究不成为独立学科，这就导致马克思主义学科较为分散，从而也就淡化了马克思主义的整体性，当时在相关专业老师和学生中也较少出现马克思主义整体性问题的研究。① 但是，马克思主义的本质和精神实质都需要整体性呈现。换言之，当我们以整体的马克思主义的意义和方向作为出发点时，才有可能从真正意义上理解马克思主义的本质和精神实质。所以，整体性是马克思主义的根本属性。马克思主义在发展进程中，遭受非议和曲折，大部分原因在于马克思主义的整体性遭到了破坏。其中"泛马克思主义"的产生则是由于以往学科设置导致马克思主义分散存在。在讨论整体性的同时还要注意区分马克思主义的实质整体性和形式整体性，目前形式整体性基本实现，主要体现在马克思主义一级学科的设立、相关的课程设置以及教材编写。实质整体性则体现为内部的整体，即理论内容的整体性，是指马克思主义各个部分在实际理论内容上的相互贯通形成的一种观念上的整体性。前面提到的马克思主义三个主要组成部分就是作为一个整体出现的。目前即从形式整体性向实质整体性发展的过程。

在实际工作中，我们应该采取相应的积极措施加强对其整体性的研究。加强对马克思主义理论学科的建设是最直接、有效的方式，学科的成熟对于相关的研究具有重要影响。马克思主义理论学科的内在整体依靠的是理论和学术本身的力量，尤其需要马克思主义理论家的共同努力。

---

① 梁树发：《马克思主义理论学科建设要贯彻整体性原则》，《思想理论教育导刊》，2006 年第 7 期。

（三）加强马克思主义理论学科建设，对于培养马克思主义教育和研究人才具有重大意义

马克思主义理论学科，从以前的"无人问津"到如今的人才济济，如此变化只经历了短短几年，足以说明党和国家对于这一学科的重视。目前全国各个高校都在着力加强马克思主义理论学科建设，许多高校也在积极实施人才引进政策。自党的十八大以来，从国家机关到国家企业甚至民营企业，都在大力加强党建工作。这样的现实状况为马克思主义理论的发展带来了积极影响。因此，必须加强马克思主义理论学科建设，夯实理论基础，着力于培养优秀的马克思主义教育和研究人才，以此满足社会需求，满足国家发展需要。

二、马克思主义理论学科建设目前存在的问题

相较于学科建立之初，马克思主义理论学科建设已经取得了很大进步，但是在发展阶段，一定会有各种各样的问题出现，如人才队伍建设的问题、理论基础不扎实的问题。

（一）马克思主义理论学科人才队伍建设力度不够

相关专业人才作为学科的发展核心，其专业素养的高低以及人才数量的多少在一定程度上决定了学科建设的质量和速度。由于学科成立时间短、需求范围广，目前人才队伍出现数量不够、学苗专业性不强、学历分布不均衡等情况。

首先是总体数量不够。从 2017 年到 2021 年的考研情况可以发现，马克思主义理论专业由大部分学生调剂而来发展到第一志愿过线学生数量大量超出国家指标，学生质量在不断提高，数量也在不断增加。但是从社会总体需求而言，现有总量依然无法满足。教育部所规定的高校思政课师生比例为 1∶350 或者 1∶400，这个数据实为最低配置要求。[①] 即便如此，仍然有很多高校无法满足这一要求。

其次是学苗专业性弱。在人才培养之初需要对学苗进行筛选。由于前几年本专业的热度不高，跨专业学生数量过大，虽然跨专业学生带来的不一定都是不利

---

① 孙武安、蒯正明：《新时代加快马克思主义理论学科人才队伍建设的几点思考》，《马克思主义理论学科研究》，2020 年第 2 期。

影响，他们由于接受了多学科的知识，可能会有跨学科的优势，但是他们在本质上仍然存在专业性不强的问题。由于近几年本学科就业情况非常乐观，所以报考本专业的学生人数增长态势良好，但是其中依然存在大量跨考的情况，这样的情况不太利于这一队伍的人才培养。

最后是高学历人才、专业人才紧缺。由于国家的重视和需要，越来越多的人选择跨入马克思主义理论这一学科领域。但是大部分学生在完成了硕士阶段的学习以后就选择就业，所以现在非常缺乏这一学科的高学历人才。直接就业对于个人选择来说不是坏的决定，但是对于学科的长远发展具有不利影响。很多高校在引进马克思主义理论学科博士这一工作上都加大了力度，但是总体而言，依然存在高学历人才明显缺乏的问题。此外，还缺乏学科专业人才。由于需求量的急速增长，很多高校只能引进历史学或者社会学专业的老师加入本学科队伍。

（二）对马克思主义基本原理体系的重视不够

马克思主义基本原理作为马克思主义理论学科建设的核心，它的建设和发展也对马克思主义理论学科的建设和发展具有决定性意义。马克思主义基本原理是马克思主义理论学科发展的根基和灵魂，脱离灵魂的学科建设缺少一定的内在韵味。

马克思主义基本原理作为马克思主义理论学科的基础，首先要对马克思主义基本原理有准确的把握与认识，才有可能对马克思主义发展的历史有一个准确的认识，从而才能对马克思主义中国化的过程、经验和规律有正确的认识和把握。不管是对马克思主义发展史的研究，还是对马克思主义中国化的研究，其目的都是发展马克思主义，也是马克思主义理论适应于无产阶级实践与历史发展的现实需要。不难发现，马克思主义在当代的发展过程中产生的问题大部分都是马克思主义基本理论方面的。由于客观和主观因素，马克思主义基本原理体系并没有得到应有的重视。客观因素是人才的学科背景。由于跨专业的原因，理论基础较为薄弱，往往在理解上并不太容易。主观原因则是不少人遇到晦涩难懂的原著文章都打起了退堂鼓。有些同学出于自我认知的恐惧不敢阅读原著，还有一部分同学勇敢尝试却无法坚持。大部分人始终抱着浅尝辄止的态度，不敢深入钻研，往往止步于原理的皮毛。只有解决这一问题，马克思主义理论学科建设才真正有生命力和活力。

三、马克思主义学科建设面临问题的解决对策

作为发展着的事物出现问题实属正常，我们需要在问题的基础上继续发展，但是必须要清楚问题、解决问题。我们需要明确马克思主义理论学科的建设核心，把学科建设的使命精确提炼出来，从而确定马克思主义理论学科建设的未来发展方向。

（一）加快本硕博一体化马克思主义理论学科人才培养体系建设，尽全力培养专业人才

针对跨专业这一突出问题，本硕博一体化建设的实施可以在很大程度上解决学生理论基础薄弱的问题。同其他学科相比，高校的马克思主义理论这一学科起步相对较晚，从最初的为教学而教学发展到今天的为了实际应用而教学，可谓成绩显著。我们还应该在此基础上继续发展、继续优化。目前马克思主义理论学科人才培养方面确实存在不够连贯、人才结构不合理的情况。因此，要加强对马克思主义理论学科专业人才的悉心栽培。

从 2018 年开始，马克思主义理论学科才开始了对本硕博三阶段一体化人才培养体系的探索，① 目前本硕博都存在着需要解决的问题。只有尽快推进本硕博一体化马克思主义理论学科人才培养体系建设，才有可能最大限度地培养专业人才，也才能尽可能地满足社会需要。2021 年，贵州师范大学在建立了马克思主义理论硕士点和博士点的基础上，终于完成了马克思主义理论本科阶段的建设，这是贵州省在本学科取得的重要成绩。但是，马克思主义理论教育涉及全国高校，所以必须在此基础上大范围地加快完成本硕博一体化建设。因为本科教育规模的有限性必然会在整体上影响马克思主义理论学科高层次人才的培养质量。

培养马克思主义理论的高素质、高学历专业人才是目标，培养马克思主义理论学科初级人才则是基础，加大大学本科教育规模就成了必要之举。因为本科教育建立时间短，所以应该在本科教育上给予更多的关注。在现有基础上优化培养方案，夯实学科建设的发展之路。"教育部可以考虑在招生就业、培养方式、经费划拨等

---

① 靳诺：《全面建设马克思主义理论学科本硕博一体化人才培养体系——学习习近平总书记学校思想政治理论课教师座谈会重要讲话精神》，《马克思主义理论学科研究》，2019 年第 2 期。

方面给予一定政策保障，为加快推进本硕博一体化马克思主义理论人才培养体系奠定坚实基础。"① 做到不仅在数量上能够满足需要，而且要在质量上达到目标。

（二）开设马克思主义经典著作课程，让同学们切实感受马克思主义理论的根和魂

马克思主义理论学科形成的基础是原理，原理又是从马克思主义经典著作中来的，因此研读经典著作的重要性不言而喻。由于时空的限制，即使是本专业的学生可能也没有办法准确地理解马克思主义经典作家所表达的意思。所以，在研读经典著作的过程中一定会存在或多或少、或大或小的困难，这样的困难可能会导致学生放弃对经典著作的钻研，在之后的研究中可能就仅仅用掌握的皮毛知识进行相关研究。因此，学校在考虑课程设置的时候应该克服诸多困难开设经典著作研读的相关课程，大家在课堂上共同讨论，发生思想碰撞，从而产生更多灵感。

马克思主义理论应该是一个具有内涵的学科，而不是为了迎合时代发展所建立的形式上的学科。除了对本专业学生开设马克思主义经典著作的课程学习外，学习主体也不能被忽视。从专科到本科的所有大学生都是思政课堂的主体，他们也应该掌握一定的原理基础，除了可以在必修课的课堂中融入原理的内容，还可以专门设立一门选修课，以满足非本专业但是对马克思主义理论有着浓厚兴趣的学生学习更多相关知识的需要。传播马克思主义理论的主阵地不能丢，还要发挥好它应该发挥的作用。要"把马克思主义基本原理和基本思想，全面渗透到学科建设的各个层面，让马克思主义理论学科真正成为宣传马克思主义、弘扬理论思想的'关键阵地'"②。

四、结语

如今，马克思主义理论学科处于机遇与挑战并存的时期，我们要在克服困难的同时加强对马克思主义理论学科的建设，为培养合格的马克思主义理论人才做

---

① 孙武安、蒯正明：《新时代加快马克思主义理论学科人才队伍建设的几点思考》，《马克思主义理论学科研究》，2020 年第 2 期。

② 黄志钧、朱忆天：《马克思主义理论学科建设探析》，《中学政治教学参考》，2021 年第 15 期。

出不懈努力，为马克思主义理论发展和新时代中国特色社会主义建设事业做出应有的贡献。进行马克思主义理论学科建设时，不仅要做理论层面的工作，还要在实践层面担负时代重任，只有这样，才能真正凸显出马克思主义学科的时代价值和重要作用。

"新工科"视域下理工科高校思想政治教育探索

谭　天

（贵州师范大学马克思主义学院，贵州 贵阳 550001）

摘　要： 新工科是基于国家战略发展新需求、国际竞争新形势、立德树人新要求提出的工程教育改革方向，兼具新起点、新产业、新标准等新特征。新工科为高校思想政治教育的教育理念、培养目标、教学内容及方法等提出了新要求。为顺应新工科建设和发展，高校应坚持思想政治教育守正与创新并举，在守正方向把握立德树人价值取向、站稳马克思主义立场、推动服务社会主义现代化建设，在创新方向探索学科交叉融合的育人机制、深化课内课外有效融合的育人举措、推动产学研深度融合的育人体系，以培养多样化、创新型、德才兼备的卓越工程科技人才。

关键词： 新工科；理工科；思想政治教育

2020 年 10 月，《教育部办公厅关于公布第二批新工科研究与实践项目的通知》（教高厅函〔2020〕23 号）正式发布，公布了第二批 845 个新工科研究与实践项目，其中包括 273 个新工科综合改革类项目和 572 个新工科专业改革类项目，这是教育部自 2018 年首批 612 个新工科项目获批后的又一举措。早在 2017 年，教育部在复旦大学举办综合性高校工程教育发展战略研讨，历经"复旦共识""天大行动""北京指南"的发展路径，"新工科"成为理工科高校教育改革的热词。2020 年 5 月，《教育部等八部门关于加快构建高校思想政治工作体系的意见》（教思政〔2020〕1 号）提出目标任务："健全立德树人体制机制，加快构建目标明确、内容完善、标准健全、运行科学、保障有力、成效显著的高校思想政治工作体系。"立德树人作为高校人才培养的首要任务，对丰富发展高等教育新理念新模式，加强思想政治教育工作至关重要。

目前，我国工科本科专业门类众多，在校生数量体量庞大。理工科学生的教育质量广泛影响我国高等教育质量，并在全国范围引发高等教育同频共振。理工科学生的主要特征在于逻辑思维缜密、实务能力强、富有创新精神和创造力，但由于其日常教育主要集中在专业素养方面，人文素养及思想政治教育相对欠缺。因此，对理工科学生的高等教育，不仅需要通过工科专业教育来培养专业素养和解决实际问题的能力，还需要加强人文教育，引导学生树立远大理想和厚植爱国主义情怀。在新工科建设背景下，创新理工科高校人才培养新方式，创新思想政治教育内容方式，顺应时代发展潮流，满足国家战略需要，实现新工科复合型人才的培养目标，显得尤为必要。

一、新工科的内涵及特征

相对传统工科，新工科（Emerging Engineering Education，3E）是基于国家战略发展新需求、国际竞争新形势、立德树人新要求而提出的我国工程教育改革方向[①]，顺应了新时代发展、新产业发展、工科人才培养的新要求，有利于丰富发展新工科新模式，培养德才兼备的创新型卓越工程人才。在当前产业化发展阶段，新工科的提出对产业改造升级、人才培养和输出等方面有着重要作用，主要体现在以下几个方面。

（一）"新"起点：顺应国家战略需求与高等教育改革趋势

随着全球经济的飞速发展，世界格局也在发生着潜移默化的转变，多元化、信息化、产业化的社会发展趋势使得高等教育面临巨大挑战，各国也在积极探索高等教育发展模式。在实现"两个一百年"奋斗目标的历史交汇点上，国家贯彻落实创新、协调、绿色、开放、共享的新发展理念，实施一系列重大战略。为支撑服务产业转型升级和经济发展动能转换，适应以新技术、新产品、新业态、新模式为特点的新经济，高等教育需要进一步深化改革，承担起实现中华民族伟大复兴中国梦的历史使命。国家重大战略需求是高等工程教育改革的起点，在这一

---

① 钟登华：《新工科建设的内涵与行动》，《高等工程教育研究》，2017 年第 3 期。

时代背景下，需要抓住机遇、乘势而上，不断探索高等工程教育新方向。因此，探索全国高校工程教育改革，创新理工科高等教育模式，提出新工科人才建设是崭新起点。

（二）"新"产业：适应社会经济转型及产业升级发展

在经济发展和社会转型的关键时期，传统的资源优势和劳动力优势已经不能满足我国快速增长的物质文化需求，需要推动传统产业转型升级、向价值链中高端发展。当前，新经济正推动新一轮生产方式的变革和经济结构变迁，新一轮科技革命和产业革命蓄势待发，催生着产业重大变革和新兴产业发展。大数据、物联网、人工智能、网络安全、智慧城市、合成生物等新兴科技趋势，深刻改变着人类的思维、生产和生活方式，人才培养成为国际竞争的关键。面对不断涌现的新产业、新业态、新技术，高校需要提前进行人才培养布局。因此，理工科高校应加快培养急需紧缺人才，面向新经济设置一批新兴工科专业，促进新兴学科领域交叉融合，推进人才培养模式创新，促进人才培养与产业需求紧密结合，从而有效支撑经济结构深度调整、新旧动能接续转换，承担起应对挑战、塑造未来的时代重任。

（三）"新"使命：对国家工程人才培养目标提出新标准

中共中央、国务院印发《关于加强和改进新形势下高校思想政治工作的意见》指出，以立德树人为根本，把社会主义核心价值观体现到教书育人全过程，坚持全员、全过程、全方位育人，培养又红又专、德才兼备、全面发展的中国特色社会主义合格建设者和可靠接班人。立德树人是教育的根本任务和中心环节，高等工程教育改革应落实立德树人新要求，遵循工程创新人才发展规律，推进新工科建设。新工科的发展要求更全面的复合型人才，在素质维度中，力求做到继承传统与创新创造相统一、全球视野与家国情怀相统一；在知识维度中，强调深厚的基础知识、精深的专业知识、丰富的交叉知识储备，做到专业素养与全面发展相统一。在新工科人才建设中，凸显家国情怀，将民族复兴与个人发展结合起来；凸显交叉复合型知识，将专业知识与全面发展结合起来；凸显创新能力与国际视野，将科技发展与全球发展结合起来。

二、新工科对理工科高校思想政治教育提出的新要求

面对新环境、新趋势和新工科的新发展，传统的思想政治教育理念和教育方式难以满足新时代人才的培养需求，思想政治教育应统筹考虑"新的工科专业、工科的新要求"，充分利用思想政治教育提升理工科学生的人文软实力和核心素养，凸显人才培养质量、强调马克思主义话语权以及呼唤教育内涵式发展。

（一）凸显人才培养质量，培育工具理性与价值理性兼备的工程师

理性是人类具有的依照所掌握的知识和法则进行各种活动的意志和能力。马克斯·韦伯把社会行动中的理性分为工具理性和价值理性，其中工具理性"决定于对客体在环境中的表现和他人表现的预期"，而价值理性则"决定于对某种包含在特定行为方式中的无条件的内在价值和自觉信仰"[①]。在人类社会实践过程中，工具理性和价值理性本应是和谐统一的。由于受工业文明影响，"人同自己的劳动产品、自己的生命活动、自己的类本质相异化的直接结果就是人同人相异化"[②]。面临严峻挑战，传统工科更多地强调工具理性，强调目的与结果，忽视其精神内在，培养出来的工程师正成为"工具理性思考的典型"[③]。而我国教育的目的在于培养德智体美劳全面发展的复合型人才，这一目标凸显人才培养的质量。高校在追求新工科人才发展目标的同时，应更加注重新工科人才发展过程中的价值与意义，培养兼具工具理性与价值理性的工程师。

（二）强调马克思主义话语权，培养热爱祖国且具国际视野的工程师

"话语"最初是语言学研究的重要内容。福柯指出："话语是由符号构成的，但是，话语所做的，不止是使用这些符号以确指事物。"[④]他强调话语背后是一种

---

① 〔德〕马克斯·韦伯：《经济与社会》第一卷，阎克文译，上海人民出版社 2010 年版，第 114 页。

② 〔德〕马克思：《1844 年经济学哲学手稿》，中共中央马克思恩格斯列宁斯大林著作编译局译，人民出版社 2018 年版，第 54 页。

③ 项聪：《培养工具理性与价值理性兼备的工程师——兼论新工科人才培养目标定位》，《高等工程教育研究》，2017 年第 6 期。

④ 〔法〕福柯：《知识考古学》，谢强、马月译，生活·读书·新知三联书店 1998 年版，第 62 页。

以词语言说的方式影响他人思想和行为的权力，即话语权。[①] 在社会主义国家，高校建构马克思主义优势话语权，不仅关系到马克思主义的传播与发展，更关系到"培养什么人、怎样培养人、为谁培养人"这个根本问题。我国处于国际工程教育改革发展的前沿，高校应坚持中国共产党的领导和社会主义办学理念，牢牢把握意识形态话语权，培养面向未来和领先世界的人才。特别是理工科高校，应注重培养学生的爱国主义情怀和奉献祖国人民的远大抱负，不断增强"四个自信"，同时打破传统思想牢笼，鼓励"走出去"，培养能站在全球视野思考问题、发现问题、探索问题，不断将中国理念转化为国际理念，具备世界领先水平的中国卓越工程师。

（三）呼唤教育内涵式发展，培养多元化、创新型卓越工程科技人才

内涵式发展是当前我国高等教育发展的核心理念，走内涵式发展道路是我国高等教育发展的必由之路。党的十九大报告中指出，要"加快一流大学和一流学科建设，实现高等教育内涵式发展"。内涵式发展是以体制机制改革与创新为重点，以表达和彰显时代社会文化特色为内容。[②] 内涵式发展更加关注学生的内在素养，增强学生的主观能动性，在信息化手段的基础上不断改革创新教育新模式，完善新工科人才"创意—创新—创业"教育体系，培养理工科学生创新创业能力，发扬工匠精神；不断探索交叉性学科，开设综合性课程、问题导向课程等，深入进行探究式学习、讨论式学习、参与式学习等。这样能在一定程度上增加教育的实效性，让学生有更强的好奇心、实践能力、观察能力、协作能力等，从而推动新工科改革创新与发展。

三、新工科视域下理工科高校思想政治教育的守正

当前随着科学技术的发展，社会多元文化不断碰撞与交融。在新工科背景下，理工科高校应丰富思想政治教育内容，使思想政治教育守住价值引领重心，站稳

---

① 周连顺：《新中国初期马克思主义优势话语权在高等学校的建构》，《现代哲学》，2021 年第 6 期。

② 崔瑞霞、谢喆平、石中英：《高等教育内涵式发展：概念来源、历史变迁与主要内涵》，《清华大学教育研究》，2019 年第 6 期。

马克思主义根本立场，服务社会主义现代化建设，①培养更具家国情怀和创新意识的高素质工程科技人才。

（一）马克思人的本质理论教育，把握立德树人价值取向

在《德意志意识形态》中，马克思提出了"现实中的个人"，将其作为研究社会历史的前提和唯物史观的起点。②一切"现实的人"都是在一定的历史条件下发展着的能动的人，马克思人的本质理论的终极目标是实现人的自由而全面发展。在新的工业文明社会，工业给人类带来了科学技术的进步、社会生产力的发展、生活水平的提升，但也带来了人的异化，人变成工具化的物质力量。

在当前世界多元化发展趋势下，理工科生的思想在一定程度上也受到了冲击，高校思想政治教育内容应融入马克思主义的本质理论教育，注重发挥学生的主观能动性，为其全面而充分发展创造有利条件，将学生培养成为有价值理性、有独立思考能力的人才。同时，理工科高校思想政治应牢牢把握"立德树人"的价值取向，将"立德树人"根本要求贯穿于新工科人才培养全过程，引导学生坚定"四个自信"，强化责任担当，提高理论联系实际能力，增强服务社会本领，从而保障新工科人才培养质量。

（二）社会主义核心价值观教育，站稳马克思主义立场

社会主义核心价值观是社会主义意识形态的本质体现，是民族的精神之钙，也是国家的兴国之魂。③青年的价值取向决定着未来社会的价值取向，加强大学生社会主义核心价值观教育是高校思想政治教育的一项重要而紧迫的任务。

在全球竞争日益激烈的时代，世界主要国家相继发布了工程教育改革前瞻性报告，更加注重工科领域教育改革。传统的理工科学生教育往往更侧重于专业技能，爱国主义教育相对缺乏，呈现出"重技轻德"的现象。"新工科"强调创新与协同，但不偏离主流意识形态，不背驰马克思主义立场。马克思的世界观提供的是进一步研究的出发点和供这种研究使用的方法。因此，理工科高校开展思想政

---

① 华秀梅：《"新工科"背景下思政教育的守正与创新》，《人民论坛》，2020年第2期。
② 〔德〕马克思、〔德〕恩格斯：《德意志意识形态》（节选本），人民出版社2018年版，第16页。
③ 胡建、冯开甫：《红色资源：大学生社会主义核心价值观教育的重要载体》，《思想理论教育导刊》，2016年第1期。

治教育应坚持马克思主义的立场、观点和方法，加强理工科生社会主义核心价值观教育，凸显国家责任感和民族担当，使之被学生理解、接受和认同，并转化为价值追求和自觉行动。引导学生秉持家国情怀以应对纷繁复杂的思想和舆论环境，将个人理想、个人事业与国家命运、民族复兴结合起来，将爱国情融入服务国家战略中去，增强民族自信心、自豪感。

（三）多元化创新创造能力培养，服务社会主义现代化建设

创新是民族进步的灵魂，是教育发展的动力。当前，我国经济处于转型期和调整期，面临更大机遇和更多挑战。新一轮科技革命和产业变革，工程科技进步和创新，成为推动人类社会发展的重要引擎。在此背景下，国家和社会对人才的知识结构和知识储备提出了更高的要求，需要一大批具备专业性、创造性、全面性、多样性的高素质创新型人才。

新工科背景下的创新人才培养是实现国家经济发展和产业转型升级的关键。新工科建设必须通过人才培养理念的升华、体制机制的改革以及培养模式的创新，应对现代社会的快速变化及未来不确定的变革挑战。因此，理工科高校在开展思想政治教育时，应立足于新时代新征程，精心设计思想政治教育的内容，帮助学生培养创新意识和创新能力，开拓思维和视野，从容应对各种变化、风险与挑战；帮助学生在创新创业与思想教育实践中提高服务意识与责任意识，引导其积极投身社会主义现代化建设，积极关注和回应社会现实问题。

四、新工科视域下理工科高校思想政治教育的创新

新工科建设兼具理论性与实践性，与高校创新型人才培养规律相契合。新工科视域下推进理工科高校思想政治教育创新，应聚焦和把握时代特征，推动教育教学内容与方式创新，从而提高思想政治教育工作质量，培养出堪当民族复兴大任的时代新人。

（一）推动思政教育与专业教育相结合，探索学科交叉融合的育人机制

在新工科人才培养中，需要注重培养理工科学生的爱国情怀、责任意识、敬业精神与拼搏精神等。但目前，部分理工科学生的发展存在价值观模糊、人文素

养较为缺乏等问题。新工科讲究学科交叉融合，这种融合不仅表现为工科专业的融合，也表现为思想政治教育与专业教育的融合。因此，理工科高校应推动思想政治教育与专业教育相结合，可从课程体系多层次与培养方案多元化方面进行。一方面，探索多层次课程体系，将理论知识与学生日常生活紧密结合。在通识教育中，适当提高人文系列模块课程的占比，提升理工科学生的人文素养；在专业教育中，开展基础性的专业知识学习，奠定坚实的学科基础，紧跟时代潮流，了解学科最新发展前沿，提高创新能力、系统思维等。另一方面，制订更具灵活性、创新性的培养方案，在普遍的教育评价体系的基础上，根据实际情况作适当的调整；在课程选择范围上，不局限于校内、本地区，利用互联网技术与国内外相贯通，将校外课程转化为本校课程对应的学分，使教学资源更加丰富、选择更加多元化；在教育教学方式上，融入互动式、实践式、体验式等形式，以适应多样化的人才需求、不断变化的产业发展以及人才培养个性化的需要。

此外，新工科建设应做到科学谋划，打破传统学科壁垒，探索多学科交叉融合的育人机制，推进结构、资源、队伍的协同发展。在结构整合上，将思想政治教育贯穿于理工科高校教育教学全过程和各环节，建立一套较为科学的人才培养方案；在资源整合上，依据新工科人才培养目标、学科特点以及区域发展需求，引进社会资源，系统开发系列课程资源；在师资队伍整合上，充分调动专业课教师、辅导员、行政人员和学生的积极性，并聘请相关技术人才充实到育人队伍中。

（二）推动课堂学习与实践锻炼相结合，探索课内课外融合的育人机制

理论与实践相结合是新时代"大思政课"的基本要求和推进方向，其要义在于实现课本与现实相结合、理论与实践相统一，使思想政治教育更有温度、更有力度、更有效度。因此，理工科学生的教育不只是在课堂的专业教育中，还应将课堂教学与课后实践结合起来，理论联系实际，全面提升人才培养质量。课堂学习是理论知识学习的主渠道，通过系统性、科学性的理论学习，可以提高学生的理论功底，为进一步的学习和科研创新奠定基础。理工科高校应从课堂教学发力，从灌输式课堂向互动式课堂转变、从封闭式课堂向开放式课堂转变、从知识课堂向能力课堂转变，注重调动师生的主观能动性，发挥双重主体作用；利用多媒体技术创新教育形式，让理论知识更具有生动性、形象性，在课堂教学中鼓励学生多参与、多互动，推动理论知识入脑入心。

在实践锻炼方面，新工科建设要推动以课程思政为目标的课堂教学改革，要注重以文育人、以文化人，开展多样化的校内外实践活动，增强师生文化自信。理工科高校应为学生提供并创造有利条件，举办各类创新创业竞赛，鼓励学生多参与多投入，在竞赛中提升理论联系实际能力，培养解决工程实践难题的能力；完善学校实验设备，更新技术应用，帮助学生了解学术前沿、紧跟时代潮流；搭建校企合作平台，探索人才培养模式，让学生提前了解企业文化和市场需求，为自身就业创业做好准备。同时，鼓励理工科学生多参加志愿服务、"红色筑梦""三下乡"等一般社会性服务活动，在实践中深入感受中国传统的历史文化，了解中国共产党的发展历程，领悟中国人的乡土情结，更加生动、全面、接地气地了解国家和社会，提升理工科学生的社会责任感和爱国情怀。

（三）推动创新意识与创业教育相结合，探索产学研深度融合的育人机制

2019年7月，习近平总书记主持召开中央全面深化改革委员会第九次会议，审议通过《国家产教融合建设试点实施方案》，通过深化产教融合促进创新人才培育、创新产业融合、引领经济高质量发展。理工科高校应努力打造集"创意培养—创新实践—创业孵化"的培养体系。拓展创意培养渠道，通过开展"创新讲坛""创业先锋班"等，鼓励学生开展头脑风暴和创意碰撞；通过举办"科学家精神""大学生创意节"等，培养学生科学精神和科研素养。搭建创新实践平台，依托各类创新大赛和创新性训练项目，完善高层次创新支撑体系，并注重普及性、基础性创新服务，挖掘青年学生创新创业潜能。支持创业成果孵化，通过选配创业导师、设立创业基金、建设创业孵化基地等，为学生创业提供人、财、物和智力支持。[①] 建立起基础综合能力训练、创意思维训练、创意产品转化的体系，指导学生将思想转化为实际。

此外，探索产学研深度融合的育人机制，新工科建设将建立新经济下政产学研融合的工程教育新生态，其主要目标是协调多利益主体的关系，争取各种社会教育资源，构建政校协同、产学融合、校企合作、科教结合的新工科专业协同育

---

① 中华人民共和国教育部：《东北大学积极打造创新创业教育体系》，http://www.moe.gov.cn/jyb_xwfb/s6192/s133/s159/201809/t20180926_349904.html，2018-09-26。

人模式和多主体参与的卓越工程科技人才培养共同体。[①] 理工科高校思想政治教育应面向产业对接高层次工程科技人才需求，全面整合社会、政府、企业、高校等资源，促进高校、地方、企事业单位深度融合，在教育教学实践方面创新改革，优化协同育人机制，推动高校与科研院所、行业企业等全程协同育人。在产学研融合过程中，理工科高校也应融入理想信念教育、社会主义核心价值教育等，以培养出服务国家、地方经济发展的高层次工程科技人才。

总之，在理工科学校，高等教育既要通过课堂教学培养学生专业素养，也要以社会发展需求为目标，以思想政治教育为重点，培养热爱祖国且具国际视野的工程师。在当前社会多元化、多样化的发展趋势下，理工科高校应营造良好的教育教学环境，多措并举、内外联动，加强学生工匠精神、家国情怀和全球视野的培育，推动思想政治教育的守正与创新，培养出能应对变化、塑造未来的新工科人才，为中华民族伟大复兴提供人才储备。

---

① 林健：《新工科建设：强势打造"卓越计划"升级版》，《高等工程教育研究》，2017 年第 3 期。

高校思想政治教育的百年回溯与展望综述

韩娇柔

（贵州师范大学马克思主义学院，贵州 贵阳 550001）

摘　要： 自南湖扬帆起航到新时代乘风破浪，中国共产党用壮美诗篇书写了百年画卷。从历史回溯中梳理提炼中国共产党高校思想政治教育的基本经验，考察其发生发展规律、稽古振今、砥砺前行，在正确把握政治、育人和发展方向的基础上，继续激发其内生动力，推进工作体系构建并完善技术支撑，于建党百年之际展望未来，推动历史经验的时代转化，实现中国共产党高校思想政治教育新的突破。

关键词： 高校思想政治教育；经验总结；展望

中国共产党的百年历史是一部丰厚的思想政治教育史。在这百年画卷中，高校思想政治教育硕果累累，于革命、建设和改革之中发挥了巨大作用。百年芳华，初心如磐。在历史回溯、总结经验之上展望未来，对于推进新时代高校思想政治教育持续、全面、创新发展具有重要意义。

一、共产党高校思想政治教育的百年沿革

纵观共产党的思想政治教育史，不同学者对分期有着不同的观点。有的沿着中共中央党史研究室编写的《中共党史》（三卷本）的基本思路，将党的思想政治教育史分为新民主主义革命、社会主义革命和建设以及改革开放至今三个阶段。① 也有按照不同时期的具体任务，对党的思想政治教育理论进行阶段化、专题化的

① 高莹：《中国共产党思想政治教育发展历程和趋势探析》，《理论视野》，2020 年第 6 期。

研究。党的思想政治教育史中蕴含着高校思想政治教育的发展逻辑，二者呈现整体上的重合和阶段上的不同。按照党的中心工作在高校内的折射，可以将成立后党对高校思想政治教育的探索分为四个阶段。

（一）奠基阶段

新民主主义革命时期是党开展高校思想政治教育的奠基阶段，在这一阶段，党的高校思想政治教育被打上了"战争与革命"的时代烙印，在干部培养和革命斗争中起到了至关重要的作用，也为新中国成立后的探索积累了宝贵经验。

中国共产党早期组织是于高校之中发展壮大的，以北京大学为代表的各大高校是研究和传播马克思列宁主义的重要平台。在诞生初期，党将宣传马克思列宁主义、吸收先进青年作为后备力量视为重要工作。中共一大通过的《关于当前实际工作的决议》提出："各地均应积极发展社会主义青年团的组织，以作为党的预备学校。"① 在此背景下，以湖南自修大学为代表的一批新型学校相继建立。这些学校具有鲜明的注重实践的特色和无产阶级属性，是党在早期宣传教育和培养干部的重要基地。国共第一次合作期间，黄埔军校成为党开展思想政治教育的重要阵地，以周恩来为代表的共产党人确立了思想政治教育与军事训练的对等地位，同时运用多种教学方法，有目的、有计划地向军校学生进行马克思主义与新三民主义教育，取得了巨大成果。

土地革命战争时期，围绕"工农武装割据"，共产党坚持将思想政治教育作为首位，在根据地广泛开展无产阶级教育和马克思主义理论教育，同时根据教育对象的不同，创办了马克思共产主义大学等各级各类学校，积累了丰富经验并形成了一定的理论成果。其中《古田会议决议》（以下简称《决议》）标志着党的思想政治教育理论的形成，《反对本本主义》又为思想政治教育提供了理论指导。② 抗日战争时期，共产党不仅恢复、建立了中央和地方各级党校，还创办了中国人民抗日军事政治大学、陕北公学等专门院校，围绕革命实践和马克思主义理论，开展服务于抗战事业的思想政治教育。这一阶段积累的许多经验在今天的高校思想政治教育中依然有迹可循。1944 年问世的《关于军队政治工作的报告》系统总结了

---

① 中共中央党史研究室：《中国共产党历史》第一卷，中共党史出版社 2002 年版，第 49 页。

② 彭月英、钟佩君：《毛泽东土地革命时期教育思想和实践的鲜明特色》，《湖南科技大学学报（社会科学版）》，2012 年第 3 期。

党自北伐战争以来思想政治教育的实践经验，是标志党思想政治教育成熟的纲领性文件。解放战争爆发后，随着国内矛盾的转变，党在高校思想政治教育方面有了进一步创新和发展，尤其是华北人民革命大学的思想政治教育实践，得到了毛泽东同志的认可，为新中国探索高校思想政治教育提供了重要借鉴。

（二）探索阶段

在全国范围内开展思想政治教育是以新中国的成立为政治前提的，党对高校思想政治教育的探索之旅也由此正式拉开序幕。在社会主义革命和全面建设这一阶段，高校思想政治教育既有发展，又存在偏差，是在曲折中不断前进的。

新中国成立初期，党和政府高度重视并大力支持高校思想政治教育工作，在对旧高校进行接管和改造的同时，强调高等学校人才培养的首要任务是思想政治教育，明确要求学校政治教育工作和理论师资由各级党委的宣传部长或副部长亲自领导。这一时期的高校思想政治教育以培养"又红又专的无产阶级革命事业接班人"为目标，教学内容多涵盖"新民主主义论""马列主义基础""政治经济学"等。全面建设社会主义时期，高校思想政治教育总体上保持了正确方向，但受"大跃进"等社会环境的干扰出现部分偏差。党的社会主义探索在"文化大革命"时期遭遇巨大挫折，受"左"倾错误思想的冲击，高校思想政治教育因成为"以阶级斗争为纲"的工具而陷入困局。随着改革开放新时期的开启，党在拨乱反正的过程中推动高校思想政治教育逐渐回归正轨。教育部办公厅在1978年发布了《关于加强高等学校马列主义理论教育的意见》，统筹安排了全国高校思想政治教育的教材、课程等工作。同一阶段，各界掀起了"思想政治工作科学化"的讨论，为高校思想政治教育的专业建设开拓了道路。

（三）发展阶段

学科设立是党推动高校思想政治教育发展的关键节点，由此高校思想政治教育开始朝着科学化和规范化的方向前进，在理论创新和实践探索中不断突破，积累了丰富的研究成果和实践经验。

这一时期，高校思想政治教育为社会主义现代化建设服务，旨在培养"四有"新人。围绕这一目标，党在学科设立、课程改革和队伍建设等方面均做了部署。1984年，教育部印发了《关于在十二所院校设置思想政治教育专业的意见》，开始在 12 所重点高校进行思想政治教育专业试点工作。1988 年，中国人民大学等 10 所高校获准招收思想政治教育专业硕士研究生。[①] 1996 年，武汉大学等 3 所院校获准设立我国第一批马克思主义理论与思想政治教育博士学位授予点，由此培养出全国第一批思想政治专业博士生。此后，于 2005 年增设马克思主义理论一级学科及所属二级学科，2008 年新增二级学科——"中国近现代史基本问题研究"，2018 年增设"党的建设"二级学科。学科建设的不断完善为高校思想政治教育的长足发展奠定了人才基础，推动党对高校思想政治教育的探索迈入更高的阶段。加强专业人才培养的同时，党还出台了加强高校思想政治教育的一系列举措。包括"85 方案""98 方案"以及 2004 年的《中共中央　国务院关于进一步加强和改进大学生思想政治教育的意见》、2005 年的《中共中央宣传部　教育部关于进一步加强和改进高等学校思想政治理论课的意见》、2011 年的《高等学校思想政治理论课建设标准（暂行）的通知》等。这些举措更加明确了高校思想政治教育的战略地位、主要任务和基本原则，也对教育内容、教育方法和队伍建设做了进一步说明。在教育实践发展的基础上，还涌现出许多杰出高校思想政治教育研究者，他们通过探索和研究形成了丰厚的学术成果，为高校思想政治教育的理论创新做出了积极贡献。总之，在党的指导下，高校思想政治教育围绕社会发展要求，兼顾理论和实践，在培养社会主义新人上发挥了重要作用。

（四）深化阶段

党的十八大以来，以习近平同志为核心的党中央将高校思想政治教育摆在战略位置，立足全局，发表、出台了一系列重要讲话、文件，深刻回答了若干重大问题，开启了新时代高校思想政治教育发展的新局面。

立足新时代的历史方位，聚焦教育立德树人的根本任务，围绕"培养担当民族复兴大任的时代新人"的重大课题，党从战略高度加强了对高校思想政治教育的系统谋划。党的十八大以来，习近平总书记在全国宣传思想工作会议、全国高校思想政治工作会议和学校思政课教师座谈会等会议上发表重要讲话，强调高校思想政治教育的重要地位和作用，极大提高了全社会对高校思想政治教育的关注。

---

① 冯刚、高静毅：《中华人民共和国成立以来中国共产党对高校思想政治理论课的认识和探索》，《思想教育研究》，2019 年第 9 期。

2015 年，中共中央、国务院印发了《关于进一步加强和改进新形势下高校宣传思想工作的意见》，从七个方面为高校宣传思想工作指明了方向。同年，中共中央组织部、中共中央宣传部、教育部联合下发《关于领导干部上讲台开展思想政治教育的意见》，对领导干部讲思政课提出了明确要求。2017 年中共中央、国务院印发了《关于加强和改进新形势下高校思想政治工作的意见》，从强化思想理论教育和价值引领、发挥哲学社会科学育人功能以及推进高校思想政治工作改革创新等方面提出意见。2018 年，教育部印发了《新时代高校思想政治理论课教学工作基本要求》，在强调基本原则的基础上，从教务、教学和管理等方面对要求做了详细解释。2019 年中共中央、国务院印发了《关于深化新时代学校思想政治理论课改革创新的若干意见》，从包括教材体系、教师队伍在内的五个方面提出了改革创新建议。2020 年教育部等八部门发布《关于加快构建高校思想政治工作体系的意见》，提出了关于高校思想政治工作理论武装、学科教学、日常教育等七个子体系。这些会议和文件涵盖了高校思想政治教育的组织领导、队伍建设、内容管理、教学管理等多方面内容，是党紧握机遇，应对挑战，科学厘定高校思想政治教育的历史方位和阶段特征，揭示其战略地位和基本任务，谋划新时代的实践方略和主攻方向，从而推动高校思想政治教育工作向深处、实处发展的重要依据。

二、中国共产党高校思想政治教育的百年经验

（一）在党性与人民性的统一中坚定高校思想政治教育的政治方向

党性和人民性的统一自马克思主义政党诞生之后才得以实现。马克思在对共产党的性质加以说明时强调，共产党人除了代表无产阶级的根本利益之外，没有自己的特殊利益，由此将共产党与无产阶级的命运结合起来，在历史上第一次实现了党性和人民性的统一。中国共产党在百年征程中，始终将人民至上深深镌刻于精神之中，历久弥坚的人民情怀就是坚定党性的具体表现，落实在党的各项工作之中。在党的指导下，高校思想政治教育始终统筹兼顾服务大局和以生为本，致力培养服务于革命、建设和改革的人才，党性和人民性的统一在其中得到充分体现。革命时期的湖南自修大学、陕北公学到新中国成立后的各大高校，始终将马克思主义作为开展思想政治教育的出发点，正如习近平总书记在北京大学考察

时强调的，高校马克思主义学院就是要坚持"马院姓马，在马言马"的鲜明导向和办学原则。在长期的教育实践中，我国高校思想政治教育始终坚持正确政治方向，为党的思想宣传工作服务，培养了大批坚定马克思主义立场和拥护中国共产党领导的优秀人才。这一点与青年学生自我价值的实现并行不悖。自党成立以来，高校思想政治教育就努力引导青年学子树立主人翁意识，在为民族发展贡献青春力量的同时实现自身价值。回顾党的百年奋斗史，每一时期的优秀青年，都是将自己的前途与民族、国家命运深度融合，在致力完成民族独立、人民解放和国家富强、人民富裕的历史任务中脱颖而出的。今天，中国梦的实现需要高校学生发挥聪明才智和创造力，高校学生的圆梦之旅也依赖于国家富强、民族复兴提供的广阔舞台。高校思想政治教育将党性和人民性辩证统一于育人过程，在坚定政治方向的同时对学生进行圆梦教育，为党的中国特色社会主义事业输送大量人才。

（二）在宏观与微观的协调中明确高校思想政治教育的育人方向

马克思在《〈政治经济学批判〉序言》中指出："不是人们的意识决定人们的存在，相反，是人们的社会存在决定人们的意识。"党对高校思想政治教育的探索正是根据客观形势的发展变化而不断进行调整的，其中既包括对宏观环境的分析，也蕴含着对微观关系的解构，是宏观与微观相协调的过程。建党初期，党深入分析中国社会半殖民地半封建的性质，确定了反帝反封建的革命纲领。在此基础上，明确了思想宣传工作对于发动工人运动的重要性，以大力开设新式学校培养后备力量的方式，发挥高校思想政治教育对反帝反封建革命思想的宣传作用。大革命时期，在北洋军阀专制统治和镇压的背景下，党与国民党达成合作北伐的共识，同时统筹军事培训与思想政治教育的关系，加强对黄埔学生的思想引领，推动了高校思想政治教育的发展。十年对峙阶段，面对严重的白色恐怖，党开辟了"农村包围城市，武装夺取政权"的革命道路，围绕这一道路，剖析了思想政治教育与土地革命战争的关系，明确了政治工作是红军生命线，通过开办党校等各类学校，凸显高校思想政治教育对军事战争的反哺功能。抗日战争时期，党站在民族存亡大局的立场上，积极促成国共第二次合作，在肯定思想政治教育对巩固抗日民族统一战线重要性的基础上，开设具有针对性的课程以加大高校思想政治教育对抗日人才的培养。解放战争时期是事关中国前途命运的重要阶段，党在与国民反动派斗争的同时，十分重视思想政治教育在解放全中国中的重要作用，通过增强爱国主义教育、开展青年学生的爱国主义运动等方式，发挥高校思想政治教育在瓦解反动势力中的斗争功能。新中国成立后，我国进入社会主义革命时期，党在完成民主革命遗留任务的基础上，发挥思想政治教育在"一化三改"中的促进作用，通过强调社会主义思想教育提升高校思想政治教育对"又红又专"人才的培养。改革开放以后，党运用"解放思想、实事求是"的思想杠杆，推动中国经济社会实现快速发展。这一时期，党深刻阐明了思想政治教育在服务经济建设、深化改革开放中的独特优势，在 1984 年设立思想政治教育专业后，不断加强学科建设以提高高校对思想政治教育专业人才的培养能力。党的十八大以来，党立足国家战略高度，在统筹思想政治教育和国内外发展局势的关系中，坚定"四个自信"对时代新人的价值引领，通过不断探索内容体系、丰富教育方法、推进"三全育人"和构建大思政格局等途径，极大提高了高校的人才培养质量。

（三）在矛盾分析与化解中把握高校思想政治教育的前进方向

对立统一规律是辩证唯物法的核心和实质，揭示了事物变化发展的内在动力，毛泽东在《矛盾论》中丰富和发展了这一规律。矛盾贯穿于共产党的百年历程，也是推动高校思想政治教育发展的内在动力，正是在应对主要矛盾的过程中，党不断改革创新，探索了高校思想政治教育的发展规律。在处理帝国主义和中华民族、封建势力和人民大众的矛盾时，党将教育和团结一切可以团结的力量作为思想政治工作的中心任务，根据战争需要，改革传统教法并创新教学内容，培养了一批批充满牺牲精神和斗争精神的革命人才。随着新民主主义革命时期两类矛盾的基本化解，我国社会主要矛盾在新中国成立后转化为工人阶级和资产阶级两大阶级、社会主义和资本主义两条道路之间的矛盾，这些矛盾在意识形态领域中主要表现为多元思想、谬误与科学、先进与落后的并存和较量。面对此情境，党在继承和发扬新中国成立前老解放区高等教育优良传统的基础上，创新高等教育定位，以服务无产阶级革命事业为中心，将其视为"巩固与发展人民民主专政的一种斗争工具"，进而借鉴苏联经验，开展高校院系调整和教学制度改革等工作。在这一过程中，高校思想政治教育将改造思想作为直接目的，重视对青年学生社会主义政治觉悟的培养，同时善于运用社会主义改造成就，增强学生对国家的认同。社会主义制度确立后，先进工业国和落后农业国之间的矛盾上升为主要矛盾，党及时将高校思想政治教育目标转变为培养社会主义建设者，以《关于正确处理人民内部矛盾》为中心教材设立社会主义教育课程，强调体力和脑力并重以及政治觉悟与文化的结合。改革开放后，随着意识形态领域斗争的激烈，全党着重强调思想政治工作队伍的重要性，面对学科构建和制度建设等方面的短板，高校思想政治教育以服务社会主义现代化建设为目标，在广泛讨论的基础上，开展专业建设工作，并通过课程体系和教材等的统一，逐步完善其制度建设。进入新时代，我国社会主要矛盾转化为人民对美好生活的向往和不平衡不充分发展之间的矛盾，面对世界百年未有之大变局，以习近平同志为核心的党中央强调思想政治教育的"生命线"地位，提出"八个统一""四有教师"等新思想，在完善学科建设、推进"三全育人"和加快体系构建等方面不断努力，实现了高校思想政治教育发展的新突破。

三、中国共产党高校思想政治教育的未来展望

我们党对高校思想政治教育的探索从未停息，在不断回应社会问题、应对思想之变的过程中发展完善。当前，沿着党指明的方向，继续推动高校思想政治教育不断发展，需要不断激发其内生动力、构建其工作体系和完善技术支撑。

（一）增强高校思想政治教育持续发展的内生动力

市场持续发展的内在动力是供需的平衡统一，这在高校思想政治教育中同样适用，为满足社会前进方向和学生成才需要提供有效供给，促进其持续发展。就社会发展方向而言，需要因事而化、因时而进、因势而新，在顺应中国特色社会主义事业发展的基础上，密切关注社会动向，主动回应前沿热点问题，牢牢掌握话语权，与负面思想做坚决斗争，同时深入挖掘"立德树人"的精神内核，明确高校思想政治教育的育人目标，形成具有中国特色、中国风格和中国气派的高校思想政治教育。就学生个人诉求而言，需要围绕学生、关照学生、服务学生。高校思想政治教育的基本目标与受教育者的个体需求具有内在一致性。在新时代，随着高校学生的更新换代，及时把握这一群体的思想行为特点是高校开展思想政治教育的重要前提。以此为基础，坚持为学生答疑解惑，消除他们的思想疑虑，引导其在正确理解世情、国情、党情的同时，树立正确需求观、坚定理想信念、厚植爱国情怀并自觉践行社会主义核心价值观。以把握时代动向和学生成长规律

为起点，致力实现高校思想政治教育的供需平衡，是推动其不断发展的内生动力。

（二）构建高校思想政治教育全面发展的工作体系

系统思维既强调对复杂整体的把握，又重视对具体部分的分析，《关于加快构建高校思想政治工作体系的意见》的发布是系统思维具体运用，凸显了党对高校思想政治工作系统化发展的重视程度。深刻理解文件中提出的七个子系统的科学内涵，对高校思想政治教育工作体系构建具有指导意义，从文件中抽象出的具体原则也是高校思想政治教育工作体系构建所必须遵循的。首先，以整体性为原则，必须明确整个体系的目标引领性。坚持以马克思主义为指导，将政治引领、爱国主义情怀和价值引导贯穿全部工作体系始终。其次，以层次性为原则，必须加强各个子系统的协调以及各要素间的耦合，构建立体化的工作体系。再次，以动态性为原则，必须赋予工作体系时代内涵。结合各个新阶段的时代特征，坚持守正创新，实现对工作体系的调整和优化。最后，以开放性为原则，必须强调工作体系与外部环境的有效联动，从全局角度推进工作体系的有效运行。以抽象原则指导具体体系构建，在理论逻辑与历史发展逻辑的辩证统一中提升高校思想政治教育的工作质量。

（三）完善高校思想政治教育创新发展的技术支撑

信息化与教育领域的融合探究是高校思想政治教育的重要课题，在网络舆论影响日益扩大的现实面前，党和国家多次颁布文件，强调信息技术对高校思想政治教育的重要性。当前，人工智能的兴起与高校思想政治教育的深度融合成为学界关注的热点。就目前的实然状态而言，二者还处在初步融合阶段，国内可分析案例不足，但这并不影响其未来发展的巨大潜力。可以预见，智慧化教育在未来将大行其道。因此，顺利开启高校思想政治教育智慧化大门，推动其创新发展，就需要加强对人工智能技术的运用，以智能算法辅助自主学习，以智能预测防范意识形态危机，以智能整合搭建学习平台。与此同时，保持对热技术的冷思考，坚持以不变的最终目标、核心内容和根本规律来应对技术发展带来的形式之变。

中国共产党思想政治教育百年探索经验综述

单啸洋

（贵州师范大学马克思主义学院，贵州 贵阳 550001）

摘　要：思想政治教育是中国共产党的政治优势与优良传统，党的百年征程，同样是思想政治教育的百年发展。中国共产党在筚路蓝缕的发展历程中，始终坚持以马克思主义为指导对党内党外进行思想政治教育，并将其定义为一切工作的"生命线"；在栉风沐雨的百年奋斗中，始终坚持对思想政治教育的领导权，并不断为党和国家中心任务提供精神支柱；在艰难曲折的革命建设中，始终坚持理论联系实际的方法论，并充分从社会主义发展过程中汲取养分；在砥砺前行的伟大征途中，始终坚持思想政治教育的自我革命、自我完善，并不断推进其自身的科学性、系统性和专业性。

关键词：中国共产党；思想政治教育；百年探索；经验

思想政治教育既是中国共产党的一个优良传统，又是中国共产党的一大政治优势，更是我国一切工作的"生命线"，在社会的发展过程中发挥着极其重要的作用。回顾百年党史，思想政治工作既是党的建设这一伟大工程中保持党的纯洁性与先进性的重要武器，又是凝聚群众共识，汇聚人民力量，有效推动国家、社会发展的重要工具，更是党勇于自我革命、引领社会革命的重要力量。在党的百年征程和新中国七十余年的建设过程中，思想政治教育工作始终坚持党的领导，秉持马克思主义理论，在实践中不断探索，不断促使思想政治教育趋于系统与科学，最终为党和国家的中心任务提供精神动力。在"两个一百年"交汇之际，唯有全面总结历史、客观评价历史，才能洞察历史大势，把握历史规律，从而主动引领历史。分析中国共产党思想政治教育百年历程，汲取百年经验，对新时代思想政治教育的守正创新和可持续发展有着重要的启示意义。

一、始终以马克思主义为指导，不断丰富党的思想政治教育"生命线"理论

"生命线"理论是一种马克思主义理论。人是有意识的存在，是具有自我意识与对象意识的社会性存在，人的行为受人自身意识所控制，但意识本身源于物质实践活动。故而在阶级社会，任何一个阶级都有其物质实践活动并影响阶级成员的自身意识。"构成统治阶级的各个人也都具有意识，因而他们也会思维；既然他们作为一个阶级进行统治，并且决定着某一历史时代的整个面貌，那么不言而喻，他们在这个历史时代的一切领域中也会这样做，就是说，他们还作为思维着的人，作为思想的生产者进行统治。他们调节着自己时代的思想的生产和分配：而这就意味着他们的思想是一个时代的占统治地位思想。"[①] 中国共产党是以马克思列宁主义为行动指南的无产阶级政党，以实现共产主义为远大理想。故而，为维护最广大人民群众的根本利益，为实现建成社会主义现代化强国目标，党始终以马克思主义为指导，不断用马克思主义中国化最新成果武装群众。因为意识对物质有反作用，"一种历史因素一旦被其他的、归根到底是经济的原因造成了，它也就起作用，就能够对它的环境，甚至对产生它的原因发生反作用"[②]，所以凝聚起来的人心，就是团结起来的力量。"批判的武器当然不能代替武器的批判，物质力量只能用物质力量来摧毁，但是理论一经掌握群众，也会变成物质力量。"[③] 思想政治教育在革命斗争和治国理政过程中提供了理论导向、思想动力和精神支持，故而思想政治教育是一切工作的"生命线"。

"生命线"理论是马克思主义中国化的创造性成果。马克思主义是辩证、发展的科学理论，不是一成不变、万古恒定的理论。经过曲折的实践，中国共产党人

---

① 中共中央马克思恩格斯列宁斯大林著作编译局：《马克思恩格斯选集》第 10 卷，人民出版社 2012 年版，第 179 页。

② 中共中央马克思恩格斯列宁斯大林著作编译局：《马克思恩格斯文集》第 10 卷，人民出版社 2009 年版，第 659 页。

③ 中共中央马克思恩格斯列宁斯大林著作编译局：《马克思恩格斯选集》第 10 卷，人民出版社 2012 年版，第 9 页。

坚定地认为，马克思主义不是教条，而是行动的指南，是不断被后人丰富发展的科学。随着物质经济的发展，"我们要及时总结党领导人民创造的新鲜经验，不断开辟马克思主义中国化新境界，让当代中国马克思主义放射出更加灿烂的真理光芒"①。"生命线"理论是马克思列宁主义在中国革命、建设、改革的实践中，不断总结和创新的理论，集中阐释了思想政治教育的目的性和重要性，即凝聚思想共识、汇聚奋斗力量。

"生命线"理论于新民主主义革命期间首次提出。1932 年，在《中央给中区中央局及苏区闽赣两省委信》中指出："政治工作在红军中有决定的意义，每一个红军战斗员不仅要能够有充分的军事技术——手的武器，而且最重要的是脑子的武装。必须充实现有军队中的政治工作，实现中央政治工作条例，政治工作不是附带的，而是红军的生命线。"红军的成败决定党的事业的成败，决定着民族的未来，在很大程度上，红军的建设就是党的建设。要保障红军是一支人民的军队、一支工农的军队、一支为人民推翻"三座大山"的革命军队，就必须确立无产阶级思想在红军中的领导地位。失去了思想领导，就无法在战斗中充分发挥战略战术应有的效应；失去无产阶级思想领导，就失去了红军所象征的价值与意义。在随后长征、抗日战争和解放战争期间，党始终对人民军队保持思想领导，始终对人民子弟兵加强思想教育，始终保证人民军队为中国人民谋幸福、为中华民族谋复兴的初衷不变，以强大的凝聚力和意志力证明了信仰的力量，不断引领人民军队走向一个又一个的胜利。

在社会主义革命和建设时期，面对社会转型、百废待兴的严峻局面，中共中央进行了一系列思想政治教育工作。1955 年，中共中央为确保社会经济政治制度有效转型、有序推进，毛泽东同志将"生命线"理论从军队建设拓展到经济建设中来，他指出："政治工作是一切经济工作的生命线。在社会经济制度发生根本变革的时期，尤其是这样。"② 这点明了思想政治教育同经济工作的关系，为思想政治教育同我国建设和改革中各项工作的关系奠定了理论基础。同时，他强调思想政治工作是为经济基础服务的，不能单独去做，提高劳动生产率，一靠物质技术，二靠文化教育，三靠政治思想工作。但在 1957 年反右扩大化及"文化大革命"，

---

① 习近平：《习近平谈治国理政》第一卷，外文出版社 2014 年版，第 27 页。
② 中共中央文献研究室：《毛泽东文集》第六卷，人民出版社 1999 年版，第 499 页。

过分强调"政治挂帅",极"左"思想严重,极大地破坏了经济体制、民主法治,使思想政治教育沦为"造反派"的工具。1978 年,党的十一届三中全会后,党和国家及时开展自我革命,纠正错误路线,确立改革开放,使国家发展和人民生活回到正轨。1981 年,党的十一届六中全会通过的《关于建国以来党的若干历史问题的决议》,深刻总结了新中国成立以来社会主义建设的经验与教训,提出了"思想政治工作是经济工作和其他一切工作的生命线,要实行政治与经济的统一、政治与技术的统一,'又红又专'的方针",再次丰富了"生命线"理论的内涵,重新树立了思想政治教育的地位,重新确立了正确的思想政治教育道路。2000 年,江泽民同志在中共中央思想政治工作会议上指出:"党的思想政治工作是经济工作和其他一切工作的生命线,是团结全党和全国各族人民实现党和国家各项任务的中心环节,是我们党和社会主义国家的重要政治优势。"[①] 进入 21 世纪,思想政治教育被赋予了两重内涵。第一,思想政治教育已不再停留于军事、经济建设之中,而应该深入其他一切工作之中。第二,思想政治教育已不再是简单的引领一切工作,更要成为一切工作的基石,助推党和国家的一切工作蓬勃发展。党的十八大以来,中国特色社会主义进入新时代,赋予思想政治教育新的历史定位、新的使命和担当。在中国共产党成立 100 周年之际,中共中央、国务院印发的《关于新时代加强和改进思想政治工作的意见》指出,思想政治工作是党的优良传统、鲜明特色和突出政治优势,是一切工作的生命线。

历史证明,思想政治教育在党的事业和社会发展中有着极其重要的作用,深刻体现着历史唯物主义中社会意识对社会存在的反作用。在不同历史时期,中共中央始终坚持"生命线"理论,并不断赋予思想政治教育新的历史使命,以凝聚人民思想共识、汇聚人民奋斗力量,以其无形的力量不断为党和国家汇聚精神动力,提供精神保障和精神支撑。

二、始终坚持党的领导,不断为党和国家中心任务提供精神支柱

在思想政治教育过程中坚持党的领导,这是由其本质所决定的。在阶级社会,一定的阶级或政治集团,为实现其政治目的,维护其自身利益,他们会有目的地

---

① 中共中央文献编辑委员会:《江泽民文选》第三卷,人民出版社 2006 年版,第 74 页。

对目标客体施加意识形态影响，进而指导目标客体的社会行为。中国共产党始终代表中国最广大人民的根本利益，但除了人民的利益，它没有任何自身的特殊利益，党的初心和使命是为人民服务，人民的需要就是党和国家中心任务的目标。所以在党经历艰难困苦创造辉煌的百年历程中，思想政治教育始终是人民不断满足自身需要、实现自身发展的工具。在党领导中国人民实现中华民族伟大复兴的百年征程中，党始终用马克思主义基本原理，用社会主义、共产主义理想信念和精神，用党的纲领、路线、方针、政策教育武装广大干部和群众，不断为党和国家不同时期的中心任务提供精神支柱。

新民主主义革命时期，一切思想政治教育是为了革命的胜利。为了扩大马克思主义、中国共产党在社会的影响力，1921 年 7 月，中共一大所通过的《中国共产党第一个决议》明确了"党应在工会中灌输阶级斗争的精神"，并规定了党的宣传不能违背党的原则、政策和决议。同时，为加强工人文化水平，提高工人思想觉悟，唤醒工人阶级意识，提出要成立工人学校，并积极争取广大青年及学生，在他们之中宣传马克思列宁主义，提高他们的政治觉悟，培养他们的爱国情怀。为了取得中国革命的领导权，打倒军阀列强，各级党组织积极在工厂成立工会，在乡村成立农会、设立农民讲习所，在城市散发传单，在学校宣传马克思主义思想。为争取劳工权益，各级党组织积极发动工人运动。为争取自由民主，各级党组织积极号召学生运动。这些措施都体现了现实的、具体的、实践的思想政治教育，极大地宣传了马克思主义，极大地争取了广大人民群众。1926 年，中共中央印发的第一个党支部建设文件《支部的组织及其进行的计划》，提出支部宣传员要加强对中国全国和地方实际政治问题的教育。1927 年南昌起义爆发后，中国共产党建立了第一支属于人民的军队，为确保人民军队的进步性和纯洁性，为确保党对军队的绝对领导。毛泽东同志通过"三湾改编"，将党支部建在连队上。以党支部作为思想政治教育载体，了解一线作战官兵的思想动态，及时对他们进行教育疏导。这保证了中共中央的决议和精神贯彻，保证了战略战术的有效实施，保证了人民军队的人民属性。解决了思想问题，才能更好地解决实践问题。面对党内"左"倾错误思想、严重的教条主义行为以及对苏联经验的盲目崇拜，毛泽东同志写了《中国的红色政权为什么能够存在？》《井冈山的斗争》《反对本本主义》等文章，回答了党内同志的困惑，提出了解决困境的方案。面对党内长期存在的主观主义、宗派主义和党八股，1941 年，毛泽东同志号召中共中央发起了中国共产党历史上第一次大规模整风运动，并清理了党内的自由主义作风，清算了对共产国际迷信的教条主义作风。延安整风运动，使全党思想空前团结，开了我们党集中开展党内思想政治教育的先河，也成为中国共产党思想政治教育的一大创造，为最后夺取新民主主义革命在全国的全面胜利奠定了扎实基础。

在社会主义革命和建设时期，思想政治教育全面围绕"调动一切积极因素为社会主义事业服务"[①]。为了进一步加快社会主义社会转型，推进经济体制社会主义改造，1951 年，中共中央对内下达了《关于全党全军进行大规模整风运动的指示》，力图克服党内居功自傲、贪污腐化、违法乱纪的现象和官僚主义作风；对外发布了《关于在学校中进行思想改造和组织清理工作的指示》，开展对知识分子和社会风气的学习改造运动，树立知识分子其为人民服务、为社会主义服务的思想和立场。同时，为配合"一化三改、一体两翼"的过渡时期总路线，政府有针对性地对个体农民、手工业者和私营工商业者进行了思想教育和思想改造，把人的思想改造同社会变革有机结合起来。

在改革开放和社会主义现代化建设时期，"以经济建设为中心"开展思想政治教育活动。十一届三中全会后，党中央迅速纠正错误，突破长期"左"倾的错误和严重束缚，停止了"以阶级斗争为纲"的口号，将全党的工作重点和全国人民的重心放在社会主义现代化建设上来。思想政治教育相应地从"以阶级斗争为纲"的误区中走出来，得到了全新的发展，并响应中共中央号召全国人民"解放思想，实事求是，团结一致向前看"。在改革开放不同时期，中共中央也一再强调经济建设的重要性。1980 年 1 月，邓小平同志指出，要把经济建设当作中心，扭着不放，毫不动摇[②]。1984 年 10 月 20 日在《中共中央关于经济体制改革的决定》中指示，在新时期，党的思想工作"必须坚定地贯彻执行为实现党的总任务、总目标服务，密切结合经济建设和经济体制改革的实际来进行的指导方针"[③]。1991 年，江泽民同志强调："中心只能有一个，就是以经济建设为中心。"[④] 2011 年，胡锦涛同志强调，要"牢牢扭住经济建设这个中心"[⑤]。这一系列论述为新时期思想政治教育指明了前

---

① 中共中央文献研究室：《毛泽东文集》第七卷，人民出版社 1999 年版，第 44 页。
② 中共中央文献编辑委员会：《邓小平文选》第三卷，人民出版社 1994 年版，第 250 页。
③ 中共中央文献研究室：《十二大以来重要文献选编》（中），人民出版社 1986 年版，第 585 页。
④ 中共中央文献编辑委员会：《江泽民文选》第二卷，人民出版社 2006 年版，第 526 页。
⑤ 中共中央文献编辑委员会：《胡锦涛文选》第三卷，人民出版社 2016 年版，第 3 页。

进方向。同时，为了稳住人民的心理情绪，解开干部的思想包袱，解答群众的思想困惑，邓小平同志 1992 年奔赴南方视察，沿途发表了一系列重要讲话，成为又一个"解放思想、实事求是"的宣言书，为党和国家稳固进行改革开放，扎实建设社会主义现代化，为围绕"以经济建设为中心"的思想政治教育工作提供了政治支撑。随着改革的深入与开放的提高，思想政治教育承担起了更大的责任和更重的使命。在国际大气候和国内小气候风云变幻之际，在 1989 年，邓小平同志对国内思想政治教育工作总结道："十年最大的失误是教育，这里我主要是讲思想政治教育，不单纯是对学校、青年学生，是泛指对人民的教育。"① 为了保证共和国江山不易帜，保证社会主义道路不变色，他对思想政治教育工作者提出要求："作为灵魂的工程师，应当高举马克思主义、社会主义的旗帜，用自己的文章、作品、教学讲演、表演教育引导人民正确地对待历史，认识现实，坚信社会主义和党的领导，鼓舞人民奋发努力，积极向上。"② 这凸显了思想政治教育对党和国家中心任务保驾护航的地位、价值和意义。

在中国特色社会主义新时代，思想政治教育重点围绕"中华民族的伟大复兴和建成社会主义现代化强国的战略安排"展开。党的十八大以来，以习近平同志为核心的党中央以巨大的政治勇气和强烈的责任担当，推动党和国家事业取得了全方位的、开创性的历史成就，发生了深层次的、根本性的历史性变革。经过长期努力，中国特色社会主义进入了新时代，思想政治教育工作有了新的历史定位、新的发展理念、新的任务要求。"用马克思主义理论教育，用新时代中国特色社会主义思想铸魂育人"，是新时代对思想政治教育的根本原则。"既要有惊涛拍岸的声势，也要有润物无声的效果"③，是新时代对思想政治教育的基本要求。为全面落实"五位一体"总体布局，全方位推进"四个全面"战略布局，牢牢牵住治国理政的"牛鼻子"，中共中央开展了一系列思想政治教育活动：党的群众路线教育实践活动、"三严三实"主题教育、"两学一做"学习教育、"不忘初心、牢记使命"主题教育、党史学习教育等，起到了坚定全党理想信念、增强全党党性修养、改善全党风气风貌的现实作用。青年是民族的未来，青年是党和国家事业的建设者和接班人。在学校教育中，习近平总书记强调："高校是思想政治教育方法落实的

---

① 中共中央文献编辑委员会：《邓小平文选》第三卷，人民出版社 1994 年版，第 309 页。
② 中共中央文献编辑委员会：《邓小平文选》第三卷，人民出版社 1994 年版，第 40 页。
③ 习近平：《论党的宣传思想工作》，中央文献出版社 2020 年版，第 387 页。

主阵地，要把坚持党的领导贯穿于思想政治教育的全过程，坚持正确的政治方向和价值导向，培养合格的社会主义事业建设者和接班人。各级党委要确保党委在思想政治教育方法的推行过程中发挥好核心作用。"[1]在新时代，通过思想政治教育的理论阐释、教育、传播等，将党的执政理念、初心使命转化为社会建设主题的价值认同，增进大学生对习近平新时代中国特色社会主义思想的政治认同、思想认同、理论认同、情感认同。

三、始终注重理论结合实际，不断从社会主义发展过程中汲取养分

思想政治教育的目的在于宣传群众、教育群众、引导群众、提高群众，在于团结全党和全国各族人民实现党和国家的各项任务。空洞的理论无法感召群众，僵化的理论无法说服群众，错误的理论更是无法引领群众。历史不断证明，脱离实际的理论，只会在指导工作中酿下历史的悲剧。"我们中国共产党人干革命、搞建设、抓改革，从来都是为了解决中国的现实问题。"[2]思想政治教育作为党领导一切工作的"生命线"，必须确保理论的实事求是，在实践中守正创新。回顾党的一百年思想政治教育史，既讲道理又办实事，既以理服人又以情感人，在现实中开展思想政治教育，在实际中落实思想政治教育。以时代的成果作为时代的路标，不断用自身努力的成果向群众证明，不断用汇聚起的民心去创造新的成果。中国共产党人致力于实事求是地解决好每一个时代的问题，这些时代的成果也就成为思想政治教育的现实素材，这些时代的经历汇聚成的中国共产党精神谱系，也就成为思想政治教育的理论宝库。

从理论层面出发。在新民主主义革命时期，实事求是、理论联系实际的方法论逐步成为党的基本思想路线和工作方法、领导方法。在中国革命长期艰苦奋斗的过程中，中国共产党人不断总结失败教训，不断积累成果经验。毛泽东同志在革命的道路中写下了《中国社会各阶级的分析》《反对本本主义》《实践论》《矛盾论》《〈农村调查〉的序言和跋》等一系列闪烁辩证唯物主义和历史唯物主义光

---

① 习近平：《习近平在全国高校思想政治工作会议上强调　把思想政治工作贯穿教育教学全过程　开创我国高等教育事业发展新局面》，《光明日报》，2016-12-09。

② 习近平：《习近平谈治国理政》第一卷，外文出版社 2014 年版，第 74 页。

辉的文章，总结出了实事求是、调查研究、具体问题具体分析的方法。这有效地纠正了党内教条主义思想，为重塑党内思想、形式作风提出了方案，确立了标准，给出了答案，不止一次拯救了党，拯救了中国革命，这些典范同时也成为思想政治教育的经典教程。

在社会主义革命和建设时期，理论联系实际的方法一直被运用。毛泽东同志在《关于正确处理人民内部矛盾的问题》中指出："凡属于思想性质的问题……只能用民主的方法去解决，只能用讨论的方法、批评的方法、说服教育的方法去解决，而不能用强制的、压服的方法去解决。"这强调了实事求是的思想路线，突出了具体问题具体分析的基本方法，指出了思想政治教育方法的基本原则。

在改革开放和社会主义现代化建设时期，思想政治教育高举实事求是的方法原则。1978 年 5 月，《实践是检验真理的唯一标准》①一文在《光明日报》上刊发，"实践是检验真理的唯一标准"成为全党全国人民的共识。真理标准的提出重新恢复了马克思主义理论的指导地位，以辩证唯物主义的态度来对待中国实践、中国问题。破除了个人崇拜和封建迷信，抛弃了教条主义错误路线，确立了社会主义建设的实践评价标准。思想政治教育开始重新回到正轨上来，开始面向民生、面向实际。1978 年 6 月，叶剑英在全军政治工作会议上的讲话中重申："要恢复和发展我党优良的思想政治工作法，包括调查研究、具体问题具体分析、忆苦思甜、以身作则，以及榜样示范的方法。"面对社会经济文化的高速发展，思想政治教育的内容、方式明显出现偏差和落后。江泽民同志及时指出，理论工作要面向实际，要用正确的思想方法分析形势，而且要根据实践的要求进行创新。②随着改革开放的深入和我国经济的稳步向前，人民群众智识能力日渐提升，多元的价值观念和多样的文化在不断满足人们日益增长的物质精神需求的同时，也为思想政治教育工作带来了压力。必须因材施教、因人制宜，不能千篇一律、空洞说教。"理论武装也好，思想政治工作也好，道德教育也好，都不能脱离我国社会经济和社会发展的现实，都不能脱离广大人民群众的实际生活，而应该努力做到形式多样，生动活泼，为群众喜闻乐见，能够回答群众中存在的思想认识问题，能够在群众的工作和奋斗中不断发挥精神支柱的巨大作用。"③越是思想困惑，越是信仰动摇时，

---

① 光明日报特约评论员：《实践是检验真理的唯一标准》，《光明日报》，1978-5-11。
② 中共中央文献编辑委员会：《江泽民文选》第三卷，人民出版社 2006 年版，第 199—200 页。
③ 中共中央文献研究室：《十五大以来重要文献选编（中）》，人民出版社 2001 年版，第 1587 页。

越需要思想政治教育面向实际，将书本的理论发挥到现实中去，在现实中找寻答案。胡锦涛同志认为思想政治教育要"深入浅出回答干部群众普遍关心的问题，更好析事明理、解疑释惑，使中国特色社会主义理论体系日益深入人心，为广大人民所理解、所掌握，发挥对实践的巨大指导作用"[①]。2004年《中共中央　国务院关于进一步加强和改进大学生思想政治教育的意见》明确把"坚持解决思想问题与解决实际问题相结合"作为加强和改进大学生思想政治教育的一条基本原则。

从实践层面出发。中国共产党百年以来始终采取"榜样示范、情感陶冶"的思想政治教育模式。只有实际的案例才能引导人民，只有真实的故事才能感召人民。党在思想政治教育中，始终坚持以榜样事迹激励群众、引导群众，以发展成果陶冶群众、引领群众。在社会发展的不同阶段，思想政治教育也有不同的侧重点，宣传工作是根据党和国家的中心任务，在市民社会中以润物细无声的方式实现思想政治教育的目的，保持对主流价值观的引领，增强对主流意识形态的把控。

在新民主主义革命时期，主要突出革命英雄主义的价值观念，彰显信仰至上、舍身忘死的信念。土地革命时期，有实现建党大业的李大钊，宁死不屈的夏明翰、方志敏等英雄人物。也有红军翻雪山、过草地、强渡大渡河、飞夺泸定桥等英雄事迹。抗日战争时期，有杨靖宇、赵尚志等抗日名将，也有八路军"狼牙山五壮士"、新四军"刘老庄连""八百壮士"等英雄群体，同时还有毛泽东亲自为其发表演讲或撰写纪念文章的张思德、白求恩等模范人物。解放战争时期，有从容就义的刘胡兰、江姐等巾帼英雄，也有不畏牺牲的董存瑞等人民子弟兵。整体来看，新民主主义革命时期树立的榜样模范，中心主题是可以确定的——为新民主主义革命的胜利服务。在形式多样的宣传下，他们无不表现出舍生取义的气节和舍身忘死的精神。

在社会主义革命和建设时期，主要突出集体主义精神的价值观念，彰显大公无私、舍己忘我的信念。在抗美援朝的枪林弹雨中有黄继光、邱少云、杨根思等众多"最可爱的人"；在百废待兴的祖国建设中有孟泰、耿长锁、荣毅仁等建设楷模。社会主义全面建设时期有大庆油田王进喜、山西大寨陈永贵、人民公仆焦裕禄、全民模范雷锋等先进模范。整体来看，新中国成立后面临巨大且艰难的考验，党和国家先后树立和表彰众多英雄和模范的原因，"就是要进一步发现新的模范人

---

① 中共中央文献编辑委员会：《胡锦涛文选》第三卷，人民出版社2016年版，第61页。

物和模范事迹，达到典型示范、推动全盘工作的目的"①，为激励群众战胜困难、齐心协力保家卫国、鼓足干劲建设祖国提供精神动力。

在改革开放和社会主义现代化建设时期，榜样模范呈现英雄式与平凡式相结合、行业性与普适性的统一。既有在自卫反击战中涌现的滚雷英雄和无数战斗英雄，也有抗洪抢险、抗震救灾的人民子弟兵；既有在道德层面显著代表的张华、张海迪、赖宁等群众，也有在科学事业勇攀高峰的陈景润、邓稼先等科学家；既有大胆创新改革的企业家，也有为国争光的体育运动健儿；既有郭明义等工人模范，也有孔繁森等公仆典型。21 世纪后，一方面，榜样形象更加具有人性化。如"感动中国"人物评选活动的每一位获奖人物均来自民间，榜样的事迹更加真实、生动、直击人心，更具有吸引力与仿效性。另一方面，随着互联网的发展和普及，众多好人好事、善行善举在社会中广泛传播。

在中国特色社会主义新时代，聚力弘扬正能量，"凝聚起万众一心奋斗新时代的强大力量"②。党的十八大以来，中共中央高度重视榜样教育工作，习近平总书记多次强调英雄模范的引领示范作用，多次发出向英雄致敬的声音，多次隆重表彰英雄模范。党和国家在 2019 年新中国成立 70 周年之际，为于敏等 42 人颁授国家勋章和国家荣誉称号奖章；2020 年全国抗击新冠疫情表彰大会上，为钟南山等 4 人颁授"共和国勋章"和"人民英雄"称号奖章。2021 年建党一百周年之际，为马毛姐等 29 名同志颁发"七一勋章"。此外，还有历年各级道德模范、时代楷模等众多荣誉称号获得者及其他先进人物事迹，各级机关、党组织积极宣传、组织学习，在社会中营造出崇敬英模、争当先锋的氛围。与此同时，互联网中也可频频看到"最美现实""好人在身边"等事迹。

21 世纪以来，从民间到中央，从草根到公仆，榜样的示范引领已成为一种合力，在无形中形成了一种强大的精神感召力量，使得思想政治教育形式更加多样，效果更加显著。它不仅塑造了社会积极阳光的正能量价值观，也增强了民族的自信心与自豪感，最大限度地为中国特色社会主义建设、为人民的幸福美满生活汇集了力量。

---

① 《准备迎接全国战斗英雄与劳动模范代表会议》，《人民日报》，1951-07-26。
② 《习近平对张富清同志先进事迹作出重要指示强调 积极弘扬奉献精神 凝聚起万众一心奋斗新时代的强大力量》，《人民日报》，2019-05-25。

四、始终以发展为导向，不断完善思想政治教育的科学性、系统性和专业性

中国共产党的思想政治教育是一门不断演变发展的科学，长期坚持实事求是的思想路线，不断回应时代需求和社会进步。可以看到，思想政治教育不断发挥作用和积累经验的过程，既是思想政治教育不断科学化的过程，也是不断系统化、专业化的过程。

从百年党史的历史来看。从建党初期的"政治工作、思想工作"到新中国成立初期的"思想政治工作"，再到改革开放初期的"思想政治教育"，每一个名称的改变象征着概念和内涵的改变。围绕"人的思想"这个核心概念没有变，但思想政治教育已明显从思想政治工作中细化出来。思想政治工作除包含思想政治教育外还包括党的组织工作、统战工作和群众工作。而思想政治教育则主要转向对群众和党员的思想教育、政治教育、道德教育。其中，还伴随着社会发展的需要。在改革开放后，思想政治工作逐步成为一门学科，从党的政治工作、党员教育中分化出来，以"思想政治教育"步入国民教育之中。

在新民主主义革命时期，思想政治教育与具体革命运动实践结合在一起。中国共产党通过革命的实践将逻辑思维与价值观以具象化的形式表现在群众日常生活中，通过革命抑或阶级斗争来宣传群众、动员群众、引领群众，通过工会、农会、讨论会、座谈会、夜校等形式教育群众、提高群众。这也是在当时历史环境下，思想政治教育强调理论联系实际的逻辑呈现。无论是土地革命、抗日战争还是解放战争期间，党皆注重通过政策实施、政治宣传和动员、理论争论等形式，在潜移默化中影响军民大众。

在社会主义建设和革命时期，思想政治教育逐步走向系统化。新中国成立后，党的一切政策措施进入治国理政的转变之中，原有的思想政治教育体系，开始向学校教育转变，成为思政课程，从以往包含的组织、统战、群众工作中脱离出来。以我国高等学校为例，1952年，教育部正式颁布我国第一部全国性思想政治理论课教育方案，在全国高校内开设"辩证唯物论与历史唯物论""新民主主义论""政治经济学"三门思政课必修科目。这是思想政治教育首次系统地、有规划地以教学的形式进入高校课堂。1956年9月教育部颁布的《高等学校政治理论课程的规定》，更加详细地规定了课程内容和课时要求，在学时上也根据院系特点提

供了弹性化选择，促进思想政治教育体系更加科学。"56 方案"前后，共开设"马列主义基础""中国革命史""政治经济学""辩证唯物主义与历史唯物主义"等课程。可惜在 1957 年反右扩大化期间，思政课受到严重冲击，"56 方案"所规定的课程全部停开，各地高校只开设"社会主义教育"。1961—1962 年教育部在摆脱"左"倾思想影响后，在很大程度上恢复了我国思想政治理论课正常的教学秩序。1961 年 4 月印发《改进高等学校共同政治理论课教学的意见》，按照文理科、本专科，分别进行课程设置和课时安排。1961 年 9 月印发《中华人民共和国教育部直属高等学校暂行工作条例（草案）》，按照文理科对课时权重比例进行了详细安排。1962 年 5 月，教育部印发《关于高等学校共同政治理论课教学安排的几点意见》，将课程、课时的权重比例规定后，课程安排权力下放给各高校。两年间，思政课得到了符合各地实情的发展。

在"文化大革命"结束后，由于人们对于政治的忌惮，受"片面夸大政治的作用"倾向影响，有人认为思想政治教育主要突出意识形态性和政治从属性，不能称为科学。改革开放后，为了应对新形势、新问题，以及市场经济带来的新矛盾、新情况，作为一切工作的"生命线"，思想政治教育不得不从实践向理论回归。1980 年 5 月，国家第一机械部和全国机械工会在北京召开思想政治工作座谈会，就如何开展、如何加强群众对马克思主义的认识、党的领导和社会主义道路提出了"思想政治工作科学化"的新命题，开启了思想政治教育的科学化进程。同年 7 月，教育部印发《改进和加强高等学校马列主义课的试行方法》，8 月《光明日报》刊发题为《思想政治工作是一门学科》的文章，把全国对思想政治工作科学化的讨论引向新的热潮。自从 1982 年 11 月，宋任穷在全国党员教育工作会议上指出："要逐步形成一种观念：思想政治工作，党员教育工作，这是一门科学，是一门治党治国的科学。"[1]党中央不断强化思想政治教育是一门科学，为思想政治教育设立学科提供了政策支撑和思想基础。1984 年教育部发出《关于在十二所院校设置思想政治教育专业的意见》，在南开大学、武汉大学、复旦大学等 12 所院校进行思想政治教育专业本科学制试点，开启了思想政治教育专业建设的实践探索，并对思想政治教育专业招生范围、课程设置、教材编写等内容作出规定。1986 年提出开办思想政治教育专业第二学士学位和研究生班。1987 年 5 月，中

---

① 　中共中央党史研究室：《宋任穷纪念文集》，中共党史出版社 2009 年版，第 587 页。

央要求："有关院校要认真办好思想政治教育专业，并创造条件培养这方面的硕士和博士研究生。"并在1990年国务院学位委员会第九次会议通过的《授予博士、硕士学位和培养研究生的学科、专业目录》在法学门类政治学一级学科下增设了"马克思主义理论教育"和"思想政治教育"两个硕士授权学科专业。在不到十年的时间里，思想政治教育得到了飞速发展，理论体系、学科体系不断完善。1997年6月，新修订的《授予博士、硕士学位和培养研究生的学科、专业目录》将"马克思主义理论教育"和"思想政治教育"两个二级学科整合为一个"马克思主义理论与思想政治教育"二级学科，隶属政治学一级学科。2005年，思想政治教育迎来了质的飞跃。12月，国务院学位委员会和教育部《关于调整增设马克思主义理论一级学科及所属二级学科的通知》，决定增设马克思主义理论一级学科和所属二级学科，将新增设的马克思主义理论一级学科置"法学"门类，下设马克思主义基本原理、马克思主义发展史、马克思主义中国化研究、国外马克思主义研究、思想政治教育等五个二级学科。2008年又增设中国近现代史基本问题研究二级学科，使"思想政治教育"这一整体成为一门系统化的科学。

从党的理论演变来看。从社会主义建设时期围绕"培养有共产主义觉悟的有文化的建设者"，到改革开放和社会主义现代化建设时期，邓小平同志提出"培养有理想、有道德、有文化、有纪律的社会主义四有新人"，江泽民同志提出"培养跨世纪的社会主义事业建设者和接班人"，胡锦涛同志提出"培养中国特色社会主义事业的建设者和接班人"，习近平同志提出要"解决好培养什么人、怎样培养人、为谁培养人这个根本问题"①。在新中国不同历史时期，我国先后围绕党和国家的中心任务提出了一系列思想政治教育目标，并围绕这些目标实施了一系列政策，实现了从经验性向科学性、零散性向系统性、传统性向现代性的转变。思想政治理论课是思想政治教育工作的一线阵地、实践载体，发挥了重大作用，学科的科学化、系统化发展对思想政治教育工作至关重要。对于顶层设计者而言，要"推动思想政治理论课改革创新，要不断增强思政课的思想性、理论性和亲和力、针对性"。对于一线教师而言，"办好思想政治理论课关键在教师，关键在发挥教师的积极性、主动性、创造性。思政课教师，要给学生心灵埋下真善美的种子，引

---

① 习近平：《用新时代中国特色社会主义思想铸魂育人 贯彻党的教育方针落实立德树人根本任务》，《人民日报》，2019-03-19。

导学生扣好人生第一粒扣子"①。面对新时代新形势，思想政治教育必须全面坚持思政课教师的"六个要求"和"八个相统一"，丰富和完善思想政治教育理论体系，推动思想政治教育内容、载体和话语体系的创新，促使习近平新时代中国特色社会主义思想成为新时代党的思想政治教育的丰富滋养。思想政治教育必须始终坚持理论与实际相结合的方法论。教育工作者需要在群众教育、课堂教学的实践中总结经验，并上升为理论指导，也需要加强理论创新，充分发挥科学理论对实践的指导作用。在顶层设计和实践探索的双向互动中推动思想政治教育科学发展。

---

① 习近平：《用新时代中国特色社会主义思想铸魂育人　贯彻党的教育方针落实立德树人根本任务》，《人民日报》，2019-03-19。

思想政治教育理论发展的基石：马克思关于人的本质揭示

文 妮

（贵州师范大学马克思主义学院，贵州 贵阳 550001）

摘　要： 马克思关于人的本质思想是政治教育理论发展的基石。深入学习研究这一论断，需要全面阐述马克思关于人的本质思想的理论渊源，探析马克思关于人的本质思想的哲学内涵，厘清马克思关于人的本质思想与思想政治教育之间的逻辑关系，正确把握马克思关于人的本质思想对思想政治教育发展的现实价值。

关键词： 人的本质思想；思想政治教育；现实价值

在哲学史上，关于人的本质的界定，诸多哲学家都进行了探索和讨论，取得丰硕成果。马克思基于此，批判吸收、科学继承、创新发展，对人的本质思想做出了科学阐述，对指导思想政治教育发展意义重大。

一、马克思人的本质思想的理论追溯

人类很早就开始探索自己的本质，对"我是谁""我来自哪里""我将要去哪里"的问题进行思索。苏格拉底提出"人应该认识你自己"的哲学命题，使得对"人的本质"问题探讨达到哲学顶峰，成为哲学界不可规避的问题。柏拉图主张"人是肉体和灵魂的共存"。亚里士多德则提出"人是天生政治的动物"。黑格尔则认为"人是绝对精神的运动"。"人的本质"问题终究陷入思辨神秘，脱离现实。黑格尔的这种提法首先遭到费尔巴哈批判，费尔巴哈提出人本主义的哲学观，认为要回到人自身来对"人的本质"进行探索。他认为:"人所认为的绝对本质,就是人自己",就是说,人的本质即人本身。人的本质是由人自己决定,而非由人本身之外的客观存在决定。在这里,人的本质被费尔巴哈归结为人的"类本质",认为人之所以区别于其他动物,根本在于人有独特的情感和意志,大脑中有自我意识,能自己思考,强调对人的本质的探讨还是要归到人自身上来。事实上,费尔巴哈所强调的人的本质依然是在意识领域徘徊的,加之他倒置了思维与存在的关系,又陷入唯心主义深渊,片面地把人看成"感性对象",而不是"感性活动"。至此,马克思人的本质思想登上历史舞台。

二、马克思人的本质思想的哲学内涵

在诸多哲学家对人的本质思想进行探讨的基础上,马克思逐步地将人的本质思想继承、发展、完善,进行科学阐述,使这一思想成为其思想体系的重要部分。

(一)人的根本就是人本身

"人的根本就是人本身"的观点源于马克思著作《黑格尔法哲学批判》。该主张超越了黑格尔所倡导的"人是绝对精神的运动"和费尔巴哈人的"类本质"思想。马克思强调人的本质不可到中世纪的神、黑格尔的"绝对精神"、费尔巴哈人的"类本质"那里去找寻,而是要回到人本身来寻找。马克思强调要着眼于人的本质批判宗教的虚伪,使宗教不再至高无上,而是回到现实,强调"德国理论是从坚决积极废除宗教出发的。对宗教的批判最后归结为人是人的最高本质这样一个学说"[1]。马克思通过对宗教的批判过渡至对现实社会的批判,以破除剥削、压迫,实现公正和谐的社会理想。因此,马克思主张在现实的人的身上来探索人的本质,把人的本质置于具体的、历史的社会条件下进行分析,认为人的本质就是人本身。

(二)有意识的生命活动

在《1844年经济学哲学手稿》中马克思提出:"有意识的生命活动把人同动物

---

[1] 中共中央马克斯恩格斯列宁斯大林著作编译局:《马克思恩格斯选集》第一卷,人民出版社2012年版,第10页。

的生命活动直接区别开来。正是由于这一点，人才是类存在物。"①人作为区别于动物的存在，有主观能动性。人能根据自己的现实需要去认识和改造自然，认识自然规律并加以利用，以满足自己更好生存发展的需要。与人相反，动物则是受制于自然以及客观存在的自然规律。同时，人的活动的开展是有目的、有计划、有组织的，事前会未雨绸缪，做好准备工作，能够事先对活动结果做出较为准确的预判。动物则非如此，其所有的生命活动皆源于本能，无须加以学习、练习、模拟等。其生存的活动形式也较为固定、简单，与人因具有复杂意识所呈现的活动形式形成鲜明对比。

（三）人的社会本质

马克思认为人的社会本质是一切社会关系的总和。马克思在认可人"类"本质是劳动的前提下，阐释了不同劳动条件造就不同个人。在《关于费尔巴哈的提纲》中，马克思强调："人的本质并不是单个人所固有的抽象物，在其现实性上，它是一切社会关系的总和。"②马克思指出人的本质是一切社会关系的总和，这是人区别于其他一切有生命物种的显著特征。这里人的本质是指生活本质，即人生活的特定环境。基于人特定的生活环境来认识人，会更加深刻、有意义。世界各国家的政治、经济、军事、地理、文化等的差异使得各国家带有自身独有的特点。每个家庭的文化氛围、相处之道迥异，培育的个体也个性鲜明。正是因为个体生活环境各异，形成的生活本质各具特色，人的本质就在不同社会关系和社会实践中别具一格。

（四）人的内在本质

人的内在本质，即人的需要。马克思认为，人类社会生产的首要活动，是生产人的物质生产生活资料，人参与社会实践活动是为了满足人自身的需要。人的需求促使人类生产劳动的发展，在人类生产劳动这一过程中，社会关系形成。正如马克思所说的："由于他们的需要即他们的本性，以及他们求得满足的方式，把

---

① 中共中央马克斯恩格斯列宁斯大林著作编译局：《马克思恩格斯选集》第一卷，人民出版社2012年版，第56页。

② 中共中央马克斯恩格斯列宁斯大林著作编译局：《马克思恩格斯选集》第一卷，人民出版社2012年版，第139页。

他们联系起来（两性关系、交换、分工），所以他们必然要发生相互关系。"① 当前需要得以实现，更高级别的需求就随之而来，这在马斯洛的需求层次理论有精辟论证。当人的基本生存得到满足后，会去追求发展、爱等高层次需要。可见，人的需求是不断变化和发展着的。在人的需求不断被满足这一过程中，人们之间的社会关系自然而然地得到拓展和发展。随着人们之间交往深度和广度的延伸，用马克思主义的质量互变规律理论来说，这种量变达到一个峰点后，会促成质变，推动人类生活发展和社会历史进步。

三、马克思人的本质思想与思想政治教育的逻辑关系

人的本质思想是马克思人学理论中的重要思想。厘清思想政治教育与人的本质思想的逻辑关系，发现二者间的共通之处，是运用人的本质思想指导思想政治教育发展的前提条件。

（一）人的根本就是人本身：思想政治教育的出发点

首先，正确认识马克思所强调的"人的根本就是人本身"② 是了解教育对象，有效开展思想政治教育的前提。马克思指出："人不是抽象的蛰居于世界之外的存在物。人就是人的世界，就是国家，社会。"③ 人不是纯粹生物学层面抽象的人，而是处在具体历史社会条件下，有着各种需要的现实的人。思想政治教育对象也不是束之高阁抽象存在的人，而是具体现实的人，需要对其进行全方位了解。在发展不平衡不充分的社会大环境下，思想政治教育所面对的教育对象是纷繁复杂、参差不齐的。每一教育对象都有自身的特质，有区别于他人的社会历史背景和独特需要。为思想政治教育能富有成效地开展，首先需要去认识教育对象，了解其各种信息和诉求，再对症下药、恰当引导。

其次，思想政治教育能够帮助教育对象实现对自身的认识。思想政治教育目

---

① 中共中央马克思恩格斯列宁斯大林著作编译局：《马克思恩格斯全集》第三卷，人民出版社1960年版，第514页。

② 中共中央马克思恩格斯列宁斯大林著作编译局：《马克思恩格斯选集》第一卷，人民出版社2012年版，第10页。

③ 中共中央马克思恩格斯列宁斯大林著作编译局：《马克思恩格斯选集》第一卷，人民出版社2012年版，第1页。

标是为社会培养合格建设者和接班人。所以，在思想政治教育开展过程中，思想政治教育者要将社会所倡导的道德规范教授给受教育者，以帮助其接受社会的教育，使其正确认识到自己的社会角色。同时，思想政治教育者要根据教育对象的特点和社会需求，利用思想政治教育为主途径传播社会主义核心价值体系，帮助受教育者树立崇高的理想和科学的世界观，形成正确合理的诉求，增强社会责任感与奉献意识。

（二）有意识的生命活动：思想政治教育的目标与方向

首先，有意识的生命活动为思想政治教育提供了主体保障。有意识的生命活动即具有主观能动性，能根据自己需要设计、开展活动，存在于社会中现实的人。人既是思想政治教育的起点，又是思想政治教育的归属，与马克思"人的本质"思想有共通之处。思想政治教育者关注教育对象的需求和个性发展，有助于教育对象在思想政治教育过程中获得归属感和满足感。同时，教育者在关注教育对象个性发展的基础上，还要对其进行符合社会发展和需求方向上的引导，形成健全人格。

其次，人的个性化发展是思想政治教育的方向。思想政治教育的目标是培养自由而全面发展的人。思想政治教育的每一个教育对象，都是具有主观能动性、个性独特的人。思想政治教育者要关注教育对象的差异性，注重挖掘其内在潜力和过人之处，引导其健康发展，以形成自身优势，增强竞争力。同时，尊重教育对象在思想政治教育过程中的主体地位，使其主动性、能动性、创造性得到充分发挥，创新型思维得到培养，创新能力得到增强。

（三）人的外在本质：思想政治教育的落脚点

首先，明确教育对象的社会关系是开展思想政治教育活动的前提。思想政治教育的目标是实现人的自由而全面发展，为达到这一目标，要对教育对象的社会关系进行分析。在多种文化相互冲击的背景下，社会关系影响着教育对象的思想、心理和行为。教育者与教育对象之间的关系是思想政治教育过程中的主要关系。这是一种特殊的交往关系：教育者传递知识的对象是教育对象，教育对象从教育者那里获得知识，这种知识是思想意识方面的，是教育者精心设计的。通过对教育对象开展计划性引导，使教育对象形成正确的思想、健康的心理和符合社会规范的行为。认清二者之间的社会关系，能使思想政治教育活动的开展更加顺利。

其次，思想政治教育促进教育对象的社会关系形成与发展。思想政治教育承担着为社会培养合格人才的重任，对教育对象的培养与教育发挥着重要作用。思想政治教育一方面可以引导教育对象理解和认可社会规范和道德准则，使教育对象能准确定位自己的社会角色。另一方面，思想政治教育者又引导教育对象形成正确的价值观。通过社会价值体系传播，使教育对象的思想品德、道德规范得到有效提升，有利于教育对象社会关系的形成与进一步发展。

（四）人的内在本质：思想政治教育的着眼点

首先，开展思想政治教育活动的重要依据是教育对象的需要。马克思认为人的本质的内在表现就是人的需要，包含物质需要与精神需要两个维度。从马克思主义历史观出发，人类社会的进步，在一定程度上是人的需要得到满足，以及在此基础上产生的需要所推动的。人的需要促进社会的发展。教育对象的需要，"为教育者及时调整教学活动、优化教育内容、制定更加科学的教育策略提供了更为真实可靠的依据"[1]。随着社会经济和文化多元化发展，快节奏已经成为人们生活的主要特征。这会影响教育对象的心理发展，使其产生心理困惑、精神迷茫等不健康心理。为此，思想政治教育要发挥立德树人作用，加强对教育对象的理想信念教育，引导其树立正确的世界观，改善其不健康心理。

其次，思想政治教育对教育对象的需要有调节作用。教育对象作为独立个体，其需要不是一以贯之的，而是根据具体情况不断发展变化的。在这一过程中，教育对象会产生合乎社会发展的需要，也会形成与社会发展相背离的需要。教育者要对教育对象的需要进行辨别，对于合理、科学的需要给予引导，使之向前发展。对于不合时宜的需要，则应及时疏导，制止这种错误需要发展壮大。同时，教育者要挖掘教育对象产生错误需要的源头，深入分析，以防患于未然，引导教育对象追求更高层次需要。

---

① 朱希：《大数据时代高校思想政治教育再探》，《学校党建与思想教育》，2021 年第 6 期。

四、马克思人的本质思想对思想政治教育发展的启示

思想政治教育本质上是一项培养人的实践活动，其目的是为培养自由全面发展的、符合社会需要的人。为达到这一预期，思想政治教育的一切工作都应围绕人来开展。

（一）思想政治教育要坚持以人为本的基本指导思想

思想政治教育要坚持以人为本的基本指导思想，在思想政治教育过程中充分发挥教育对象的自主性、能动性、创造性。随着时代进步和教育发展，人们对自己的认知越来越深刻，教育对象的主体性在思想政治教育过程中也日益凸显，这就要求教育者首先要注意到教育对象。作为可塑造的教育对象，其本身就具有自主性、能动性、创造性。在思想政治教育过程中，教育对象会自觉认同教育者事先设定好的思想政治教育目标和提出的教育要求。在接收到教育者发出的教育信息后，教育对象会对这些信息做出独立思考、判断和选择，将选择后的信息用于指导、调节自身行为。在实践中以此为指导，逐渐提升自身品德，促进社会道德的丰富和发展。

如果教育对象丧失了主体性，教育对象就会缺失"自主性""能动性""创造性"，教育对象变得千篇一律。教育就失去了"教育是帮助被教育的人，给他们发展自己的能力，完成他的人格"[1] 的特性。在思想政治教育过程中，教育者要尊重教育对象的主体性，对教育对象主体地位的尊重并不是对教育者主导地位的挑战，教育者依然是思想政治教育主导力量。教育者还要注意识别教育对象是否具有"自主""能动""创造"的特点。同时，还要通过从教育内容、教育政策等客体入手，对教育对象施加影响，增强其主体性。思想政治教育要坚持以人为本的指导思想，事实上就是要坚持教育者的主导地位与教育对象的主体地位相结合，以优化思想政治教育效果。

（二）充分发挥实践在思想政治教育中的作用

要充分发挥实践在思想政治教育中的作用，以培养和提升思想政治教育对象

---

① 高平叔：《蔡元培教育论集》，湖南教育出版社 2001 年版，第 56 页。

的实践和创新能力。马克思强调人的本质是"有意识的生命活动",在一定意义上是指实践、劳动。社会发展到新阶段,社会更加迫切地需要创新应用型人才。社会对教育对象的实践和创新能力提出更高标准,思想政治教育要着重培养其实践和创新能力。思想政治教育课程将理论教育放在主要位置,灌输式教学方式有时会使教育对象对教育内容失去兴趣,难以调动其主观能动性。实践活动是教育对象融入和了解社会、培养实践与创新能力的重要途径。在思想政治教育过程中,教育者要充分将实践活动应用起来。通过开展有针对性的实践活动,引导教育对象将理论与实践联系起来,对实践产生新看法,自觉参与实践,在实践中发现、分析、解决问题,提升自己的实践、创新能力。

劳动教育是思想政治教育实践育人的新抓手。正如马克思所述:"生产劳动同智育和体育相结合,它不仅是提高社会生产的一种方法,而且是造就全面发展的人的唯一方法。"①教育的根本是培育德智体美劳全面发展的人。在实际教育中,劳动教育有时是被忽略的。事实上,劳动是将知识、生活、社会联系起来的纽带。将劳动融入思想政治教育的过程中,有利于培养教育对象的实践动手能力,增强教育对象的社会竞争力。将实践劳动融入思想政治教育中,人的主观能动性会得到进一步发挥,创新意识会被激发,会源源不断地产生推动社会进步的积极因素,使教育对象的积极性得到提高。

(三)基于人的社会本质,采用精准教育方法

从人的社会本质出发,认清教育对象特点,因材施教,提升思想政治教育效果。马克思把人的社会本质规定为"一切社会关系的总和"。教育对象作为思想政治教育的主体,在其生活中必定会产生各种社会关系。在这些存在巨大差异的社会关系的影响下,教育对象的思想水平和文化素养参差不齐。因此,教育者要立足这些差异,根据教育对象的不同特征,克服"一锅端""一刀切"的取向。根据教育对象的不同阶段、性格、社会经验等,寻找时机、采用策略,运用有针对性的教育机制对教育对象进行引导。这利于提升教育对象对思想政治教育的认识,丰富其理论知识,形成正确科学的思想。思想政治教育要从教育对象身后的社会

---

① 中共中央马克思恩格斯列宁斯大林著作编译局:《马克思恩格斯选集》第二卷,人民出版社2012年版,第230页。

关系出发来分析教育对象的特点。

教育者要营造良好的教育环境，潜移默化地影响教育对象，使思想政治教育成效得到明显提升。在思想政治教育开展过程中，教育对象会与其他人或事产生联系，不知不觉地影响着受教育者。思想政治教育是社会主流意识形态的主要传递渠道。教育者可以通过把红色文化、中国梦、社会主义核心价值体系等融入教育环境，与思想政治教育一同形成科学的育人体系。在对现实思想政治教育环境进行建设的同时，也注重对网络思想政治教育环境进行建设。今天，网络技术渗透到人们生活的方方面面，网络也是思想政治教育的主要阵地之一。教育者可以通过微信、QQ、抖音、快手、微博等网络平台，向教育对象推送相关文章、视频等，组织教育对象观看讨论，发表意见，从而把握教育对象的思想动态，引导其形成正确的思想观念。

（四）思想政治教育要满足教育对象需要

随着社会生产力的发展，人们的物质生活得到了丰富和满足。人们更加注重精神需要，更加重视自身发展，人的个性日益彰显，思想政治教育就更加注重人的需要。现阶段，教育对象的思想意识还在形成发展中，易受一些错误思想影响，形成一些不合理的需要。这就要求教育者要及时辨别教育对象需要的正确与否，给予正确的引导。帮助教育对象认清自身的担当使命，从而树立正确的需求观，促进个人与社会同步发展。教育者要引导教育对象加强对马克思主义理论的学习，特别要将习近平新时代中国特色社会主义思想贯穿于思想政治教育全过程。帮助教育对象坚定"四个自信"，做到"两个维护"，自觉将个人需要与中国共产党人的初心和使命联系起来。同时，树立全局观、大局观，正确认识个人需要与社会需要之间的关系，明白只有社会需要得到满足，个人需要才能更好地得到满足。当个人需要与社会需要发生冲突时，要自觉维护社会需要。教育对象要将自己的需要与社会的需要有机结合起来，形成正确的需求观。

对于教育对象的合理需要，思想政治教育要给予满足。"人的需要作为人的本质，是人的其他特性产生的条件。"① 思想政治教育工作的对象是人，教育对象的需

---

① 王莉：《Web 3.0 时代大学生思想政治教育实现之策略思考——基于马克思主义人的本质理论的视角》，《黑龙江教育学院学报》，2019 第 12 期。

要能驱动思想政治教育发展。思想政治教育要坚持以人为本的基本教育理念，坚持为教育对象服务，给教育对象以关爱，将教育对象的合理需要作为开展思想政治教育工作的出发点和落脚点。教育者要持续推进思想政治教育工作向前发展，把握好教育对象的特征。思想政治教育者作为最能贴近教育对象的人，要准确把握好教育对象的思想动态和合理需求，把培养自由而全面发展的人的目标落到实处。

五、结语

马克思关于人的本质思想，指出人的本质是人本身，是有意识的活动，是一切社会关系的总和，是人的需要。这与思想政治教育以教育对象为中心的基本原则相契合。将马克思"人的本质"思想融入思想政治教育中，有利于思想政治教育者更加深入地把握教育对象的特性，开展更加积极有效的思想政治教育活动，促进教育对象的全面发展，实现思想政治教育目标。思想政治教育对象的特性是不断变化发展的，思想政治教育要顺应社会发展需要，立足时代发展需求，不断探索、反思、总结，挖掘出马克思关于人的本质思想中的新价值。

新时代高校思想政治理论课教学改革的实践探索

"坚持党对经济工作的集中统一领导"
讲深讲透讲活的路径探讨 ①

杨明东

（贵州师范大学马克思主义学院）

摘　要： 大学生的民族自豪感和自信心随着中国经济快速崛起而持续增强，对党与中国经济发展奇迹的内在关系充满好奇和探知欲望。而"坚持党对经济工作的集中统一领导"的课程内容，是理解党和中国经济发展奇迹内在逻辑的一把钥匙，因而把"坚持党对经济工作的集中统一领导"内容讲深讲透讲活，并探索其实现路径，成为思政课教师帮助大学生深入学习和理解党与中国经济发展奇迹逻辑关系的首要任务。所以，本文从读原著悟原理、积极参加与讲授内容相关的国内学术会议、及时掌握党和国家的最新重要会议精神、不断以课题申报形式研究授课内容等方面，探讨"党对经济工作的集中统一领导"讲深讲透讲活的有效途径，以期帮助大学生深入学习和深刻理解党与中国经济发展奇迹的逻辑关系以及习近平经济思想，增强大学生坚定"四个自信"、做到"两个维护"。

关键词： "坚持党对经济工作的集中统一领导"讲深讲透讲活 路径

党的十八大以来，中国经济取得巨大成就，大学生的民族自豪感和自信心随之倍增，渴望了解中国经济快速崛起的基因密码，对党与中国经济发展奇迹的内在关系产生浓厚兴趣。关于党与中国经济发展关系的内容，主要集中体现在《毛泽东思想和中国特色社会主义理论体系概论》中习近平经济思想的第一个内容即

---

①　本文系贵州省高等学校教学内容和课程体系改革项目（2021064）《贵州高校中国特色社会主义政治经济学＂进头脑＂质效提升研究》阶段性成果。

"坚持党对经济工作的集中统一领导"。所以，把"坚持党对经济工作的集中统一领导"的道理讲好，是高校思政课教师在教学过程落实立德树人根本任务的内在要求，也是大学生了解党与中国经济发展奇迹内在逻辑的一把钥匙。因此，讲深讲透讲活"坚持党对经济工作的集中统一领导"内容，对大学生深刻理解党与中国经济发展奇迹的内在逻辑、深入学习和理解习近平经济思想以及坚定"四个自信"、做到"两个维护"有着重要意义。

一、"坚持党对经济工作的集中统一领导"讲深讲透讲活的方法论溯源

关于理论怎样掌握群众，如何转化为物质力量的思想教育方法，马克思在《〈黑格尔法哲学批判〉导言》中就强调，"理论一经掌握群众，也会变成物质力量。理论只要能说服人，就能掌握群众，而理论只要彻底，就能说服人。所谓彻底，就是抓住事物的本质。"[①] 所以，抓住思政课教学内容的"根本"，教师教学就越彻底，就越能说服和掌握学生，真正地实现学生真学、真懂、真信、真用。习近平总书记强调，思政课教师所讲的理论、观点、结论要经得起学生各种"为什么"的追问，这样效果才能好。[②] 所以，思政课教师所讲的理论、观点、结论，要讲得彻底，经得起学生各种"为什么"的追问，才能把思政课内容讲好。

2022年4月25日，习近平总书记在中国人民大学考察时强调，"思政课的本质是讲道理，要注重方式方法，把道理讲深、讲透、讲活"。这一科学论断不仅为高校思政课教师上好思政课指明了前进方向，也对新时代高校思政课教师的职责和使命提出新要求。然而，怎样把思政课的理论、观点、结论讲深讲透讲活。习近平总书记在思想政治理论课教师座谈会上就提出了重要方法，即思政课教师要做到"六个要"，思政课教师教学要"八个相统一"。[③] 由于上好思政课关键在教师的主动性、积极性和创造性。思政课教师只有在素养上做到"六个要"，才能在教学上实现"八个相统一"。所以，"六个要""八个相统一"为思政课教师讲深讲透

---

① 中共中央马克思恩格斯列宁斯大林著作编译局：《马克思恩格斯选集》第一卷，人民出版社2009年版，第11页。
② 习近平：《思政课是落实立德树人根本任务的关键课程》，《求是》2020年第17期。
③ 习近平：《思政课是落实立德树人根本任务的关键课程》，《求是》2020年第17期。

讲活思政课内容提供方法上的遵循。

可见，要把"坚持党对经济工作的集中统一领导"的内容讲得彻底，经得起大学生"为什么"追问。思政课教师必须在"六个要"的基础上，用"八个相统一"的方法贯穿于"坚持党对经济工作的集中统一领导"的整个教学过程，讲好党为什么、怎么样集中统一领导经济工作，分析党集中统一领导经济工作的历史必然性，并从世情、国情、党情探讨党集中统一领导经济工作的理论意义和实践价值。只有这样，思政课教师才能抓住"坚持党对经济工作的集中统一领导"的"根本"，把"坚持党对经济工作的集中统一领导"讲深讲透讲活，才能说服大学生，经得起大学生"为什么"追问，真正意义上实现大学生的真学、真懂、真信、真用。

二、"坚持党对经济工作的集中统一领导"讲深讲透讲活的核心要义

关于讲深讲透讲活的含义，王炳林认为，讲深讲透讲活，简言之，就是要做研究、抓重点、讲故事。[1] 董佳则认为，讲深讲透讲活，就是要用学术讲政治，把教学内容的"是什么"讲深；要善于挖掘内在逻辑，把教学内容的"为什么"讲透；要拓宽视野，把教学内容"怎么看"的价值旨归讲活。[2] 苏咏喜认为，把道理"讲深"是要强化思政课教学的"学理性"，做到情怀深、理论深、思考深；把道理"讲透"是要强化思政课教学的"彻底性"，提高政治站位、以透彻的学理分析现实问题，用宽广的视野讲清楚逻辑关系；把道理"讲活"是要加强思政课教学的"鲜活性"，力求语言活泼、事例鲜活、形式灵活、机制要活。[3] 也有学者认为，所谓讲"深"思政课，就是抓住思政课的根本；讲"透"就是对思政课道理表达得详尽而全面，多层次、全方位、立体化的讲授；讲"活"是讲好思政课道理的"终端环节"，把效能质量跃迁。[4] 专家和学者们从不同角度分别阐述，但基本上没有结合思政课的学科特点来界定。也就是说，他们所诠释的讲深讲透讲活的含义

① 王炳林：《思政课如何把道理讲深、讲透、讲活》，《思想政治课研究》，2022 年第 3 期。
② 董佳：《讲深讲透讲活：提升新时代高校思政课教师教学能力》，《教学与研究》2022 年第 5 期。
③ 苏咏喜：《思政课把道理讲深讲透讲活略探》，《党建和思想政治教育》2022 年第 23 期。
④ 刘先春、佟玲：《思政课要把道理讲深、讲透、讲活》，《文化软实力》2022 年第 2 期。

都可以适合于不同学科领域，没有彰显思政课学科的特殊性。为此，从思政课的学科特征阐述讲深讲透讲活的内涵，就显得必要和重要。

思政课的本质是讲道理，但"思政课教学涉及马克思主义哲学、政治经济学、科学社会主义，涉及经济、政治、文化、社会、生态文明和党的建设，涉及改革发展稳定、内政外交国防、治党治国治军，涉及党史、国史、改革开放史、社会主义发展史，涉及世界史、国际共运史，涉及世情、国情、党情、民情"等等[①]多个理论和知识。那么，哪个道理才是思政课的本质？习近平总书记在党的二十大报告中就指出，"马克思主义是我们立党立国、兴党兴国的根本指导思想。实践告诉我们，中国共产党为什么能，中国特色社会主义为什么好，归根到底是马克思主义行，是中国化时代化的马克思主义行"[②]。所以，高校思政课大大小小的道理，最终要服务于这个大道理。为此探讨思政课讲深讲透讲活的含义，必须结合这个大道理来分析和研究。可见，结合思政课的学科特征，高校思政课讲深讲透讲活的内涵主要表现在：讲深就是指讲出马克思主义理论的彻底性；讲透就是讲出中国共产党为什么"能"，中国特色社会主义为什么"好"；讲活就是讲出马克思主义行、中国化时代化的马克思主义行。

由此可见，"坚持党对经济工作的集中统一领导"讲深讲透讲活的核心要义，在讲深层面上，就是要讲出党集中统一领导经济工作的理论彻底性，即党集中统一领导经济工作的科学性、革命性和实践性；在讲透层面上，就要讲出党为什么、怎么样能够领导好经济工作，中国特色社会主义基本经济制度为什么好；在讲活层面上，就要用数据和事实讲出党集中统一领导经济的路线、方针、政策以及工作方式方法为什么行。

三、"坚持党对经济工作的集中统一领导"讲深讲透讲活的现实境况

当前，高校思政课教师由于历史、现实以及自身等原因，在"坚持党对经济工作的集中统一领导"讲深讲透讲活上，还面临诸多挑战，主要表现为：

---

① 习近平：《思政课是落实立德树人根本任务的关键课程》，《求是》2020 年第 17 期。
② 习近平：《高举中国特色社会主义伟大旗帜 为全面建设社会主义现代化国家而团结奋斗——在中国共产党第二十次全国代表大会上的报告》，《人民日报》，2022-10-17（3）。

第一，高校思政课教师的多学科知识储备量较少，难以讲深"坚持党对经济工作的集中统一领导"内容。由于"坚持党对经济工作的集中统一领导"的内容，涉及党、经济、领导以及它们之间关系。讲深其道理，就要讲出党集中统一领导经济工作的理论彻底性，即从马克思主义政党性质、马克思主义政治经济学、中国共产党的初心和使命、中国特色社会主义市场经济等方面阐述党集中统一领导经济工作的历史必然性。可见，要把"坚持党对经济工作的集中统一领导"的道理讲深，思政课教师必须具备党史、马克思主义政治经济学和市场经济理论等知识结构。但《毛泽东思想和中国特色社会主义理论体系概论》课程的教师，比较熟悉和掌握党史知识点，但对马克思主义政治经济学、市场经济理论的知识点较为欠缺，在讲深"党对经济工作的集中统一领导"就显得比较吃力，或者讲得不清不楚，甚至避而不讲，难以满足大学生对党与中国经济发展奇迹内在关系的求知需求。

第二，部分高校思政课教师的科研能力相对薄弱，难以发掘"坚持党对经济工作的集中统一领导"的内在逻辑，未能讲透其中的道理。要想讲透"坚持党对经济工作的集中统一领导"内容，就要讲出党为什么、怎么样能够领导好经济工作，中国特色社会主义基本经济制度为什么好。这就要求高校思政课教师从党性和人民性的内在统一、党的先进性和纯洁性诠释党集中统一领导经济工作的客观必然性，从社会主义生产关系、中国特色社会主义市场经济体制阐述中国特色社会主义基本经济制度的历史必然性。如果高校思政课教师没有深入专研党史、改革开放史、中国特色社会主义政治经济学，对"坚持党对经济工作的集中统一领导"内容就会讲而不透。

第三，部分高校思政课教师的知识更新较慢，不能理论联系实际，未能讲活"坚持党对经济工作的集中统一领导"内容。讲活其道理，就要通过现实案例、统计数据和客观事实讲出党集中统一领导经济工作为什么行，中国特色社会主义政治经济学为什么行。如果高校思政课教师没有充分更新和掌握党治国理政的新论点、新论断、新数据以及新案例，就不能举例说明、横纵向比较，理论脱离实际，所讲的内容、观点缺乏创造性和新颖性，死气沉沉，未能调动大学生学习的主动性、积极性和创造性。

所以，高校思政课教师要讲深讲透讲活"党对经济工作的统一领导"的道理，必然要求他们具备有马克思主义发展史、马克思主义政治经济学、党史、中华人民共和国史、社会主义发展史、改革开放史、中国特色社会主义政治经济学等各个学科的知识储备。但是，由于所学专业与从事职业的不对称性，以及马克思主义学院的历史与现实原因，思政课教师在教学、科研任务繁重条件下不可能掌握诸多学科的理论和内容，使得他们面临严峻挑战。

四、"坚持党对经济工作的集中统一领导"讲深讲透讲的实现路径

讲深讲透讲活"坚持党对经济工作的集中统一领导"的道理，是高校《毛泽东思想和中国特色社会主义理论体系概论》学科组的使命和职责，也是大学生深入学习和理解习近平经济思想的"敲门砖"，增强坚定"四个自信"、做到"两个维护"的理论养料。所以，思政课教师探索讲深讲透讲活"党对经济工作的集中统一领导"的实现路径尤为迫切。

第一，学原著悟原理，是"党对经济工作集中统一领导"讲深讲透讲活的底气和根基。把"党对经济工作集中统一领导"讲深，必然阐释党对经济工作集中统一领导理论的彻底性，这就要求高校思政课教师具备马克思主义基本原理、马克思主义政治经济学等理论素养。要把"党对经济工作的集体统一领导"讲透，就得讲出马克思主义政党为什么能够领导好经济工作，中国特色社会主义基本经济制度为什么好。这就要求高校思政课教师具备党史、社会主义发展史、中华人民共和国史、改革开放史的知识储备。要把"党对经济工作的集中统一领导"讲活，就要通过真实案例、数据和客观事实讲出党集中统一领导经济工作为什么行，中国特色社会主义政治经济学为什么行，也需要高校思政课教师不断更新案例、内容、论断和数据，理论紧密联系实际。把"坚持党对经济工作的集中统一领导"内容讲深讲透讲活，就得当"大先生"①，了解相关内容的理论、内在机理原理以及原著出处。只有刨根究底、久久为功，才能讲深讲透讲活。

第二，积极参加与讲授内容相关的线上学术会议，是"党对经济工作集中统一领导"讲深讲透讲活的助推器。由于高校思政课教师课程任务多，科研任务重，工作要求高，但是留学、访学、进修的机会相对较少，所以必须充分利用线上国

---

① 黄雪晴：《做"讲深、讲透、讲活"的"大先生"》，《思想政治课教学》2022 年第 11 期。

内外学术会议来弥补留学、访学、进修所学知识，以此提升自身的党史、社会主义发展史、中华人民共和国史、改革开放史、马克思主义政治经济学的理论素养。当然，掌握国内外学术会议信息的学院领导或相关负责人，要通过学院 QQ 群、微信群、短信等方式及时准确地发布与教学内容相关的线上国内外学术会议，并建立一定的制度安排鼓励教师积极参加。

第三，定期定点集中学习党和国家的最新重大会议精神，是"党对经济工作的集中统一领导"讲深讲透讲活的重要保证。由于"坚持党对经济工作的集中统一领导"的内容，涉及知识领域较多、较广，并且其表述、内容和数据在新的重大会议精神中也不断深化与更新，这就要求高校思政课教师及时准确掌握相关的表述、内容以及数据，不断用新表述、新内容和新数据融入"党对经济工作的集中统一领导"教学，做到理论联系实际，有力彰显"党对经济工作集中统一领导"的科学性、革命性和实践性，以此保障把"党对经济工作的集中统一领导"内容讲深讲透讲活。

第四，以课题申报的形式来强化思考和研究，是"党对经济工作的集中统一领导"讲深讲透讲活的内驱力。课题获批不仅是高校思政课教师评职称、评优评奖的重要砝码，也是高校思政课教师收入提高的主要渠道，因而课题申报自然成为课程内容讲深讲透讲活的内在驱动力。所以，以"党对经济工作的集中统一领导"为课题来申报，无论从物质上还是精神上都激励着老师深入挖掘、思考、整理其内容，自然推进教师对该内容的理解和把握，从而促进"党对经济工作的集中统一领导"内容的讲深讲透讲活。

第五，学科组教师的交叉式教学，是"党对经济工作集中统一领导"讲深讲透讲活的有效途径。由于马克思主义学院承担整个学校的博士生、研究生和本科生的思政课课程，学科组的数量因教学任务繁重而变得越来越多，教学分工也越来越细化，教师的知识面也随之变得越来越窄，讲《毛泽东思想和中国特色社会主义理论体系概论》课程的教师，对《马克思主义基本原理》《中国近代史纲要》《思想道德与法律基础》《习近平新时代中国特色社会主义思想概论》《形势与政策》的课程内容基本不了解，在授课过程中不会运用《马克思主义基本原理》中的原理阐述该内容的理论基础，不会运用《中国近代史纲要》的史料佐证该内容的观点，不会运用《习近平新时代中国特色社会主义思想概论》课程的最新论断明证该内容的发展动态，不能用《形势与政策》的最新数据来论证该内容的客观性和现实性。这就必然导致就《毛泽东思想和中国特色社会主义理论体系概论》内容讲内容、概念推概念，不但没有讲深讲透"党对经济工作的集中统一领导"的道理，反而遭到大学生的无视和吐槽，严重削弱高校思政课在高校大学生的崇高地位和铸魂育人的意义。所以，要把"党对经济工作的集中统一领导"的道理讲深讲透讲活，教师必须拿出知难而上的勇气，主动到其他学科组进行交叉式教学，在短时间内提高《马克思主义基本原理》《中国近代史纲要》《思想道德与法律基础》《习近平新时代中国特色社会主义思想概论》《形势与政策》等理论知识，不断吸收新的论点、内容和数据，进一步丰富讲授内容的事实证据，把"党对经济工作的集中统一领导"讲深讲透讲活。

诚然，讲深讲透讲活不是静态的，而是动态的。只要理论创新和实践创新不断行进，思政课内容就不断地发展、丰富和完善。所以，把思政课内容讲深讲透讲活，没有终点，只有起点。高校思政课教师只有孜孜不倦、久久为功，不断地读原著悟原理，不断提高教学能力、策略和水平，努力把思政课内容的道理讲深讲透讲活。

地方高校"形势与政策"课实效性论析

齐　松

（贵州师范大学马克思主义学院、创新创业学院，贵州 贵阳 550001）

摘　要： 高校"形势与政策"课作为思想政治理论课的重要组成部分，是帮助大学生正确认识新时代国际国内形势，深刻领会党和国家事业取得的历史性成就、发生的历史性变革、面临的历史性机遇和挑战的核心课程，在落实立德树人根本任务中发挥着不可替代的作用。为贯彻落实《教育部关于加强新时代高校"形势与政策"课建设的若干意见》精神，地方高校以提升课程的实效性为目标导向，必须正确认识课程的独特性，加强课程特色化建设，充分发挥好课堂教学主渠道、实践教学主阵地、教师主导性和学生主体性的互补功能，真正推动课程创新扩容、提质升级。

关键词："形势与政策"课；独特性；特色化；实效性

地方所属高校（简称"地方高校"）是相较于中央部委直属高校而言的，具体指隶属各省、自治区、直辖市，大多靠地方财政提供资金，主要由地方行政部门划拨经费的普通高等学校。地方高校作为我国高等教育体系的主体部分，以服务区域经济社会发展为目标，紧扣地方经济社会发展特点办学，着力为地方培养一批批高素质创新型人才。截至 2021 年 9 月 30 日，全国高等学校共计 3012 所（未包含香港特别行政区、澳门特别行政区和台湾地区高等学校）[①]，其中绝大部分是地方高校。笔者所在贵州省共有 75 所高校，没有中央部委直属高校，全是地方

---

① 教育部：《全国高等学校名单》，http://m.moe.gov.cn/jyb_xxgk/s5743/s5744/A03/202110/t20211025_574874.html。

高校，也就是包含省部共建高校、省属高校、各地州市属高校。教育是国之大计、党之大计，思想政治理论课承担着立德树人的根本任务。"形势与政策"课作为思想政治理论课的重要组成部分，是帮助大学生正确认识新时代国内外形势，深刻领会党的十八大以来党和国家事业取得的历史性成就、发生的历史性变革、面临的历史性机遇和挑战的核心课程，是第一时间推动党的理论创新成果进教材进课堂进学生头脑，引导大学生准确理解党的基本理论、基本路线、基本方略的重要渠道，在落实立德树人根本任务中发挥着不可替代的作用。[①] 然而，一段时间以来，由于该课程在知识结构、教学安排、逻辑体系、考核方法等方面存在诸多独特性，课程在一定程度上存在实效性不足和育人功能弱化等问题。如何彰显课程的特色化，将地方优质教育教学资源更好地结合教育部《高校"形势与政策"课教学要点》（以下简称《要点》）开展教学，如何增强课程的实效性，让大学生正确认识地方经济社会发展是党和国家取得伟大成就的生动实践和鲜活案例，从而构建既连"天线"、又接"地气"的课程教育教学知识结构和逻辑体系，是该课程落实立德树人、铸魂育人的战略课题。

一、正确认识高校"形势与政策"课教育教学的独特性

根据中共中央宣传部、教育部 2020 年 12 月印发的《新时代学校思想政治理论课改革创新实施方案》要求，"形势与政策"课主要讲授党的理论创新最新成果，新时代坚持和发展中国特色社会主义的生动实践，马克思主义形势观政策观、党的路线方针政策、基本国情、国内外形势及其热点难点问题。[②] 课程带有很强的思想性、理论性、政策性、时效性、针对性等，具有"常讲常新、常新常讲"[③] 和"在校学习不断线"的独特性。

---

① 《教育部关于加强新时代高校"形势与政策"课建设的若干意见》，《中华人民共和国教育部公报》，2018 年第 4 期。

② 《中央宣传部、教育部关于印发〈新时代学校思想政治理论课改革创新实施方案〉的通知》，《中华人民共和国国务院公报》，2021 年第 9 期。

③ 黄洪雷：《地方高校"形势与政策"课特色化教学研究》，《思想理论教育导刊》，2018 年第 1 期。

（一）在教学内容上具有独特性

自 1987 年正式设课以来，由于多种原因，"形势与政策"课至今没有制订统一的教材和教学大纲，以至于关于课程教学内容的范畴存在着"广义说""时事说""主题教育说""专题报告说"等多种观点，反映出当前课程教学内容建设在规范化向度上的缺失。[①] 在教育部下发《要点》后，规定要重点讲授党的理论创新最新成果，重点讲授新时代坚持和发展中国特色社会主义的生动实践，至少要开设好全面从严治党、经济社会发展、港澳台工作、国际形势与政策等专题，随后课程才逐步走上教学内容规范化制度化的道路。如《要点（2021 年下辑）》就明确设置"深入学习习近平总书记'七一'重要讲话精神""深入学习党的十九届六中全会精神""中国经济发展良好态势""关注北京冬奥会、冬残奥会筹办""正确认识我国人口发展形势""我国科技创新取得的历史性成就"等 10 个方面的内容，很有时效性和针对性。同时，不少学校选择《时事报告（大学生版）》和《时事》作为学习辅导资料。开展教学的课程团队，可以借用"全国高校思想政治理论课教师网络集体备课平台"，共建共享"形势与政策"课教学优质资源。

（二）在教学安排上具有独特性

一方面体现在课程安排上。根据《教育部关于加强新时代高校"形势与政策"课建设的若干意见》要求，要保证本、专科学生在校学习期间开课不断线。本科每学期不低于 8 学时，共计 2 学分；专科每学期不低于 8 学时，共计 1 学分。[②] 即课程在各学期都需要开课，管理和讲授的难度要大于其他课程。这就要求应当处理好与其他几门思想政治理论课的互补关系，以较为灵活的形式重点解决其他思想政治理论课所不能解决的教学形式单一和内容及时更新的突出问题。课程应运用马克思主义形势观，着重从新时代新形势和当代青年大学生使命担当进行阐述。另一方面体现在教学管理上。"形势与政策"课纳入学校思想政治理论课管理体系，一般由党委宣传部牵头，马克思主义学院具体实施，教务处、党委学生工作

---

① 柴紫慧：《加强高校"形势与政策"课教学内容建设的多重思考》，《思想理论教育》，2018 年第 5 期。

② 《教育部关于加强新时代高校"形势与政策"课建设的若干意见》，《中华人民共和国教育部公报》，2018 年第 4 期。

部等相关部门协调配合。这样的教学管理方式决定了设置"形势与政策"课教研室的重要性和必要性，统一组织开课、统一协调任课教师，开展集体备课，确定教学专题，明确教学重点，研制教学课件，规范考核要求。

（三）在教学团队上具有独特性

习近平总书记在学校思想政治理论课教师座谈会上指出，办好思想政治理论课关键在教师，关键在发挥教师的积极性、主动性、创造性。思政课建设要向改革创新要活力，强调要做到"七个统一"。① 这为提升高校"形势与政策"课育人实效提供了方法指导和根本遵循。该课程的教学团队来源广泛，有各省、自治区、直辖市党委和政府主要负责同志，有高校党委书记、校长和领导班子，有教学单位领导班子，有思政课专职教师，有学生辅导员，也有各行业先锋模范，这是其他专业课程或者思政课程不具备的独特性。因此，坚持高起点站位、高标准要求，按照"优中选优"原则，建立一支以高校思政课教师、辅导员为主的相对稳定的课程教学骨干团队非常重要，有条件的高校可以实行课程特聘教授制度，重点选聘校外人文社科理论界专家学者、企事业单位负责人、各行业先锋模范等参与课程教学。同时，进一步完善课程教学评议制度，探索实行教师退出机制。

（四）在改革创新上具有独特性

上述三点独特性，决定了课程不但要深度挖掘课程内容资源，还应在教学设计上适当创新，鼓励采取时政报告、专题教学、案例教学、体验教学、小组讨论、分众教学等灵活多样的方式组织课堂教学和实践教学，积极运用现代信息技术手段，提升课程教学效果，扩大优质课程覆盖面，采用差异化和内涵式发展策略，充分发挥该课程的教学优势。

二、彰显高校"形势与政策"课教育教学特色化的价值意蕴

高校"形势与政策"课程的风格和形式，是由其教学内容、知识体系、教育手段和实施方式等因素决定的。推动"形势与政策"课特色化，不仅要把马克思

---

① 习近平：《思政课是落实立德树人根本任务的关键课程》，《求是》，2020年第17期。

主义形势观政策观、党的路线方针政策、基本国情、国内外形势及其热点难点问题传达给学生，更需要结合本地生动实践、本校办学特色和学生成长经历进行讲授，这样才能帮助学生准确理解当代中国马克思主义，深刻领会党和国家事业取得的历史性成就、发生的历史性变革、面临的历史性机遇和挑战，帮助学生正确认识肩负的时代重任和历史使命。

（一）本地生动实践与"形势与政策"课内容相通

就教学内容而言，"形势与政策"课可以分为宏观、中观和微观三个层面。教育部下发《要点》《时事报告（大学生版）》《时事》等学习辅导资料侧重于知识的宏观层面，而高校所属地是如何贯彻落实中共中央关于经济建设、政治建设、文化建设、社会建设、生态文明建设的新决策新部署，取得了哪些令人瞩目的新发展新成就则是中观层面甚至微观层面的生动实践。二者拥有共同的育人目标，内容相通、互为补充、相得益彰。以贵州省自 2011 年以来的"黄金十年"高质量发展成就为例，经济增速连续 10 年位居全国前三（赶超进位、冲出"经济洼地"），全国减贫人数最多（66 个县，932 万人全部脱贫），全国易地扶贫搬迁人数最多（完成易地扶贫搬迁 192 万人，是全国搬迁规模最大、城镇化安置比例最高的省份），建成世界最高公路桥（贵州是中国桥梁最多的省份，享有"世界桥梁博物馆"的美誉），聚集超大型数据中心世界最多（华为、腾讯、富士康、苹果、阿里云等数据中心落户贵州），数字经济增速连续六年全国最快（连续承办中国国际大数据产业博览会，坚定不移实施大数据战略行动），建成世界最大单口径射电望远镜（被誉为"中国天眼"的 500 米口径球面射电望远镜 FAST 落户贵州），全国世界自然遗产数最多（连续举办生态文明贵阳国际论坛年会，被誉为全国"山地公园省"），还有黄大发、陶华碧、郑迎香等一个个普通的贵州人。这一张张响亮的"贵州名片"是党的十八大以来党和国家事业发展大踏步前进的一个缩影，是开展课程教育教学必不可少的重要载体，是实现课程特色化的重要支撑，既能够密切联系学生客观的生活实际，又可以丰富学生的现实情感体验，使原本距离较远的内容变得鲜活有趣，从而帮助大学生深刻理解教学内容，激发学习兴趣。

（二）本校办学特色与"形势与政策"课目标相同

从育人目的看，高校既要全面贯彻党的教育方针，培养德智体美劳全面发展的社会主义建设者和接班人，又应当结合自身优势学科和办学特色，突出在人才培养过程中的专门人才塑造功能。无论是综合类高校、师范类高校、民族类高校、财经类高校、医科类高校、理工类高校还是各种专业技能所长的职业类院校，人才培养都是既兼顾普遍性又考虑特殊性。"形势与政策"课是通过分析国内外形势、国家政策等，让大学生树立坚定且正确的价值观，其主要目的是培养能够担当民族复兴大任的时代新人。由此可见，二者目标相同，都是在贯彻习近平新时代中国特色社会主义思想铸魂育人，深入推动习近平新时代中国特色社会主义思想进教材进课堂进学生头脑。例如，贵州大学充分发挥世界一流建设学科"植物保护学科"优势，把科研论文写在贵州大地上，助力乡村全面振兴；贵州师范大学秉持师范办学特色，围绕"5G+乡村教育"为黔中大地基础教育培养大批骨干教师和管理人员，充分发挥"地理学""喀斯特石漠化治理"等学科专业优势，助力贵州省多项世界自然遗产申报与保护、生态文明建设、易地扶贫搬迁等。对于这些内容，就应当结合学校办学给本校学生特色讲细、讲深、讲透。正如马克思在《关于费尔巴哈的提纲》中所言："哲学家们只是用不同的方式解释世界，而问题在于改造世界。"[①] 当代青年大学生作为认识世界、改造世界的生力军，只有先认清社会发展的现状，才能准确把握规律，投入经济发展的建设中。

（三）学生成长经历与"形势与政策"课知行合一

基于"形势与政策"课的性质并不是纯粹学术性的，而是有着较强的实践性和针对性，课程理论教学必须联系学生成长实际。一方面，应发挥教师主导作用，以教为出发点突出问题导向和实践导向，通过实际调研和案例教学等实践活动，让学生把所学理论与实际联系起来。另一方面，教师在课堂上要以学生为主体，以学生的实际特点和实际需求为中心，用学生乐于接受的话语体系、教学方法引导学生。[②] 当代的青年大学生已是"95后"甚至"00后"，他们基本没有经历过多少苦难，是"富强的一代"，有着共同的成长背景，伴随经济全球化和移动互联网的蓬勃发展而成长。对于这代人而言，理想信念和价值塑造尤为重要。我们

---

① 中共中央马克思恩格斯列宁斯大林著作编译局：《马克思恩格斯文集》第一卷，人民出版社2009年版，第502页。

② 李蒙：《地域化内容：新时代上好"形势与政策"课的重要载体》，《思想政治课研究》，2019年第6期。

需要加强对大学生正确分析网络"杂音"、"噪音"甚至"恶意中伤"的引导。可见，《要点（2021年下辑）》的"深入学习贯彻党的十九届六中全会精神"专题强调"帮助学生树立唯物史观和正确党史观"富有深意。在2021年党史学习教育动员讲话中，习近平总书记首次提出"树立正确党史观"，强调要旗帜鲜明地反对历史虚无主义，加强思想引导和理论辨析，更好正本清源、固本培元，这体现了在增强历史自觉基础上对历史主动自觉驾驭的历史自信。因此，教学中要注重结合时代，结合学生成长经历讲授，必须让青年大学生深刻理解案例背后的深刻逻辑，从历史中汲取继续前进的智慧和力量。

三、提升高校"形势与政策"课教育教学实效性的路径探索

实效性是指实践活动的预期目的与结果之间的张力关系和具体实现程度，换句话说，就是事物的实然与应然之间的辩证逻辑关系。高校"形势与政策"课教育教学实效性专指对学生开设课程后，学生对国内外形势变化的把握以及对其所产生的正向结果。[①] 帮助学生及时调整个人目标，更好地顺应时代、把握趋势、成长成才。因此，高校"形势与政策"课的独特性是彰显育人价值的核心要义，而最终归宿是不断提升课程实效性。

（一）以课堂主渠道丰富课程的知识体系

课程教学就是"以透彻的学理分析回应学生，以彻底的思想理论说服学生，用真理的强大力量引导学生"[②]。"形势与政策"课作为思想政治理论课的重要组成，就是以课堂教学为主要载体发挥"主渠道"功能的。基于课程教育教学的特色化要求，课程主渠道亦是达到提升课程实效性的必然路径之一。贵州高校"形势与政策"课程中融入的贵州省"黄金十年"高质量发展成就，贴近实际、贴近学生，是理论联系实际教学环节的直观生动的教学内容。比如，在西部这样一个曾经贫穷、落后的贵州，为什么国内外互联网巨头和三大通信运营商会把数据中心落户这里，而贵州又能深入实施"大扶贫、大数据、大生态"战略，推进数字经济增

---

① 苏琪：《高校"形势与政策"课教学实效性研究》，山西农业大学，硕士学位论文，2014年。
② 习近平：《思政课是落实立德树人根本任务的关键课程》，《新长征（党建版）》，2021年第3期。

速持续多年领先全国？再如，进入"十四五"，随着 2022 年初新的国发 2 号文件，贵州将以什么样的姿态，以新时代西部大开发、乡村振兴、数字经济、生态文明为主目标，推进高质量发展，把新型工业化、新型城镇化、农业现代化、旅游产业化作为主抓手，全力以赴围绕"四新"抓"四化"的客观依据和主动需要是什么？再如，将贵州红色资源融入课程，贵州是中国工农红军长征停留时间最长、留下遗迹最多的省份，有得天独厚的优势，遵义会议、苟坝会议、猴场会议、娄山关大捷、四渡赤水等，这一处处红色地标就是一个个生动的教育课堂。对这些地方特色资源的开发利用，不仅能够丰富充实课程的知识体系和教学内容，而且能够让学生有切身感受，从而爱上这里、留在这里、建设这里，毕业后为地方经济社会的发展贡献自己的力量。

（二）以实践主阵地谋求课程的创新设计

作为"主阵地"的"形势与政策"课以强化实践教学为育人载体，并与日常思想政治教育和学生管理共同协作开展多种形式的实践活动，培养学生的道德情感、政治认同及实践能力。从课程创新设计上看，贵州师范大学结合贵州红色资源，创新设计课程教具，培育"红色剧本杀——基于四史教育的'党建桌游'"项目，以中国工农红军在贵州革命的事件为原型，选取历史意义重大、情节冲突激烈的事件改编成剧本进行演绎，采用沉浸式体验的学习方式，感悟党史知识和深厚历史情怀，深受青年大学生喜爱。在课程探究式学习上，整合信息技术教师教育资源，在开展课堂讲授理论知识后，组织学生进入 VR 技术实验室，积极探索设计制作"'四史'教育 +VR 场景"微党课，打造一种"交互式、情景式、沉浸式"的微型党课新模式，为大家提供"四史"教育、"形势与政策"课的新体验。在课外实践教学方面，由于"形势与政策"课普遍大班授课，学生人数众多，因此课程牵头部门和具体执行单位与课程的相关协作部门的资源整合非常重要。共同开展中国国际"互联网 +"大学生创新创业大赛、青年红色筑梦之旅或暑期"三下乡"社会实践活动，让学生利用周末和假期返回家乡，以深厚情怀扎根中国大地，了解社情民情，在实践中增长智慧才干，在艰苦奋斗中锤炼意志品质；以专业所学带动一批乡村创新创业项目，催生更多小微供应链，激活乡村发展内生动力。

（三）以教师主导性推动课程的质量上乘

"形势与政策"课的实效性关键在于教师，在于发挥教师的课堂主导性，即教师的积极性、主动性和创造性。一支专兼职结合、结构相对稳定的教师队伍是前提，教师个人理想信仰坚定、学识才干渊博、理论功底深厚是核心，强而有力的政策指引和激励是保障。第一，课程的性质和多种讲授形式要求学校必须从工作机制上打造地方高校"形势与政策"课特色化教师团队，按照不同的主题和授课形式吸纳校内外各领域的领导、专家、学者，并用好现有的一些平台。第二，可以在校内实行责任教授制，组建由责任教授、主讲教师和助教组成的教师团队，从相关学院和研究单位遴选一批学术水平高、教学能力强、富有感染力的专业骨干教师作为常设讲师，校领导班子全体成员参与授课。每个主题确定一位责任教授，开展集体备课，厘清知识重点，统一制作课件。若干个教学班配备一定数量的助教，参与随堂教学与管理，参与课后实践和考核。第三，学校将课程的相关工作纳入教师评价体系，授课教师根据授课学生人数核算课时与绩效，在晋升专业技术职务时同等条件下优先考虑，并将担任课程讲师或助教作为专职辅导员或共青团干部在职级职务晋升时的重要考核指标之一。积极选派授课教师参加全国和本省举办的高校"形势与政策"课骨干教师集中培训、研修班、国内外考察等，使教师团队不断开阔眼界，丰富教学素材。

（四）以学生主体性确保课程的话语亲和

高校"形势与政策"课的受众是青年大学生，要使这门课程有效果，达到进课堂、进教材、进学生头脑的目标，需要发挥大学生的主体性，从心理上认同其重要意义，变被动灌输为主动学习。讲"形势与政策"课不能从概念到概念、从抽象到抽象，必须具体化，也就是例证化，通过例证精确把握概念。这就要求教师先理解透教学内容，利用本地本校的身边人和身边事，采取学生喜闻乐见的教学形式和话语表达，讲深、讲透、讲活。所以，教学要生动，不能只是表述概念。当然，毛泽东同志把马克思主义基本原理中的《共产主义宣言》中暴力推翻革命，具体化为"农村包围城市，武装夺取政权"，就是生动使用和伟大创造的例子。因此，在使用例证化进行教学，坚持守正与创新相结合，真正让原理原则活起来，话语亲和，贴近学生，确保课程取得实效。

综上所述，以提升高校"形势与政策"课的实效性为目标导向，针对课程的独特性，地方高校必须着力加强课程特色化建设。将教育部《高校"形势与政策"课教学要点》、学校所属地特点、学校自身办学特色和学生成长经历结合起来，充分发挥好课堂教学主渠道、实践教学主阵地、教师主导性和学生主体性的互补功能，才能真正推动高校"形势与政策"课创新扩容、提质升级。

园艺疗法在高校思想政治理论课社会实践中的运用探析 ①

陈瑞欣[1]　吴昊帝[2]

（1. 贵州师范大学马克思主义学院，贵州 贵阳 550001；

2. 贵州师范大学生命科学学院，贵州 贵阳 550025）

摘　要： 积极人生意义感对大学生树立正确价值观和人生目标具有重要价值和意义。部分大学生因为没有明确的目标和方向，出现积极人生意义感不高的现象。文章基于园艺疗法原理，运用园艺疗法实验，探讨园艺疗法提升大学生积极人生意义感的可行性。课题组成员通过指导大学生进行种植园艺植物、观察生长过程、交流分享故事、品尝劳动果实、写作分享心得等一系列实验过程，积极引导大学生从劳动教育中体悟积极人生意义感，从而达到思想政治理论课社会实践的教育目的。

关键词： 园艺疗法；积极人生意义感；劳动教育；思想政治理论课社会实践

人生意义感内涵丰富，一般是指人活着的意义和价值，是人身心状态、综合素质和人生信念的集中体现。积极人生意义感是指个人有远大理想和抱负，具有积极进取、奋发有为、乐于奉献的良好品质，实现个人价值与社会价值相统一。比如，周恩来少年时期就立志"为中华崛起而读书"，从而开启了他作为伟大的无产阶级革命家把自己奉献给祖国和人民的一生。"为党育人、为国育才"，培养感党恩、听党话、跟党走，增强做中国人的志气、骨气、底气，把中华民族复兴

---

①　本文系 2021 年贵州省教育厅高校人文社会科学研究思政项目（项目号：2021SZ031）阶段性成果。

大业视为己任的社会主义建设者和接班人，是高校教育工作者的目标。目前我国大学生积极人生意义感不高的状况令人担忧，如一度在网络上流行的"佛系""躺平"等词语，就是其具体体现。在此次问卷调查过程中，有的大学生因为没有像高中那样有瞄准高考坚定且明确的目标，在大学生活中丧失了方向感和价值感；有的大学生开始沉迷于游戏，认为人生没有价值和意义。如何提升大学生积极人生意义感？这就是我们此次实验所要研究的问题。园艺疗法以植物、自然为媒介，超越传统固定空间的治疗模式，对人的抗压能力、身体状况等具有独特的辅助改善作用，通常运用于身心障碍的人群。但随着社会的发展和人们需求的增长，各国学者也逐渐将园艺疗法拓展到亚健康或健康人群。目前园艺疗法被广泛应用于心理相对脆弱人群的辅助性治疗。基于此，我们尝试运用园艺疗法理念和实验，探讨在思想政治理论课社会实践中提升大学生积极人生意义感的可能性。

一、提升大学生积极人生意义感是时代之需

（一）积极人生意义感的内涵

积极的人生意义感对人的身心健康具有独特、显著的影响。Eric S. Kim 等学者的一项研究表明："较高的人生意义感能降低罹患心血管疾病的风险。"[1] Benjamin W. Hadden 等研究显示："人生意义感是人类日常生活中潜在的基本心理需求。"[2] 人生意义感的影响力是多维度、多层次、多方面的，这个特点在高校学生中尤为明显。陈李双、包居旺等认为："人生意义感与时间管理正相关（$r=0.51$，$P<0.001$），同时与病理性互联网使用负相关（$r=-0.33$，$P<0.001$）。"[3] 梁家凤、李炳全认为："学习倦怠与生命意义感存在显著负相关（$r=-0.449$，$P<0.000$）。"[4] 除此之外，一些研究表明积极人生意义感还对大学生自杀意念、抑郁等负面情绪存在

---

① Eric S. Kim，Scott W. Delaney，Laura D. Kubzansky. Sense of Purpose in Life and Cardiovascular Disease：Underlying Mechanisms and Future Directions[J]. *Current Cardiology Reports*，2019，21（11）.

② Benjamin W. Hadden，C. Veronica Smith. I Gotta Say，Today Was a Good（and Meaningful）Day：Daily Meaning in Life as a Potential Basic Psychological Need[J]. *Journal of Happiness Studies*，2019，20（1）.

③ 陈李双、包居旺、黄端：《大学生生命意义感、病理性互联网使用与时间管理的关系》，《中国健康心理学杂志》，2019 年第 6 期。

④ 梁家凤、李炳全：《大学生生命意义感、社会性无聊感与学习倦怠的相关性》，《中国健康心理学杂志》，2017 年第 2 期。

显著的预测作用。

大学生作为一个特殊群体,其人生意义感不仅影响个体的心理状态,而且影响国家、民族的发展前途。"大学生人生意义感,关乎学生身心健康成长的教育问题,也同样关乎着民族和国家的长远发展,关乎立德树人的根本目标的实现,关乎中国梦的实现,关乎人民美好生活需要的满足。"[①] 习近平总书记在中国共产党成立 100 周年大会上对青年人寄予厚望:"新时代的中国青年要以实现中华民族伟大复兴为己任,增强做中国人的志气、骨气、底气,不负时代,不负韶华,不负党和人民的殷切期望!"[②] 正因如此,在高校思想政治理论课社会实践的教育中,教育工作者应更加关注如何提升大学生积极人生意义感。具有积极人生意义感的大学生目标更加明确,价值感更强,奋斗动力更强,成为国家栋梁的可能性更大,更符合新时代党和国家的需求。

(二)积极人生意义感的影响因素

有学者针对人生意义感的影响因素做过一项调查,发现团体辅导、死亡教育课程均能有效提升大学生的积极人生意义感。[③] 此外,我们通过问卷调查发现,父母期望、教师教导、朋辈影响、社会氛围等因素都能够对大学生积极人生意义感产生影响。美国佛罗里达州立大学的研究人员 Sutin Angelina R. 等人于 2021 年 7 月发布的一份报告显示,积极人生意义感的高低与体育活动的频率、强度存在正相关。[④] 他们在分析 67038 名英国 Biobank 参与者的身体活动样本数据后,明确认为体力活动是一种能够将积极人生意义感带动起来以达成身心健康的行为机制。王财玉等人经研究得出结论:"自然联结与大学生人生意义体验显著正相关,即大学生与自然的联结感越紧密,人生意义体验水平就越高。"[⑤] 然而,一项涵盖了我

---

① 李中原:《新时代提振大学生人生意义感的战略使命与教育实践》,《思想政治教育研究》,2020年第 6 期。

② 习近平:《在中国共产党成立 100 周年大会上的讲话》,《人民日报》,2021-07-02。

③ 黄晓佳、邰鑫、陈昕苑、孙荣君、吴菁:《大学生生命意义感的影响因素及干预的研究进展》,《中国健康心理学杂志》,2020 年第 12 期。

④ Angelina R. Sutin, Luchetti Martina, Stephan Yannick, Terracciano Antonio. Meaning in Life and Accelerometer-measured Physical Activity: Association based on 67, 038 UK Biobank Participants[J]. *Mental Health and Physical Activity*, 2021, 21.

⑤ 王财玉、姬少华、陈霞:《自然联结与大学生人生意义体验的关系:自然欣赏的中介作用》,《信阳师范学院学报(哲学社会科学版)》,2020 年第 5 期。

国 30 个省份 29229 名青少年的劳动状况调研报告指出，由于劳动方式单一、劳动教育针对性不足等原因，中小学生的劳动情况不容乐观，而大学生则对脑力劳动有异质性的偏好，在体力活动上有所欠缺。[1] 随着电子产品的普及和城市化的扩大，人们与大自然接触的意愿和机会日趋减少，自然联结也就日趋衰弱。

二、园艺疗法开展的基本思路

（一）园艺疗法的作用原理

园艺疗法，是"指身心健康需要改善的人群，在园艺疗法师的指导下，通过以植物为主体的自然要素进行相关活动，在生理、心理、精神、社会等方面达到维持健康状态的一种辅助疗法，对于疾病预防、康复治疗，特别是慢性病、老年性疾病具有现代医学不易达到的功效"[2]。20 世纪 80 年代，Wilson 就提出人们的心理健康与自然息息相关，人生来就与自然之间存在某种依赖，此后的相关研究都为他的这种假设提供了例证。[3] 李一茗等也认为自然联结与人们的心理健康密切相关。[4] 园艺疗法是通过有计划、有目的的园艺活动来进行特定疗愈的辅助手段，其目的是重构或加强人与自然的新联结。教师可以根据不同的植物作用原理来设计不同的园艺疗法活动方案，比如，有的是偏重于类似作业疗法的种植体验，有的是偏重于化学刺激的植物芳香感受，有的是偏向于视觉刺激的植物欣赏，等等。治疗者通过劳动创造与自然建立亲密联结，从自然联结中汲取精神力量。许多与植物交互的行为和植物本身都能改善人的身心状况。朱芷贤、陈其兵等人对观赏竹林对人体生理心理响应的研究发现，处于竹视景、声景中的人们与压力状态下相比较，交感与副交感神经的平衡更加趋近稳定。[5] 而 2017 年一项关于园艺疗法干

---

① 王玉香、杨克、吴立忠：《大中小学青少年劳动状况调研报告——基于 30 省份 29229 名学生的实证调查》，《中国青年研究》，2021 年第 8 期。

② 李树华、黄秋韵：《基于老人身心健康指标定量测量的园艺活动干预功效研究综述》，《西北大学学报（自然科学版）》，2020 年第 6 期。

③ Andrew J. Howell，Raelyne L. Dopko，Holli-Anne Passmore，Karen Buro. Nature Connectedness：Associations with Well-being and Mindfulness[J]. *Personality and Individual Differences*，2011，51（2）.

④ 李一茗、黎坚、伍芳辉：《自然联结的概念、功能与促进》，《心理发展与教育》，2018 年第 1 期。

⑤ 朱芷贤、陈其兵：《观赏竹林对人体生理心理响应的研究体系及其应用》，《竹子学报》，2020 年第 1 期。

预酒精成瘾的研究则表明，挑选特定的植物更加有助于构建自然联结以辅助治疗酒精成瘾。因此，选择合适的园艺疗法植物是园艺疗法的首要任务。

（二）园艺疗法的实践方式

园艺疗法的流程包括以下内容。① 收集服务对象的基本资料，并评估分析其兴趣爱好、认知能力、体能、社交、情绪等，以确定服务对象参加园艺活动的能力或需求。② 根据获取的信息进行目标设定、具体活动设计、活动场地与时间的选择。活动实施前需进行破冰活动、确认习惯的方言、活动介绍等，然后按照活动方案进行操作。③ 根据人员表现适时调整方案。④ 通过定性和定量的方式对服务对象进行疗效评估。⑤ 活动完成后的反思、改进，访问相关人员以了解服务对象的在活动结束之后的表现情况等。这些内容主要凸显了园艺疗法与园艺活动的根本区别，前者是以人为本，后者则以植物为中心。在实际运用中，从事园艺疗法的工作人员必须能灵活应对各种可能的突发情况，这就要求实际施行园艺疗法时，园艺疗法的人员配置要与服务对象的身体素质、心理素质相匹配。

三、园艺疗法对大学生积极人生意义感干预的实验设计与结果

（一）干预实验的基本思路与被试者情况分析

首先在某高校内通过"问卷星"随机发放中文人生意义问卷（C-MLQ）进行前测，该量表采用里克特 7 点计分，从 1 代表"完全不同意"到 7"完全同意"。经检验，生命意义感及存在生命意义感、寻找生命意义感的内部一致性系数分别为 0.864、0.690、0.872，具有良好的信度。该量表 CFI 的值为 0.964，CMIN/DF 的值为 2.257，RMSEA 的值为 0.089，用于分析该校大学生的人生意义感的基本情况并筛选人生意义感较低的学生参与干预实验。选定被试者后，了解被试者的基本情况，根据情况制订活动方案并组织完成，最终检验其干预效果。前测问卷共回收 158 份，详见表 1。

表 1　被试基本情况（*N*=158）

变量		人数	百分比
性别	男	62	39.2%
	女	96	60.8%
年级	大一	11	7.0%
	大二	104	65.8%
	大三	37	23.4%
	大四	6	3.8%
生源地	城镇	52	32.9%
	农村	106	67.1%
独生子女	是	32	20.3%
	否	126	79.7%

对大学生的人生意义感进行描述统计，结果表明：大学生人生意义感总得分平均为 40.81，各维度平均得分均在 19 分以上。由于生命意义问卷采用 7 点计分，每个维度 20 分为中值，可见大学生生命意义感整体处于中等水平。结果见表 2。

表 2　大学生人生意义感总体特征（*N*=158）

因子	最小值	最大值	平均值	标准差
人生意义体验	5.00	35.00	21.50	5.53
人生意义寻求	4.00	28.00	19.31	5.16
人生意义感	9.00	63.00	40.81	9.94

讨论人口学变量在各维度上的差异性。运用 *t* 检验考察大学生人生意义感在性别上的差异，结果表明：大学生人生意义感总分在性别上没有显著差异（$t=0.16$，$p>0.05$）；在人生意义体验维度、人生意义寻求上，也均不存在显著差异。结果见表 3。

表 3　大学生人生意义感在性别上的差异（*N*=158）

因子	男（N=62）	女（N=96）	
	M±*SD*	*M*±*SD*	*t*
人生意义体验	20.90±5.90	21.89±5.27	0.29
人生意义寻求	18.48±5.53	19.84±5.53	0.12
人生意义感	39.39±10.63	41.73±9.41	0.16

　　讨论大学生人生意义感在是否独生子女上的差异。运用 t 检验考察大学生人生意义感在是否独生子女上的差异，结果表明：大学生人生意义感总分在是否独生子女上没有显著差异（$t=0.63$，$p>0.05$）；在生命意义寻求维度、生命意义体验维度上，也均不存在显著差异。结果见表4。

表4　大学生人生意义感在是否独生子女上的差异（$N=158$）

因子	独生子女（$N=32$）	非独生子女（$N=126$）	
	$M \pm SD$	$M \pm SD$	t
人生意义体验	20.94 ± 6.24	21.64 ± 5.35	0.56
人生意义寻求	19.00 ± 6.07	19.39 ± 4.92	0.74
人生意义感	39.94 ± 11.78	41.03 ± 9.46	0.63

　　讨论大学生人生意义感在生源地上的差异。运用 t 检验考察大学生人生意义感在生源地上的差异，结果表明：大学生人生意义感总分在生源地上没有显著差异（$t=0.36$，$p>0.05$）；在生命意义寻求维度、生命意义体验维度上，也均不存在显著差异，结果见表5。

表5　大学生人生意义感在生源地上的差异（N=158）

因子	城镇（$N=52$）	农村（$N=106$）	
	$M \pm SD$	$M \pm SD$	t
人生意义体验	20.90 ± 5.48	21.79 ± 5.56	0.34
人生意义体验	18.87 ± 5.23	19.53 ± 5.13	0.45
人生意义感	39.77 ± 9.87	41.32 ± 9.98	0.36

　　讨论大学生人生意义感在年级上的差异（$N=158$）。运用单因素方差分析大学生人生意义感在年级上的差异，结果表明：大学生人生意义感总分在年级上没有显著差异（$F=0.36$，$p>0.05$）；在人生意义寻求维度、人生意义体验维度上，也均不存在显著差异。结果见表6。

表6　大学生人生意义感在年级上的差异（$N=158$）

因子	大一（$N=11$）	大二（$N=104$）	大三（$N=37$）	大四（$N=6$）	
	$M \pm SD$	$M \pm SD$	$M \pm SD$	$M \pm SD$	t
人生意义体验	21.55 ± 7.20	21.62 ± 4.88	21.49 ± 6.59	19.50 ± 6.89	0.27

续表

因子	大一（N=11）	大二（N=104）	大三（N=37）	大四（N=6）	
	$M \pm SD$	$M \pm SD$	$M \pm SD$	$M \pm SD$	t
人生意义寻求	18.64 ± 5.95	19.55 ± 4.62	18.95 ± 5.99	18.67 ± 7.89	0.23
人生意义感	40.18 ± 12.83	41.16 ± 8.55	40.43 ± 12.06	38.17 ± 14.40	0.21

由表 7 可知，人生意义问卷中两个维度间存在显著的正相关，即人生意义体验与人生意义寻求之间存在显著正相关。

表 7　各维度之间的相关分析（N=158）

	1	2
人生意义体验	1	
人生意义寻求	0.73**	1

注：*p<0.05，**p<0.01，***p<0.001（后同）。

进一步对存在人生意义体验和人生意义寻求作回归分析，结果发现人生意义寻求能够显著正向预测人生意义体验，标准化回归系数为 0.68（t=13.32，p=0.00<0.05），这说明存在人生意义体验随着人生意义寻求的变化而变化。结果见表 8。

表 8　维度间的回归分析（N=158）

	B	$Beta$	R^2	F	p
人生意义寻求	0.68	0.73	0.53	177.45	0.00***

结论：将调查结果通过 SPSS 进行分析后显示，在该高校，大学生人生意义感整体处于总分中值水平。同时发现，大学生人生意义感总分在性别上没有显著差异（t=0.16，p>0.05），在是否独生子女上没有显著差异（t=0.63，p>0.05），在生源地上也没有显著差异（t=0.36，p>0.05）。因此，由该结果可知，在之后于受测人员中抽取样本时，只需要找寻人生意义感水平低于平均值的人员即可，无须过多考虑其中的人口学差异。

（二）活动方案的设计

活动设计围绕大学生的"积极人生意义感"进行。园艺疗法植物通常需要尽可能满足以下特点：能让人与其产生形、声、闻、味、触五感交流，生命力顽强，能适应人类居所室内外栽种环境。我们在挑选植物时，除了考虑园艺疗法植物应该具备的"五感"，更注重的是其抗逆性、易栽培性、代表意义、种植成本。因为鱼腥草具有这些特征，所以我们挑选了鱼腥草作为这次活动的主要植物。原计划在此次干预实验中选取至少十二个被试以期获得具有统计意义的数据，但由于场地有限、人手缺少以及一些不可抗拒因素，为保证干预质量，最终只选定了4名被试参与实验，同时酌情更改了部分园艺疗法的活动方案。本实验一共开展了五次活动，每周一次。每次活动进行前后，都要求团体成员填写园艺福祉量表来作为检验当次及整个园艺疗法效果的参考。最终确定的活动主题分别为"认识鱼腥草""走进耕思园""添加心动力助力成长""花贴心世界""我的心灵家园"。

活动的主要内容分别为：① 组织参与实验的学生学习简单的园艺知识，亲自观看、触摸并了解鱼腥草；② 带领学生在园艺基地认识农具和常见的园艺植物，并指导他们协作完成锁地、开荒、栽培，思考其中蕴含的人生哲理；③ 组织学生制作简易有机肥、除草、间苗，引入适宜的意象促进被试自我勉励与反思；④ 向学生介绍如何制作树叶贴花画，让学生自行收集适宜的各色各形状的植物叶片，围绕"人生意义"这一主题完成一幅画，并围绕画的内容讲一个小故事或者心得体会，以作为"期末作业"在最后一次活动上交；⑤ 提供工具、用品，让学生自行发挥制作微型景观，建造自己的心灵家园。最后进行活动总结，对最终的人生意义感进行后测。

（三）实验结果的评估分析

参与园艺疗法干预的四名大学生的人生意义感变化如表9所示。

表9　学生人生意义感干预前后对比（N=4）

T1	2.78	2.89	3.89	4.11
T2	6.11	4.44	4.33	5.00

由表9可见，参与实验的大学生的人生意义感在经园艺疗法干预后均有所提

升，同时结合访谈、观察以及被试的个人感悟来看，园艺疗法对大学生积极人生意义感确实具有提升作用。不过此次实验样本过少，这一结果还有待进一步检验。在实验中，鱼腥草表现良好、抗逆性强，深受被试者喜爱，故可认定鱼腥草可以作为特定园艺疗法植物。

园艺疗法的过程是体验式的实践过程，其实践内容为：耕作、插花、观赏、采集、养护、品尝等，具体的实践内容要根据具体的实践主体、目标来设计。考虑到大学生整体的身心状态比传统园艺疗法的服务对象（老年人、临终关怀对象、酗酒者等）要好，在对大学生实际开展园艺疗法时，可以适当减少总体干预时间与次数，并可以适当加强体力活动的强度与时长占比。根据实践经验来看，每周一到两次下地实践，每次三十分钟到五十分钟，持续三周到四周，才能取得比较好的成效。

四、园艺疗法实验——一种思想政治理论社会实践课教学方式

2020 年教育部印发的《高等学校课程思政建设指导纲要》指出："专业实验实践课程，要注重学思结合、知行统一，增强学生勇于探索的创新精神、善于解决问题的实践能力。社会实践类课程，要注重教育和引导学生弘扬劳动精神，将'读万卷书'与'行万里路'相结合，扎根中国大地了解国情民情，在实践中增长智慧才干，在艰苦奋斗中锤炼意志品质。"[①] 园艺疗法实验可以作为思想政治理论社会实践课的课程思政教学方式，我们在进行实验设计时，根据课程思政建设的要求，应做到以下三个方面。

（一）深挖植物历史意义、时代内涵

中国是东方园艺的发源地，有深厚、独特的园艺文化底蕴。虽然我国古代没有园艺治疗这一说法，但其理念是我国传统文化的重要组成部分。中华文明自古以来崇尚自然，赋予植物以人格特征，比如"梅兰竹菊"被誉为"四君子"，古代诗人和画家常常借物咏志。明代文学家冯梦龙的《警世贤文·勤奋》中"宝剑锋

---

① 《教育部关于印发〈课程思政建设指导纲要〉的通知》，http://www.moe.gov.cn/srcsite/A08/s7056/202006/t20200603_462437.html。

从磨砺出，梅花香自苦寒来"，赋予梅花坚忍不拔、自强不息的品格；宋代诗人苏辙的《种兰》中"兰生幽谷无人识，客种东轩遗我香"，赋予兰花高洁不屈、淡泊名利的品格；清代画家郑燮的《竹石》"千磨万击还坚劲，任尔东西南北风"，赋予竹子刚正不阿、坚持自我的品质；宋代诗人郑思肖的《寒菊》中"宁可枝头抱香死，何曾吹落北风中"，赋予菊花恬然自处、傲然不屈的品格。类似的例子不胜枚举。可以看出，在古人的认知中，从事园艺活动和观赏植物可以有效改善人们的身心健康，培养高洁的品性，塑造高尚的人格。在针对大学生运用园艺疗法时，应当充分挖掘植物所蕴含的历史意义、时代内涵，并将其融入实际的活动设计中，以达到润物细无声的效果。例如"红米饭、南瓜汤"见证了毛泽东、朱德等老一辈无产阶级革命家在井冈山艰苦奋斗的革命精神；"革命菜"野茼蒿见证了冯白驹将军带领海南人民进行"23 年红旗不倒"的革命斗争功程；长征过程中红军吃过的野芹菜、野韭菜、灰灰菜、鱼腥草等二十多种野菜见证了长征的困难与红军坚韧的品质。

（二）指导学生劳动、动手操作

教育部印发的《大中小学劳动教育指导纲要（试行）》指出："将劳动教育纳入人才培养全过程，丰富、拓展劳动教育实施途径。将劳动教育与学生的个人生活、校园生活和社会生活有机结合起来，丰富劳动体验，提高劳动能力，深化对劳动价值的理解。"[①] 由于电子产品的普及，学生看手机、玩游戏的时间远比劳动时间多，如何把学生从"低头族"中解放出来，回到自然、热爱自然、热爱劳动？如何让学生体会到幸福是由劳动创造的，体悟到劳动是幸福的、快乐的、有价值的？园艺疗法以植物种植为主要媒介，以劳动教育为主要形势，以心灵启迪为主要渠道，拓展劳动教育的形式，让劳动美起来、快乐起来，使学生爱上劳动。比如创建耕思园、创作树叶花贴画、制作美食、品尝美食等，让学生切身体会劳动之美、创造之美、生命之美。在植树节、劳动节、国庆节等重大节日，教师可以带领学生种植树木、花草等有象征意义的植物，在人与自然联结中，在植物的成长中，使青年大学生体悟人生价值、生命意义。

---

① 《教育部关于印发〈大中小学劳动教育指导纲要（试行）〉的通知》，http://www.moe.gov.cn/srcsite/ A26/jcj_kcjcgh/202007/t20200715_472808.html。

（三）引导学生思考、疏解学生困惑

园艺疗法对植物的栽培技术、生长情况等要求不高，注重的是人心灵的成长。我们在组织大学生进行栽培时，需有目的地引导学生积极正面思考。有的学生人生意义感不强，需要教师在带领学生进行耕种时，对学生耐心地加以劝导，让其从植物的顽强生命力中，从植物的作用和价值中反视自己的价值，体悟自己生命的意义。有的学生在生活、学习、感情、人生中存在困惑，教师应耐心地加以解答，对暂时解答不了的问题，也应积极回应学生，待以后有答案了再反馈给学生。在完成种植园艺植物、观察生长过程、交流分享故事、品尝劳动果实后，学生还要写作分享心得。学生写作分享心得的过程，也是自我生命审视的过程，使学生把劳动实践转化为精神食粮，让学生在种植之中、在劳动中感悟成长，感悟生命的价值和意义。小组成员在这一段时间的种植体验中，互帮互助，互相学习，互相鼓励，互相分享心得体会，共同进步和成长，不仅收获了劳动果实，而且收获了友谊。

五、结语

教师通过运用园艺疗法指导大学生进行劳动实践，不仅有助于提高学生的劳动能力，收获劳动果实、收获友谊、收获幸福，而且有助于提升学生的积极人生意义感。本次实验的不足之处在于调查研究样本较少，大一、大四年级学生样本有所欠缺，未来研究可扩大样本量，更深入地探讨大学生的生命意义感现状以及相应的影响机制。

民办高校"形势与政策"课程混合式教学研究初探①

陆劲松

（贵州大学科技学院，贵州 贵阳 550600）

摘　要：混合式教学方法在课程教学中的运用越来越广泛，在民办高校"形式与政策"的教学过程中引入混合式教学，可以提高学生学习的主动性、丰富课程教学内容、推进"金课"建设的可操作性。只要掌握好混合式教学的评价目标，就可以提高民办高校"形势与政策"的教学效率，克服师资力量与教学资源不足的缺陷。

关键词："形势与政策"课；混合式教学；学习改革

"形势与政策"课程作为教育部指定的思想政治理论课之一，重点在于培育高等学校学生对党的理论、政策的理解和政治敏锐性，是增强学生政治意识的重要途径之一。传统的教学方式主要为课堂讲授加学生自主学习。习近平总书记在"3·18"讲话中强调，思想政治课教师要做到"六个要"，特别是要"创新课堂教学，给学生深刻的课堂体验"。②作为"思维要新"的基本要求，对思想政治理论课教师来说，必须在教学中积极探索适应于时代、适用于社会主义建设的现代化教学方法。本文试图在传统教学模式的基础上，探讨在民办高校"形势与政策"课程中开展混合式教学的实践并进行评价，为思想政治理论课的教学提供支撑。

---

① 本文系贵州省高等学校教学内容和课程体系改革项目（项目编号：2019197）阶段性成果。

② 习近平：《习近平谈治国理政》第三卷，外文出版社 2020 年版，第 330 页。

一、混合式教学方法

混合式教学目前还没有一个能够得到大家广泛认同的定义，国外对混合式教学比较经典的解释有："对众多学生来说，混合教学既提供面对面教学，又提供虚拟教学。"[①] 国内学者林质彬教授认为，混合式教学，是把传统的老师与学生的面对面教学的优势和网络化学习的优势结合起来，从而取得最优化学习效果的学习形式。[②] 混合式教学方法作为教学方法，从广义来说，在一次教学活动中采用两种以上的教学方法都可以称为混合教学。在狭义上主要是将 e-learning 与传统的教学形式相结合，即采用线上、线下的混合方式教学，在相对集中的时间内向特定的对象完成教学任务。相对于传统的教学模式而言，本文所指的混合式教学，主要是狭义上的。

根据教育部《关于加强新时代高校"形势与政策"课建设的若干意见》等相关文件的要求，高校"形势与政策"课程教学，本科院校每学期至少要保证学生在校期间不间断学习 8 学时，共 2 个学分。在实际操作上，以笔者所在地区的高校来说，根据各个学校的实际情况，"形势与政策"课程安排一般为 32~36 学时，每学期 0.5 个学分，每学期 8~9 个学时。要在每学期有限的教学时间内完成教学任务，达到教学目标，对高等学校尤其是民办高校提出了更高的要求。传统的教学方式主要为课堂讲授加学生自主学习模式，教师很难在每学期有限的教学时间里掌握学生学习的情况，学生学习的兴趣也不容易得到提高。采用线上线下的混合教学，学生可以在有限的学时内掌握所学习的相关知识，培养学生对"形势与政策"课程的兴趣，突破传统教学的局限，突破教学所受空间与时间的限制，也可以克服民办高校在本课程教学方面的师资困难，提高教师的教学效率，建立合理的教学评价体系，提升教学质量。

[①] William R. Slomanson. Blended Learning: A Flipped Classroom Experiment[J]. Journal of Legal Education，2014，64（1），pp. 93–102.

[②] 王庆环：《"乔布斯之问"问出什么教育问题？》，《光明日报》，2015–12–08（14）。

二、混合式教学法在"形势与政策"课程教学中的作用

（一）增强学生学习主动性

民办高校的办学定位基本上为培养应用型人才，旨在培训与提高学生的创新能力，在以学生为主体的教学活动中提高学生的学习主动性，丰富学生的知识储备，提升学生的实践操作能力。

在传统的课程教学模式里，教师的主导性作用较为突出。"形势与政策"课程又大多采用合班教学方式，一个教学班级一般在一百人左右。教师在课堂上没有时间与精力关注每一位学生，如果教学经验不丰富，就难以活跃课堂气氛，学生学习的主动性就不容易发挥出来。民办高校的思政课教师，大多是刚走上讲台的"青椒"，教学经验与课堂把控能力不足。往往一堂课结束以后，学生真正接收到的知识非常有限，更不要说创新能力和应用能力的提升。对于"形势与政策"课程来讲，混合式教学模式，糅合了目前信息时代较为先进的技术，可以为学生提供丰富的教学相关内容，利用线上多媒体教学资源，将课程内容与实事热点结合起来。我们在2017、2018、2019三个年级的学生中进行教学改革实验，每学期课堂教学中以小组讨论和时政重现、时政演讲、评论等方式拓展教学空间，不断训练与提升学生的思维创新能力和水平。根据课前的学生线上的调查，收集学生课程期望信息，有针对性地设置课堂教学环节，在课前准备阶段就为提高学生兴趣做准备。例如在2021年上半年的课程安排中，针对《讲好我国脱贫攻坚故事，弘扬脱贫攻坚精神》这一内容，我们安排学生以小组的形式收集自己熟知的案例，引导学生自己编写脚本、设计视频，进行案例重现，作为课堂教学资料提供给教师。教学改革三年以来，在学习通上的访问浏览量170万人次。从数据来看，同学们的学习积极性与主动性都较高。这样的学习方式既能够突出学生学习主体性，又可以让学生在实践中得到锻炼，学生在课堂上的学习主动性得以较大发挥。课后教师根据线下课堂教学的要求，组织安排线上讨论，根据学生发言情况给予成绩评价。学生课后学习的主动性也能调动起来。新颖的教学模式让教师与学生、学生与学生、学生与社会之间的互动更加密切。

（二）丰富课程教学内容

混合式教学的模式，将现代信息技术与"形势与政策"课程的教学整合起来。有助于教师在教学中发挥引导，在课程设计与实施环节丰富教学内容，发挥网络技术的优势，提高优质教学资源的利用率。现在，教学资源的获取形式已经发生了较大的转变，大部分的教学资源都可以在信息技术平台获取。尤其是各种专业化的教学平台，为教学活动提高了大量的教学案例。教师一方面可以在教学准备过程中充分利用现有资源，围绕现成的教学资源进行教学设计准备；另一方面又不限于已有的教学资源，可以根据实际的教学需要，在教学平台上增加教学资源。在满足自己教学需要的同时，还可以通过资源共享的方式与其他教师进行交流，大大拓展教学空间，为课程协同化发展提高资源优化的功能。

伴随人工智能技术的发展，在一部分思政课中涌现出大量的基于仿真虚拟技术的教学案例。如"中国近现代史纲要"课程，就将一部分的教学内容通过场景再现等方式呈现，对提高思政课的课堂教学的质量、全面培养学生的学习兴趣是有重要的推动作用。"形势与政策"课程与其他思想政治理论课相比虽然独具特点，但在培养学生思想政治素质，提升其政治能力方面二者是一致的。混合式教学可以提升"形势与政策"课程教师教学环节的组织能力，在教学设计上有针对性地安排教学内容，选择合适的教学案例以丰富教学内容。教学中根据学生个性发展特征，合理修正教学资源，做到共性与个性的统一。课后环节的评价环节利用混合教学方式，将微课视频、练习、拓展阅读材料放到线上，学生复习起来非常便捷。

（三）推进"金课"建设的可操作性

混合式教学与传统的教学模式相比，能有机融合线下教学和线上教学[1]，在推进思想政治理论课"金课"改革与建设方面更具备优势。依托优质的教学网络平台，教师教学设计的深度和广度大大拓展，课堂教学主要突出分析性，综合讲解的内容相对于单纯的线下教学来讲，在整个教学环节中所占的比例下降。混合式教学模式对教师的要求更高，教师不再是简单地完成教学任务，需要精心做好大

---

[1] 谢玉龙：《高校混合教学模式思政课"金课"教学改革探讨》，《湖北开放职业学院学报》，2019年第23期。

量的课前准备，熟悉教学平台的操作，选择恰当的教学素材；根据学生实际情况安排线上讨论，课后还需要在教学平台上完成学生的学习评价或考核。目前民办高校的"形势与政策"课程大多采用100人左右的中班教学，教师在课堂教学上很难做到合理地监管与调控。但在混合教学中，课堂教学以解决问题为主要形式，学生需要不断参与教学活动，与教师的互动性较强。学生不再以听课作为主要学习方式，课堂学习的难度增大，课堂专注力增加。对于"形势与政策"课程来说，学生通过课前准备、课堂学习、课后复习三个环节增强自己对课程学习的兴趣。混合教学可以为思想政治理论课加强"金课"建设提供可操作性的方案。

三、形策课混合式教学的评价目标

（一）线上教学目标

在多渠道混合教学模式中，线上教学主要分为课前的设计准备、课堂教学的实施以及课后的辅导三个部分。对于不同的教学目标，我们主要通过超星公司提供的"学习通"系统来实现。先由教师在"学习通"系统上建立虚拟学习班级，学生通过"学习通"App扫码或班级邀请号加入。教师在虚拟班级上可以充分发挥线上教学的优势，实时发布学习视频，进行签到、作业布置、抢答、主题讨论等工作。

在课前准备阶段，民办高校教师可以根据教学要求，将教学任务、课件、微视频、课前阅读材料等内容进行发布，利用学习系统通知学生进行学习，并通过学习进度条掌握学生的学习状况，教师进行监控并提醒学生按照要求完成任务，依据学习反馈情况来确定教学的难点和重点教授的内容。这样可以增加民办高校教师的教学经验，提高教学质量。例如，在讲授"坚定推进两岸关系和平发展和祖国统一的信心与决心"这一内容的时候，线上资料就可以准备"九二共识""台湾问题的由来"等一系列视频或文字材料。通过提问和学生的留言情况，我们发现学生对台湾民众对两岸和平统一的观点比较感兴趣，因此教学中就可以特意准备相关的材料并进行讲解。

在课堂教学阶段，根据课堂准备的情况安排教学过程，提高学生课堂学习的兴趣和解决问题的能力。一般的"形势与政策"课堂教学主要通过教师的讲解和学生的回答来实现课堂教学沟通，教师不能全面把握学生的学习情况。教师将大量的时间放在知识的讲解上，不生动的教学过程容易使学生疲劳，不利于学生能力的培养。线上教学可以在这方面提供辅助教学的讨论、习题、抢答等环节，提高学生参与课堂活动的能力。对于教学难点，还可以安排模拟时政评论、焦点辩论等环节在线上组织讨论或论辩。一方面提高学生参与"形势与政策"的主动性，发挥学生的主体地位，达到知识与能力培养的教学目标；另一方面可以拓展教学内容，增加课堂教学过程的趣味性，实现学生注意力的切换，将较为枯燥的学习方式转换成趣味性强的学习方式，实现民办高校"形势与政策"课程打造"金课"的目标。

课后巩固阶段，教师发布讨论话题等形式考查学生学习情况，实现对本次课的综合教学评价目标。学生通过线上教学辅助平台参与教师话题的讨论，根据学生的参与和回复情况，教师可以及时掌握学生各方面的学习情况，及时给予综合评价。课后的评价，可以让学生利用晚间、节假日等闲暇时间进行自主学习。提高民办高校"形势与政策"的教学效率，弥补师资力量与教学资源不足的缺陷。

（二）线下教学目标

按照《教育部关于加强新时代高校"形势与政策"课建设的若干意见》的要求，"形势与政策"课程的教学目标，是第一时间推动党的理论创新成果进教材进课堂进学生头脑，引导大学生准确理解党的基本理论、基本路线、基本方略。混合教学模式为民办高校教师在有限的时间中安排教学提供了操作可能。在这方面，"形势与政策"课程线下教学的目标评价，可通过以下方式进行：学生的线上考勤、课堂作业的完成、课堂随机测验、课堂讨论等形式构成课堂教学的平时成绩，期末考试成绩作为卷面成绩。按照平时成绩占40%，卷面成绩占60%的方式构成学生学习的综合成绩。

在线下教学活动中实现对教师与学生的双重评价。课堂教学中，根据学生的学情，教师可以直接将学生容易出错的高频率问题展示出来，也可以有代表性地展示某几个学生的错题，进行重点辅导。在教学目标的评价上，可将学生的学习能力与知识掌握能力作为评价指标，对线下教学水平进行综合性测评，便于教师课后的教学反思。

混合式教学模式落脚点在于教育的信息化改革。信息技术作为思想政治理论课教学改革的手段，只有落实在课程教学的整个环节中才能发挥出重要作用。混合式教学的发展并不是在网络上安排一些案例就能实现的，需要教师在一线教学活动中动态教学。教师必须在思想上树立创新改革的意识，才能在具体实践中不断总结经验，优化课堂教学结构，因时制宜地提高自己的教学能力。

高校思想政治理论课实践教学的新媒体运用研究 ①

詹瑾涵[1]　陈晓娟[2]

（1.贵州师范大学马克思主义学院，贵州 贵阳 550001；

2.贵州师范大学马克思主义学院，贵州 贵阳 550025）

摘　要：新媒体的迅速发展及其对高校思政课教学产生的影响促使学界开始了如何借助新媒体的东风、让思政课活起来的思考，并展开大量的研究。对已有成果进行回顾，找出当前研究的堵点、难点具有一定的现实意义。通过分析笔者发现，当前学界研究内容主要集中在为什么要融入新媒体、新媒体融入有何优势以及怎样促进新媒体的融入等方面。整体观之，对原因和意义的研究较为深刻，但针对现实问题提出的应对措施过于理论化、理想化，缺乏实证佐证，即只有"应然"的期许，缺乏"实然"的探讨。

关键词：新媒体；思政课；实践教学

引言

随着网络的快速发展和 5G 时代的到来，新媒体越来越渗入大学生的生活和学习之中，为高校思想政治理论课实践教学的改革与创新带来了新的机遇和挑战。2016 年 12 月，在全国高校思想政治工作会议上，习近平总书记强调"要运用新媒体新技术使工作活起来，推动思想政治工作传统优势同信息技术高度融合，增强时代感和吸引力"。学界也将研究视角转向以新媒体为助推力促进高校思想政治理

① 本文系贵州省教育厅高校人文社会科学研究思政项目（项目号：2021SZ024）"高校思想政治理论课新媒体实践教学研究"阶段性成果。

论课实践教学（以下简称"思政课实践教学"）改革与创新上来，以期增强思政课实践教学实效性，充分发挥思想政治理论课立德树人的作用。经过一段时间的探索，学者们已经取得了较为丰富的成果，但总体而言，对新媒体与思政课实践教学相融合的研究尚处于发展阶段。因此，及时对现有成果进行梳理、分析和总结，了解研究的"完成时"和"将来时"，能够帮助我们进一步明确未来研究趋势和方向，有效指导新媒体与思政课实践教学的高度融合。

一、内涵界定

（一）新媒体及其特点

当前学界对新媒体的概念尚未形成完整统一的说法，但普遍认同新媒体是基于网络和数字技术而出现的"新"媒体形态。笔者认为，新媒体的"新"是相对传统大众媒体如书籍、报纸、新闻等呈现信息的形式而言的。与传统媒介以有形的物质作为载体进行信息传播不同，新媒体借助的传播载体是网络技术这种无形的物质，这就让新媒体具有虚拟性、超时空性和交互性等特征。虚拟性是指新媒体所进行的信息交流是在一个非经验世界的虚拟网络空间完成的，在那个虚拟空间世界中，传播者和受众既有"在场性"，又有"不在场性"。超时空性是指新媒体信息传播不受时空的限制，不必像传统模式将传播者和受众固定在同一时空环境下，人们可以根据自己的需求自由参与。交互性则是指在新媒体形态下传播者和受众能够双向传播，如一条信息发布后，人们可以通过评论等形式与传播者进行交流互动。

（二）思政课实践教学及其特点

思政课不仅需要理论的灌输，还需要实践的强化，使受教育者将理论内化于心、外化于形。因此，实践教学在思政课中不可或缺。对思政课实践教学的认识学界有不同的观点，有学者认为思政课实践教学不只是简单的教学形式，有自己的组成部分，应被视作一门课程。也有学者认为实践教学是在思政课教师主导和组织下的一种教学活动，是课堂教学的一个组成部分。而另一部分学者则提出实践教学是与理论教学相辅相成的教学环节，是对理论教学的补充和延伸。简言之，持这一观点的学者认为先有理论教学的学习铺垫，再有实践教学的检验和深化，实践教学是为理论教学服务的。笔者认为，理论教学与实践教学没有先后之分，它们与思政课是"一体两翼"的关系，思政课要想取得良好的效果，既不能缺乏理论教学，也不能没有实践教学，理论教学可以是实践前的铺垫，也可以是实践后的升华；而实践教学既是理论的来源，又是理论的归宿。换句话说，只有理论教学的思政课不能深入人心，而只有实践没有理论则像一盘散沙，达不到思政课立德树人的作用。在传统实践教学模式下，根据实践场所的区别可将思政课实践教学划分为课堂实践、校园实践和社会实践三种类型，随着互联网时代的到来，又增加了网络虚拟实践。不管是哪种实践教学类型都共有参与性、组织性、教育性的特征，即思政课实践教学是在教育者有意识地组织下全体受教育者通过共同参与、亲身体验而受到思想政治教育的教学形式。

二、现有研究中的相关理论探讨

通过对已有文献进行梳理，笔者发现学界对新媒体视域下思想政治理论课实践教学的相关理论探讨主要集中在以下几个方面。

（一）新媒体与思政课实践教学结合是必要之举

1.传统实践教学模式的弊端使然

传统的思政课实践教学模式在一定时期内体现了它独特的优势，在提升思想政治理论课"抬头率""参与度"方面发挥过巨大的积极作用。但随着新媒体时代的到来，传统思政课实践教学模式的优越性减弱，并逐渐暴露出一系列现实问题。在传统实践教学中，受教师保守教学理念的影响和出于对场地、安全、经费等问题的考虑，实践教学多只能以课堂讨论、辩论、演讲等单一教学形式展开，难以超出课堂的范围。许卫中（2015）、许冠亭（2013）、卢锋（2013）认为，哪怕是在鲜有的校外实践教学中也问题百出。一方面，传统实践教学形式互动性较差，教师不能对学生的实践活动进行实时监测和适时指导，不可避免地降低了实践教学质量。另一方面，传统实践教学的评价机制重结果、轻过程，使得学生也只注重实践报告的撰写，而忽视实践过程的体验，失去了实践教学的初衷和目的，使实践教学流于形式，效果不佳。

2. 大学生对新媒体融入教学的需求使然

新时期的教育理念强调以人为本，高校思想政治理论课实践教学也要充分尊重大学生的需求，站在受教育者的角度，采用他们喜闻乐见的方式开展。因此，不少学者开始关注大学生对新媒体融入思政课实践教学的需求。范高社（2014）就提出新媒体条件下大学生获取信息的途经逐渐呈现多样化、集中化和媒体化的特点，并且网络新媒体已成为大学生获取信息的主要渠道和最喜欢的方式之一，教师应紧紧抓住学生的胃口，利用新媒体技术开展课堂实践教学、校园实践教学和社会实践教学。同时，裴晓军（2016）也用两组问卷调查数据有力地佐证了大学生群体渴望利用新媒体及手机客户端整合教学资源、实现个人社会实践的个性化与长期性，其中 83.0% 的学生期待获取更多网络学习资源，86.2% 的学生赞成网络平台能够提供更多的社会实践机会，渴望变大规模的统一组织为自主的分散指导。①

（二）新媒体融入思政课实践教学成为助推之力

1. 新媒体丰富了思政课实践教学内容

实践是理论的源头活水，新媒体融入思政课实践教学能充实教学素材，丰富教学内容，推动思想政治理论课鲜活起来。农淑英（2015）认为，思政课实践教学是很受时空限制的，尤其是校内实践教学，因此，教师和学生都可以借助相关新媒体技术将观察到的社会万象浓缩成可以展示的教学素材，并带到实践教学中。王秀萍、王文勇（2018）也与此观点不谋而合，他们提到学生展示的成果本身就是实践教学中不可多得的特殊素材和资源，以这些课堂生成内容教育学生会收获意想不到的效果。

2. 新媒体创新了思政课实践教学形式

传统课内实践教学多通过讨论、辩论、演讲等形式开展，平铺直叙的理论阐述、单一老套的实践形式难以抓住学生的注意力和兴趣点，效果也不如尽人意。而在新媒体环境下，教师可以充分利用新媒体的优势营造出图文并茂、形象生动的实践教学情境，让学生从单一的听觉或视觉感知转换到多感官体验，获得从"平面"到"立体"的感受，增强学生获得感。例如，通过播放影片《觉醒年代》，

---

① 裴晓军：《新媒体视野下高校思想政治理论课教学改革探索》，《高校马克思主义理论研究》，2016 年第 1 期。

不少学生为陈延年烈士"身已许国，再难许卿"的无私奉献精神所打动，对陈乔年烈士为革命和信仰年少英勇赴死肃然起敬，以"延乔路的尽头是繁华大道"感激和告慰先烈。在此过程中，教师没有刻意地进行爱国主义教育，但爱国、爱党、爱人民的思想却深深地扎根在了学生心中。

3. 新媒体提高了思政课实践教学质量

传统思政课实践教学有多种形式，但同时其受制性也较强，以课堂讨论、辩论等方法展开的课堂实践成为普遍采用的形式。这种形式单一枯燥，缺乏创新，很难引起学生的兴趣，学生发自内心、自觉自愿地参与到实践教学环节中的更是少之又少，因而实践教学走马观花，收效甚微。而利用新媒体技术的独特优势能够契合大学生喜爱探索新事物、运用新事物的心理特点和个性需求，增强思政课实践教学的吸引力，使思政课活起来。丁文胜（2018）认为基于新媒体技术的实践教学不仅打破了时空的限制，还能以图片、视频、音频等进一步增强学生的感官感知，有效提高思政课的实践教学质量，增强学生学习的参与度和获得感。同时，新媒体通过使用现代虚拟信息技术能突破课堂局限，模拟出不同的实践情境，让学生身临其境。如运用 VR 技术模拟红军长征过程中的各种条件，让学生"经历"红军飞夺泸定桥的艰险、过雪山草地的不易，给学生带来最真实、最震撼的情感体验。[①]

（三）新媒体与思政课实践教学结合的实践之法

1. 原则遵循

新媒体与思政课实践教学融合是时代发展的趋势，思政课教师要积极采用新媒体新技术卓有成效地开展实践教学，但这绝非盲目的，要有一定的原则。王秀萍、王文勇（2018）认为，首先要坚持正确政治方向的原则。在新媒体环境下，网络信息内容丰富，却参差不齐，与主流意识形态相悖，与学生形成正确的世界观、人生观、价值观要求不符的社会思潮大量存在。因此，在将新媒体融入思政课实践教学时，教师必须坚定正确的立场和原则，辨别、甄选优质的教育资源，避免腐朽的、错误的、不利于学生健康成长的内容进入思政课。其次，要坚

---

① 王秀萍、王文勇：《高职思想理论课实践教学与新媒体技术的融合研究》，《中国教育技术装备》，2018 年第 24 期。

持虚拟与现实相结合的原则。运用虚拟实践创新思政课实践教学绝不是要彻底取代现实实践教学，而应将虚拟实践教学作为现实实践教学的补充和完善形式，使实践教学能够克服现存问题，不断适应新媒体时代的变化。而王珺（2017）、赵晖（2015）都提到要坚持贯彻理论与实践相结合的教学原则、教育与自学相结合的教育原则和教书与育人相结合的教学原则。在新媒体与思政课实践教学相融合的过程中，既要把理论性的内容与学生的生活实际、学习实际和重大关切问题联系起来，让学生能够运用所学分析和解决问题，真正认识到思想政治理论课的重要性，又要调动学生自觉自愿参与实践教学的积极性，把教师对实践教学的引导作用和学生学习的主体作用贯穿思政课实践教学的始终，还要引导学生既在"做中学"又在"学中做"，切实提高自身的思想道德素养。

2. 路径指引

对新媒体和思政课实践教学的种种分析最终都要回归到实践方面来。为此，在以往的研究中，学者们对促进新媒体与思政课实践教学相融合进行了路径探索，主要围绕主体、介体、客体、保障机制等方面进行。

主体观念要转变。董晓绒（2017）在其文章中着重分析了当前思政课实践教学效果不佳的原因，发现校方的不重视、教师队伍的参差是导致思政课实践教学流于形式的主要原因之一。为此，她提出教师首先要调整转变教学理念，顺应时代发展变化，积极主动地接触和运用新媒体，推动思政课"因势而新"。其次，目前教师的新媒体素养也亟待提高，可通过统一培训或自主学习的方式，拓展知识面，掌握新媒体技术并使之为自己服务。詹捷慧（2020）分析了新媒体环境下教师与学生话语体系的冲突，认为要先从话语转向开始破除思政课陈旧的教育思想，主动研究探索适应新媒体时代发展的教育理念。

介体方法要创新。许冠亭、王洁倩（2017）则认为在新媒体环境下，思政课实践教学转向虚拟数字世界应从两方面着手：一是实践教学资源；二是实践教学过程。过去思政课实践教学只能定时定点展开，而单个实践教学基地侧重的教育内容具有独特性，学生无法到达各个不同类别的实践基地参观体验，收获也是单一的、局部的。利用新媒体技术将实践教学基地"移入"互联网平台，学生就能更加便捷地进入不同地域、不同主题、不同时期的实践教学基地参观。但值得注意的是，利用新媒体创新并非完全抛弃固定实践教学基地，而要将网络虚拟教学基地体验作为实地参观体验的补充，在实地参观体验无法实现或效果不佳的情况下借助新媒体技术开展虚拟实践教学，增强学生的体验感和实践教学的实效性。

客体素质要提高。也有学者注意到，虽然大学生对新媒体技术的依赖性和喜爱程度都很高，但他们还存在整体新媒体素养较低、认知能力不足等问题。刘杨钺（2019）表示面对海量网络信息的冲击，大学生一时间难以适应，教师既要帮助学生提高其学习的积极性，主动适应新媒体时代的变化，学习"新"知识，完成从"被动学"到"主动学"的转变，又要着力提高学生对新媒体的自我约束能力，使之能够辨别和选择健康的内容，避免不良信息的侵蚀。

保障机制要完善。完善健全的机制是新媒体与思政课实践教学高度融合的保障。傅娟（2015）认为在实际教学中，仅仅依靠思政课教师是难以有效开展实践教学的，因此，要建立合理的实践教学运行保障机制，推动校内外、各部门间的协同配合，为实践教学活动提供充分的保障。同时，要构建科学合理的实践教学评价机制，以提高教师创新实践教学形式的积极性和主动性。首先，评价主体要多元化，应涉及领导专家、教师同行、家长代表和学生代表等。其次，评估标准要科学合理，既不能只重结果而忽视过程，也不能只重现在而忽视未来。最后，评估内容要全面。总之，科学的考核评价机制应遵循可操作性评价原则、客观和主观评价相结合原则、过程和结果性评价相结合原则，既包括对教师的考核，也包括对学生的考核。[①] 此外，孙魏（2019）还提到，由于各个课程的侧重点不一，应采用不同的考核方式，如"毛概"交实践报告、"马原"做公共演讲、"思修"拍公益宣传片、"史纲"拍历史情景剧等，让学生在实践的过程中感受知识，理解理论。笔者认为这样的方式是对思政课实践教学考核方式的创新，是值得推广的。

三、对现有研究的总结与未来推进展望

综上所述，当前国内学者从新媒体融入思政课实践教学的原因、功能和路径等多个纬度、多个视角进行了探析，总结了新媒体融入思政课实践教学的必要性、现实性和可行性，取得了颇丰的成果。但从总体上看，理论研究和实践探索都还有深入推进和进一步细化的空间。笔者认为，在原因和现实问题分析方面，学者

---

① 柴艳萍、郭建：《高校思想政治理论课实践教学保障机制探析》，《思想教育研究》，2012 年第 8 期。

们已经做出了十分翔实的论述，让我们更加明确了促进新媒体融入思政课实践教学的紧迫性。但针对目前学术界提出的可行路径还存在以下问题。第一，解决方法太过依赖新技术，忽视了可实现性。由前文可以看到，众多学者针对目前思政课实践教学缺乏吸引力、基于学生参与度的考虑，都紧紧抓住现代虚拟技术，试图把实践教学置入一个虚拟空间。其便利性无须赘述，但实效性有个问号。一方面，虚拟信息技术属于新兴科技，技术要求高，投资成本高，短期内很难在高校全面普及。另一方面，疫情防控期间的网课可以看作虚拟实践教学的投石问路，效果怎样不辩自明。第二，应对方案太过笼统，缺乏针对性。当前学者们提出的促进新媒体与思政课实践教学融合的方法基本处于"一刀切"的状态，实际上，不同专业、不同水平、不同年级的学生对思政课的认识和需求是不一样的。以思想政治教育专业为例，多数学生在专业课的学习中已经对基本的理论知识有了粗浅的认识，渴望得到进一步的深化，但多数教师在面对这样一群"特殊"学生时仍然采用和其他专业学生相同的教学方法，以至于很多人只为学分而去，甚至觉得没有必要参与。反之，理工科、艺体类的学生动手能力强，理论学习兴趣低，思政课教师就要随之调整实践教学方案。因此，笔者认为应该对方案进一步细化，使之更加适应不同类型的学生。第三，解决措施的有效性没有体现。学者为应对问题所提的解决方案多从"应然"的角度出发，认为采用那一系列方法就能够解决当前问题，缺少数据、实例等实证资料支撑。以多数学者提到的利用新媒体构建师生交流平台为例，学生参与讨论的实际情况如何？能否真正实现有效互动？我们不得而知。

所以，笔者认为未来对新媒体融入思政课实践教学的研究不应仅仅局限在理论上应该"会怎样"的探讨上，更应注重实际上情况"是怎样"的现实论证，既要以"应然"作为指引，又要以"实然"为基点。

"思想道德与法治"课"人生目的"教学的理论探析

孙菲菲

（贵州师范大学马克思主义学院，贵州 贵阳 550001）

摘　要：人生观教育是"思想道德与法治"这门课程的重要内容。"人生目的"又是人生观的核心内容之一。对于"人生目的是什么"的回答，大学生普遍存在着较为片面的看法。中西方的一些思想家都认为人生追求的不仅仅是物质的满足，物质需要构成我们生命存在的前提，但精神需要为物质需要的发展提供方向。讲清楚物质需要与精神需要的关系，有助于纠正大学生们在人生目的追求上表现出来的重物质轻精神的倾向。"为人民服务"的人生目的，代表了人类社会迄今最先进的人生追求。大学生确立了"服务人民、奉献社会"的人生追求，就能以积极向上的生活态度投身祖国复兴的伟大实践。

关键词：人生目的；"思想道德与法治"课；精神需要

在高校思想政治理论课"思想道德与法治"课程教学中，"人生观"的教学内容位于教材的第一章，是理解全课程的关键。大学时期是大学生人生发展、人生观形成的重要阶段，帮助大学生们形成正确的人生观是使他们健康成长成材的关键。"人生目的"又因为是"人生观"教学的核心内容，所以在教学上尤为重要。这一章节的教学效果如何，会从根本上影响整个"人生观"章节的教学效果。本文尝试从大学生存在的一些人生问题出发，厘清物质与精神的关系，引导大学生建立正确的人生追求目标，希望为从事这门课程教学工作的同人提供一些教学参考。

一、大学生在思想上存在的一些问题

人对自身的认识，是一个常说常新的话题，目的性是人与动物的重要区别之一，是人的社会性的重要体现。远在古希腊时代、中国春秋战国时期，人们就开始从对客体的探索，转向对人类自身的探求。人生目的是人生实践中的根本问题，解决的是人"为什么活着"的问题，是人生观的核心内容。

从青少年的心理和生理成长规律来看，在大学阶段，大学生的主体意识、独立意识日趋增强，但进入大学后，面对各种改变以及一系列的不确定性，很容易在学业、情感、职业选择等方面出现各种疑惑。改革开放40多年以来，国内外环境发生了深刻复杂的变化，人们的思想观念也发生了巨大变化。社会快速发展中出现的各种问题不可避免地交织在一起，一些错误思潮、错误观念，使得部分学生对社会的认识出现偏差。

一些大学生由于各种各样的原因，在实现了考上大学的阶段性目标后，人生失去方向和动力，表现为思想上的迷茫与困惑、行动上的懈怠和倦怠。此外，更多大学生的人生目的追求则表现为一种重物质、轻精神的倾向。在现实生活中，由于经济全球化、文化价值多元化、社会信息化等，大学生面临更加激烈的竞争，学习和择业也面临更大的压力。由于大学生在这一时期人生观还未成型，在价值取向上往往只看到眼前功利性的、物质的价值，而忽视长远的非功利的、精神的价值，误认为消费越多人生就越幸福，人生的目的追求就是金钱，片面追求物质享受甚至超前消费。如何让大学生们在这一成长阶段认识物质与精神的关系，树立正确的人生目的的追求，是我们教学的重点内容。

二、从幸福论的角度剖析人生目的

我们在教学中，可以通过引导学生们对"到底什么是真正的快乐幸福"这个问题进行分析，理解物质与幸福的关系，从而认识正确的人生追求到底是什么。

古希腊的思想家认为，人活着就是为了快乐和幸福。什么是真正的幸福和快乐呢？古希腊的斯多葛派哲人指出，人生的幸福和快乐有两种：一种是肉体的快乐，一种是心灵的快乐。他们认为，一些必要的肉体快乐是合理的、有意义的，它在一定程度上满足了人类保持生命和健康的必要欲望。但是，这种肉体的快乐是短暂的，它只能给人类带来一时的快乐，却无法带给人们真正的幸福。例如，伊壁鸠鲁认为："肉体的健康和灵魂的平静乃是幸福生活的目的。就是为了达到这个目的，我们才竭力以求避免痛苦和恐惧。"① 因此，追求心灵的快乐和幸福才是人生的真正目的，人的一生就是在努力地追求心灵的幸福。只有这样，人生才会真正有价值和意义。

他们反对纵欲主义，主张要把物质追求限制在一定的程度之内，因为不加节制的物质欲望，不但不能给人生带来快乐，反而可能是人生痛苦与不幸福的最终根源。例如人们喝酒的时候会觉得幸福快乐，可是过度的饮酒却会给人的身体带来损害。德谟克利特就说过："节制使快乐增加并使享受更加强。"②

亚里士多德认为人的目的是幸福，而幸福是一种最高的善，这种幸福是终极和自足的，构成了全部活动的终极目的。人们是基于幸福的本身而非别的原因而选择幸福，自我满足是指幸福仅依据其自身就能够使生活富有价值。在这里，幸福与道德发生了联系，"幸福的生活即合乎德性的生活"③。尽管幸福也需要一些物质的东西，如健康的身体、充足的食物以及其他一些东西，但是，这些外在的东西并不是人们追求的"即增殖。这就是夫妻之间的关系，父母和子女之间的关系，即家庭。这个家庭起初是唯一的社会关系"，"在历史的最初时期，当第一批人出现时，三者就同时存在着，而且就是现在也是还在历史上发挥作用的"。④

人们对物质的需要是非常重要的。马克思就曾提出："人们为了能够'创造历史'，必须能够生活。但是为了生活，首先就需要衣、食、住以及其他东西。因此第一个历史活动就是生产满足这些需要的资料，即生产物质生活本身。"⑤ 物质需要是人类其他一切需要的基础。人正是在追求物质需要的过程中通过劳动建立了人类社会，使人成为人。人类对物质的需要，使得人类在生存过程中追求物质目标成为合理的诉求。人们不能奢望一个饿着肚子、连温饱都没有解决的人，能够超越物质需要而追求精神满足。在教学过程中，我们讲解时并不是要一味地排斥大

---

① 北京大学外国哲学史教研室：《古希腊罗马哲学》，商务印书馆 1961 年版，第 367 页。
② 北京大学外国哲学史教研室：《古希腊罗马哲学》，商务印书馆 1961 年版，第 116 页。
③ 〔古希腊〕亚里士多德：《尼各马可伦理学》，廖申白译，商务印书馆 2003 年版，第 304 页。
④ 中共中央马克思恩格斯列宁斯大林著作编译局：《马克思恩格斯选集》第一卷，人民出版社 2012 年版，第 34 页。
⑤ 中共中央马克思恩格斯列宁斯大林著作编译局：《马克思恩格斯选集》第一卷，人民出版社 2012 年版，第 32 页。

学生们回答的偏向物质追求的人生理想目标，因为大学生正处学习期间，对物质需要，包括衣食住行方面的需求是特别旺盛的。我们要引导大学生们建立正确的人生追求，既要面对人类合理的物质需要，也要注意精神需要。精神需要同样是我们人生中必不可少的需要。当生产力水平提高以后，随着社会的不断进步，人们已经充分地满足了生活中的物质需要，这时候，精神需要就成为我们追求的目标。作为一个个体，物质需要构成我们生命存在的前提，但精神需要为物质需要的发展提供方向。人类的精神需要在对真、善、美的追求中体现出来，也反映在人的尊严和尊重的追求中。把人当人看，这是一个人应该具有的最起码的尊严。社会的文明程度表现在人们的精神需要与追求之上。人们的精神追求也会促进文明的进步。我们在教学过程中要讲清楚物质需要与精神需要的关系，有助于纠正大学生们在人生目的追求中表现出来的重物质、轻精神的倾向。

三、从马克思主义基本立场来深刻理解并建立高尚的人生追求

马克思和恩格斯认为，"历史活动是群众的活动"[①]。"为人民服务"的人生目的，代表了人类社会迄今最先进的人生追求。这一人生追求以马克思主义关于个人与社会关系原理为理论基础。人们只有在社会当中主动为他人、为社会服务，才能够推动社会的发展进步，才有可能实现个人利益。只有树立科学高尚的人生目的，才能够把握幸福人生的真谛。我们要从马克思主义的基本立场出发，从民族复兴的重大责任感出发，在现实生活中寻找人生的意义。

每个人都是独特的，我们尊重个体在法律允许范围内对人生追求的选择，但作为志在担当民族复兴大任的时代青年，在困难和压力面前，在自己的责任担当面前，要积极主动参与实践，才能展现出生命的意义与尊严。当大学生确立了"服务人民、奉献社会"的人生追求，就能够明白人生的价值首先在于奉献，就能以积极向上的生活态度投身祖国复兴的伟大实践，解决实际生活中的问题，消除社会不断变化带来的迷茫和空虚感。

---

① 中共中央马克思恩格斯列宁斯大林著作编译局：《马克思恩格斯文集》第一卷，人民出版社2009年版，第320页。

《毛泽东思想和中国特色社会主义理论体系概论》课教学主线构建探究

李 霞

（贵州师范大学马克思主义学院，贵州 贵阳 550001）

摘 要： 在《毛泽东思想和中国特色社会主义理论体系概论》课堂教学工作中，准确把握教材主线并将其转化为教学主线尤为重要。在课堂教学中，用教学主线贯穿于整个教学过程是保证教学内容整体性进而实现其教学目标的关键所在。《毛泽东思想和中国特色社会主义理论体系概论》教材内容多、涉及面广，会给学生一种庞杂重复的感觉，因此，笔者认为，依据教材主线构建教学主线，紧紧围绕教学主线开展教学，是体现《毛泽东思想和中国特色社会主义理论体系概论》课教学内容整体性、学理性、知识性，增强理论的说服力的关键。本文中，笔者将根据 2021 年版《毛泽东思想和中国特色社会主义理论体系概论》课教材主线构建该课程教学中教学主线作一初步探索，希望能给同行们的教学工作提供些许参考。

关键词：《毛泽东思想和中国特色社会主义理论体系概论》课；教材主线；教学主线

秦宣教授在《〈毛泽东思想和中国特色社会主义理论体系概论（2021 年版）〉修订说明和教学建议》一文中对使用 2021 年版教材第一条建议就是实现教材体系向教学体系的科学转化，秦教授指出教师需要从两个方面做好《毛泽东思想和中国特色社会主义理论体系概论》课教材体系向教学体系的科学转化："一是教师必须注意教材内容的全面性、系统性，做到教学内容的全覆盖；二是还要根据教学对象的特点，遵循教学规律，把握教学内容的重点。"① 同时指出要做到以上两点应从纵向、横向两个方面把握教学内容，他指出："在横向上，要处理好与高校思想政治理论课中其他几门课程的关系，要通过集体备课的形式，对教育教学内容作适当分工，防止出现教学内容的重复或遗漏。"② 根据秦宣教授的建议，本文试图对《毛泽东思想和中国特色社会主义理论体系概论》课教材主线向教学主线转化作一初步探索。

一、《毛泽东思想和中国特色社会主义理论体系概论》课教材主线内容及含义

（一）《毛泽东思想和中国特色社会主义理论体系概论》课教材主线内容

2007 年新版《毛泽东思想和中国特色社会主义理论体系概论》教材是由原来的《毛泽东思想概论》和《邓小平理论和"三个代表"重要思想》两门课程整合而来。到 2021 年为止，经过多次改版，共有 2007 年版、2013 年版、2015 年版、2018 年版、2021 年版五个版本教材，几个版本教材具体内容每次都有调整，但其课程开设目标不曾改变，即开设本课程的目的，是为了使我们的大学生更加精准掌握马克思主义中国化历史进程形成的中国化马克思主义理论成果，并要求学生在学习本课程中，尤其要掌握体现在中国化马克思主义理论成果中的马克思主义的立场、观点和方法的运用。其中 2018 年版和 2021 年版《毛泽东思想和中国特色社会主义理论体系概论》课教材都明确提出："本教材以马克思主义中国化为主线，集中阐述马克思主义中国化理论成果的形成过程、主要内容、精神实质、历史地位和指导意义，充分反映中国共产党不断推进马克思主义基本原理同中国具体实际相结合、同中华优秀传统文化相结合的历史进程和基本经验。"③ 由此可见，《毛泽东思想和中国特色社会主义理论体系概论》课教材具体内容随着时代的变化

---

① 秦宣：《〈毛泽东思想和中国特色社会主义理论体系概论（2021 年版）〉修订说明和教学建议》，《思想理论教育导刊》，2021 年第 9 期。
② 秦宣：《〈毛泽东思想和中国特色社会主义理论体系概论（2021 年版）〉修订说明和教学建议》，《思想理论教育导刊》，2021 年第 9 期。
③ 《毛泽东思想和中国特色社会主义理论体系概论》编写组：《毛泽东思想和中国特色社会主义理论体系概论》，高等教育出版社 2021 年版，第 6 页。

而与时俱进，但编写教材体系的主线一以贯之，就是马克思主义中国化。

（二）《毛泽东思想和中国特色社会主义理论体系概论》课教材主线的含义

关于"马克思主义中国化"这一教材主线的含义，各版本教材都有明确解释，且解释都保持一致，即所谓马克思主义中国化就是指把马克思主义基本原理与中国社会实践相结合、同中华优秀传统文化相结合，具体体现为三个层面的含义：一是把马克思主义基本原理运用于指导中国的社会实践，即运用马克思主义的立场、观点、方法研究和解决中国革命、建设、改革中的实际问题；二是总结、提炼中国革命、建设、改革的实践经验，发现、掌握中国革命、建设、改革的客观规律，从而发展、完善马克思主义的理论宝库；三是在上述过程中将马克思主义与中华优秀传统文化相融合，即运用中国人民喜闻乐见的民族语言来阐述马克思主义，使之具有中国特色、中国风格、中国气派。

二、《毛泽东思想和中国特色社会主义理论体系概论》课教材主线到教学主线的构建

如何将教材体系转化为教学体系，是教师教学工作的第一步骤，而将教材主线转化为教学主线则是将教材体系转化为教学体系的关键所在，是保证教学内容整体性进而实现其教学目标的必然要求。笔者认为，在《毛泽东思想和中国特色社会主义理论体系概论》课教学设计中，教学主线可以而且应该围绕"马克思主义中国化"这一教材主线的三个层面的含义来构建。在教学工作中，笔者结合该课程教学目标，将马克思主义中国化这一教材主线三个层面的含义构建了两条教学逻辑线索，一是历史逻辑线索，二是问题逻辑线索，用这两条逻辑线索来展现马克思主义中国化历史进程中国各理论成果的相互关系，即既一脉相承又与时俱进的关系。两条逻辑线索中以问题逻辑线索为主线，侧重讲解中国共产党自建立以来如何运用马克思主义立场、观点和方法解决中国革命、建设、改革中的问题。

（一）《毛泽东思想和中国特色社会主义理论体系概论》课教学中的历史逻辑线索

2021 年版《毛泽东思想和中国特色社会主义理论体系概论》课教材内容分两大理论体系，三个组成部分，五个理论内容，这样的内容设计，很容易使学生觉得内容庞杂，甚至会产生这完全是一种政治宣传需要而安排的课程，非知识性学习，从而使学生一开始就失去了学习的兴趣。因此上好开学第一课，让学生明白该课程教学中教师的教学逻辑线索是非常重要的。

笔者认为，构建《毛泽东思想和中国特色社会主义理论体系概论》课教学中的历史逻辑线索是展现各理论之间的关系体现理论的整体性有效方式。在本课程内容结构介绍中，需要明确告诉学生，该课程两大理论体系、三个组成部分、五大理论的历史逻辑关系，即它们是马克思主义中国化历史过程中形成的中国化的马克思主义，这一过程即历史逻辑，也就是近代以来，特别是新民主主义革命以来的历史过程，其间经历了新民主主义革命时期、社会主义改造和建设时期、改革开放时期，其中改革开放过程又经历了 1978 年十一届三中全会到 20 世纪 80 年代末 90 年代初、80 年代末 90 年代初到 21 世纪之初、21 世纪初到十八大和十八大以来的四个时期。以这样的时间线索把教材内容串联起来，既能增强学生对党百年来带领人民致力于中华民族伟大复兴历史伟业的认知，也能通过这样的历史阶段来强化学生对一代又一代中国共产党人接力践行着党的初心使命，而今天，接力棒即将交付到他们的手上，以培养学生的使命感和责任心。

构建、遵循历史逻辑线索是为了展现各理论之间的关系体现理论的连续性和整体性，在《毛泽东思想和中国特色社会主义理论体系概论》课教学中不需要花过多的时间过细致地去讲解。在高校思想政治理论课中，《毛泽东思想和中国特色社会主义理论体系概论》与《史纲》、《马克思主义基本原理》密切关联，《中国近现代史纲要》侧重历史，《马克思主义基本原理》侧重理论，《毛泽东思想和中国特色社会主义理论体系概论》则是需要史论结合。因此，笔者认为，对于历史进程的讲解只需在导论中对以上内容结构作总体介绍之外，在后面具体学习讲解每一部分、理论、章节中首先让学生明白今天所学内容是处于哪一个时期哪一阶段，与前一时期阶段有什么关系，保持整个教学过程中理论的前后关联，教学中点到即可，从而避免与《中国近现代史纲要》《马克思主义基本原理》教材内容的简单重复，最终教学过程完成时，使得学生可以对理论有完整的理解。

（二）《毛泽东思想和中国特色社会主义理论体系概论》课教学中的问题逻辑线索

实现史论结合是讲好《毛泽东思想和中国特色社会主义理论体系概论》课的关键，对《毛泽东思想和中国特色社会主义理论体系概论》课任课教师自身理论素养和分析能力提出了较高的要求。笔者认为，《毛泽东思想和中国特色社会主义理论体系概论》课教学中以问题逻辑线索为教学主线是实现思政课教学中"八个相统一"要求的有效手段。《毛泽东思想和中国特色社会主义理论体系概论》课教学的总体教学目标是通过对马克思主义中国化的历史进程及其理论成果的学习，引导学生对中国走社会主义道路的政治认同，坚定"四个自信"，引导学生学习运用马克思主义的立场观点方法去分析，解决中国在革命、建设、改革中的实际问题，培养中国特色社会主义的建设者和接班人。在教师教学中，构建教学主线，以实现马克思主义基本原理与中国革命、建设和改革的历史实践相结合形成中国化马克思主义理论成果的内在逻辑合理性，体现教学内容的学理性和知识性，阐明理论的科学性，是增强理论说服力的重中之重，而问题逻辑能较好实现这一教学目标。

所谓问题逻辑线索，就是通过发现并提出问题、分析问题、解决问题三步骤来对教学内容进行整合，使教学内容通过一定的教学手段在这一过程中自然地呈现在学生面前，使学生对所学理论产生原来如此、理应如此的感受，从而实现价值认同道路认同的教学目标。问题逻辑是《毛泽东思想和中国特色社会主义理论体系概论》课的内在逻辑，因为《毛泽东思想和中国特色社会主义理论体系概论》课本身就强调运用马克思主义的立场、观点、方法去分析解决中国革命、建设、改革中的现实问题，整个理论形成和发展的过程就体现了中国共产党领导中国人民如何运用马克思主义的立场、观点和方法去发现、分析和解决实现国家独立、富强，民族复兴，人民幸福目标过程中遇到的一个又一个现实的问题。因此，笔者认为《毛泽东思想和中国特色社会主义理论体系概论》课教学中应以问题逻辑线索为教学主线。

三、《毛泽东思想和中国特色社会主义理论体系概论》课教学主线在教学实践中的运用

作为高校思想政治理论课，笔者认为《毛泽东思想和中国特色社会主义理论体系概论》课教材内容设计在教学中有三大教学目标，第一个也是第一层面的目标是学习、掌握马克思主义中国化的历史进程及其理论成果的内容，这一目标通过教材内容本身呈现出来；第二个也是第二层面的目标是通过对教学内容合逻辑合理性分析体现理论的科学性，增强理论说服力，实现价值认同或者政治认同；第三个即第三层面的目标是在分析中强调马克思主义立场、观点和方法的运用，目标在于提升学生自觉运用马克思主义立场、观点、方法去分析、解决问题的能力。笔者将以《毛泽东思想和中国特色社会主义理论体系概论》课教材第三章"社会主义改造理论"为例，围绕三大教学目标以问题逻辑线索为教学主线对教学内容进行整合作一些尝试。

问题逻辑遵循提出问题—分析问题—解决问题的逻辑，将教材内容以问题逻辑线索转化为教学内容，将具体内容融于提出问题—分析问题—解决问题的过程中，从而使教学内容很自然地呈现给学生，或者引导学生在发现问题、分析问题中得出结论。问题逻辑线索的设计关键在于问题设计。本文中，笔者在这里就问题设计作一初步探讨。

问题的提出方式可以由老师直接提出，也可以通过分析本章节内容所处的历史阶段背景做分析中引导学生推导出来，无论哪种方式提出来，都需要教师根据教学内容和教学目标精心设计，具有导向性和针对性，同样针对不同教学内容，问题的多少也是视情况而定的，按类型来分一般包括导入问题、针对本章重难点的重难点问题、在社会上有不同认识的疑惑性问题、具有现实意义的扩展性问题，当然，并非每一章内容都要设计这些问题，具体看教学内容、教学目标的需要而定。

笔者以《毛泽东思想和中国特色社会主义理论体系概论》课教材中"第三章社会主义改造"为例，浅谈笔者以问题逻辑为主线的教学实践探索。笔者设计一个导入性问题：新民主主义革命胜利后，我们面临的任务是什么？一个重难点问题：为何我国选择在工业化起步阶段同时进行社会主义改造？一个存在较大疑惑性的问题：联系改革开放后的政策，你如何看待社会主义改造和改革的关系？一

个联系现实具有现实意义的问题：联系改革开放后我国基本经济制度特别是农村土地制度谈谈社会主义农业改造的现实意义？

笔者在这里只是提出一种设计问题的思路，并非在本章中问题就固定为这几个问题，问题的表达方式也会根据所教班级学生专业不同有所区别。那么，笔者基于什么思路而设计问题呢？本文中，笔者就以上几类问题谈谈自己的思路。

设计第一类问题的目的是让学生明白，党领导人民所进行的事业在不同时期、不同阶段面临不同的任务问题。就《毛泽东思想和中国特色社会主义理论体系概论》课教材 2021 年版第三章而言，设计这一问题是为了导出新中国成立后党领导人民建设国家在当时面临的任务是实现我国的工业化，这是在新民主主义革命时期就确定的任务，也在党内形成共识的问题，这是这一时期的主要任务，紧紧抓住这个主要任务，是回答后面一系列问题的关键所在。

设计第二类问题的依据是党为何改变了当初先工业化后社会主义改造的设想，而且这一做法似乎也不符合马克思主义关于生产力决定生产关系的基本原理？该如何认识社会主义改造的现实必要性？这些问题包括党的决策依据是具体理论还是实践需要这一认识论问题，对这些问题的分析主要围绕我们在前一问题中提出的这一阶段的主要任务——工业化展开。这些问题是本章的重难点，笔者会在这些问题上重点分析讲解，在讲解中将围绕主要问题设计系列问题链，比如，如何实现工业化？工业生产和农业生产有何不同？工业化需要什么条件？世界各主要国家都走了哪些工业化之路？我国为何选择重工业优先的战略？这一战略的确定对提出实施社会主义改造有什么关系？我们又该如何理解我国通过社会主义改造即变革生产关系来改进生产力与马克思主义关于先有生产力的进步，后有生产关系变革这一人类社会发展的基本规律之间的矛盾？问题的分析将紧紧围绕工业化的任务与现实经济条件进行，使学生最终明白我国在工业化起步的同时进行社会主义改造，是有现实必要性的。

设计第三类问题是为了旗帜鲜明地反对历史虚无主义，在近代以来，党领导人民进行的革命、建设、改革的各项方针政策中，不乏有人对一些方针政策提出质疑、反对的思想言论。《毛泽东思想和中国特色社会主义理论体系概论》课需要对此思想言论进行正面回应，向学生澄清事实，使学生对这些问题有更为客观理性清楚的认识。就第三章内容而言，社会上存在的用社会主义改革的政策成功否定社会主义改造的思想言论，针对这类思想言论，本章设计这个问题，同样通过工业化这一主要任务在不同时期面临的条件不同，所以解决问题的方式手段就不同，同时也要阐明同样的方针政策在不同的国内外条件下实施的效果也会不同，通过资料作对比分析，要使学生明白社会主义改造为我国工业化奠定了基础，这一工业基础的奠定为后来中苏关系恶化后我们依然能坚持走独立自主发展道路提供了物质基础，也为改革开放后实行的政策取得成功奠定了基础，没有"改造"的成就就没有"改革"的成功，通过这个问题的分析肯定社会主义改造决策合理性、正确性。

设计第四类问题为了联系现实，《毛泽东思想和中国特色社会主义理论体系概论》课是一门现实针对性极强的思想政治理论课，教材内容处处体现出其现实意义。在"社会主义改造理论"中，社会主义农业改造的初衷、方式，土地制度的确立，等等都对今天我国经济社会发展，特别是"三农"问题的解决提供思考。由于教学时间有限，笔者在教学中会因所授班级专业不同而设问、讨论、分析，从而引导学生关注现实，对现实问题作历史的理论的深度思考，以培养学生运用马克思主义立场、观点、方法来分析现实问题的能力。

总之，《毛泽东思想和中国特色社会主义理论体系概论》课是坚定"四个自信"的重要课程，如何上好《毛泽东思想和中国特色社会主义理论体系概论》课，是需要《毛泽东思想和中国特色社会主义理论体系概论》课教师长期不懈探索的课题。

党的十九届六中全会精神融入"毛泽东思想和中国特色社会主义理论体系概论"教学探讨

岳红玲

（贵州师范大学马克思主义学院，贵州 贵阳 550001）

摘　要： 深入贯彻落实党的十九届六中全会精神是高校马克思主义学院教师的一项重要政治任务。"毛泽东思想和中国特色社会主义理论体系概论"课是高校开设的思想政治理论课的核心课程，是宣传党的主流意识形态的重要课程，要始终与党的最新理论成果同步伐。结合"毛泽东思想和中国特色社会主义理论体系概论"课2021年版教材和这门课程的特点，文章从内容选择、方法和路径三个方面就党的十九届六中全会精神全面融入"毛泽东思想和中国特色社会主义理论体系概论"课教学进行分析。

关键词： 党的十九届六中全会精神；"毛泽东思想和中国特色社会主义理论体系概论"课；融入思考

深入贯彻落实党的十九届六中全会精神是高校马克思主义学院教师的一项重要政治任务，是贯彻落实立德树人目标的需要，是培养拥护党的领导和我国社会主义制度、"立志为中国特色社会主义事业奋斗终身的有用人才"[①] 的需要。"毛泽东思想和中国特色社会主义理论体系概论"课（以下简称"概论"课）是高校开设的思想政治理论课的核心课程，是宣传党的主流意识形态的重要课程，要始终与党的最新理论成果同步伐。文章从内容选择、方法和路径三个方面就党的十九届

[①]　习近平：《思政课是落实立德树人根本任务的关键课程》，《求是》，2020年第17期。

六中全会精神全面融入"概论"课教学进行分析。

一、党的十九届六中全会精神融入"概论"课的内容选择

党的十九届六中全会精神为"概论"课提供了丰富的精神滋养，为上好"概论"课提供了最新的理论指导。全会通过的《中共中央关于党的百年奋斗重大成就和历史经验的决议》（以下简称《决议》）重点总结了党团结带领人民一百年来通过持续不断艰苦奋斗取得的彪炳史册的重大成就和丰富宝贵的历史经验，是"中国共产党人牢记初心使命、坚持和发展中国特色社会主义的政治宣言"①，是实现中国梦的行动指南。把《决议》的主要内容融入"概论"课教学，需要结合"概论"课 2021 年版和这门课程的特点，明确具体融入的内容。

（一）讲清楚党是什么、要干什么这个根本问题

这个内容要融入"概论"课的第九章第一节"实现中华民族伟大复兴的中国梦"和第十四章"坚持和加强党的领导"教学之中。要从理论和实践两个层面深刻理解这个根本问题。这个根本问题关系着党的前途命运，"是理解党的百年奋斗成就与历史经验的根本问题"②，是党在新时代创造更大辉煌成就的现实需要。中国共产党是"心中装着百姓，手中握有真理，脚踏人间正道"③的党，是全心全意为人民服务的党，是坚持以马克思主义为指导的党，是不忘初心、牢记使命的党；是要为中国人民谋幸福、为中华民族谋复兴、为世界谋大同的党。深刻理解这个根本问题有助于深入理解"概论"课第十四章第一节第一目"中国共产党的领导地位是历史和人民的选择"的内涵。

（二）讲清楚"两个确立"的伟大意义

这个内容要融入"概论"课的导论、第八章"习近平新时代中国特色社会主

① 中共中央关于党的百年奋斗重大成就和历史经验的决议编写组：《中共中央关于党的百年奋斗重大成就和历史经验的决议》，人民出版社 2021 年版，第 84 页。
② 毛宽海、李洁超：《深刻认识根本问题：中国共产党是什么、要干什么——学习贯彻党的十九届六中全会精神》，《兵团学校学报》，2021 年第 1 期。
③ 习近平：《在二〇二二年春节团拜会上的讲话》，《人民日报》，2022-01-31（1）。

义思想及其历史地位"、第十一章第四节"全面从严治党"、第十四章"坚持和加强党的领导"教学之中。要深刻阐明"两个确立"关系到新时代党的领导核心、党的指导思想，关系到中华民族复兴战略全局，要从"建设什么样的长期执政的马克思主义政党、怎样建设长期执政的马克思主义政党"① 这一重大现实问题出发把握②，全面认识其所具有的决定性意义。"两个确立"是保障党的全面领导和贯彻落实全面从严治党的有效方法和路径，是建设现代化强国的思想指引，是应对重大风险考验的必然要求，是贯彻落实民主集中制的体现。要引导大学生明白"两个确立"是新时代我国事业继续取得成功的政治保证，不断增强"四个意识"，坚定"四个自信"，做到"两个维护"。

（三）讲清楚马克思主义中国化新的飞跃

这个内容是《决议》首次概括，为"概论"课提供了清晰的马克思主义中国化理论与实践发展的逻辑框架。这个内容融入"概论"课的导论、结束语以及整本书的教学中。党的百年奋斗历史进程是党持续推进马克思主义与时俱进的过程，是党不断推进"以马化中"和"以中化马"的过程。马克思主义中国化新的飞跃是党在解决国家和人民站起来、富起来、强起来伟大实践问题过程中应运而生的理论创新，具有鲜明的问题导向。伟大实践产生伟大理论，伟大理论引领伟大实践。毛泽东思想引领中国人民站起来，是马克思主义化的第一次历史性飞跃；"中国特色社会主义理论体系引领国家和人民真正富起来"③，"实现了马克思主义中国化新的飞跃"④；习近平新时代中国特色社会主义思想有力地促进了国家和人民迈向强起来的新征程，"实现了马克思主义中国化新的飞跃"⑤。要引导大学生用问题意识认识马克思主义中国化的飞跃，理解飞跃之间的逻辑主线和继承关系，培养大学生

---

① 中共中央关于党的百年奋斗重大成就和历史经验的决议编写组：《中共中央关于党的百年奋斗重大成就和历史经验的决议》，人民出版社 2021 年版，第 26 页。

② 陈培永：《"两个确立"与建设长期执政的马克思主义政党的时代课题》，《思想理论教育导刊》，2021 年第 12 期。

③ 章忠民、郭玉琦：《百年进程中马克思主义中国化三次飞跃的逻辑与意蕴》，《思想理论教育》，2022 年第 2 期。

④ 中共中央关于党的百年奋斗重大成就和历史经验的决议编写组：《中共中央关于党的百年奋斗重大成就和历史经验的决议》，人民出版社 2021 年版，第 18 页。

⑤ 中共中央关于党的百年奋斗重大成就和历史经验的决议编写组：《中共中央关于党的百年奋斗重大成就和历史经验的决议》，人民出版社 2021 年版，第 18 页。

用大历史观深入了解马克思主义中国化理论成果，不断增强对党的最新指导思想的认同感，坚定"四个自信"。

（四）讲清楚"四个伟大成就"、"五大历史意义"和"十条宝贵经验"

《决议》把党的百年历史分为四个历史时期，四个历史时期分别解决不同的主要任务，并产生了"四个伟大成就"、社会实践上的四次"伟大飞跃"。这些内容要融入"概论"课导论、结语、第一章到第七章、第八章到第十四章的教学内容中。引导大学生在深刻认识党百年取得的伟大历史成就和历史经验的基础上全面认识党百年奋斗的"五大历史意义"和"十条历史经验"，教育大学生把握百年党史中的主题主线、主流本质，从党史中汲取经验智慧。"十条历史经验"中的第一条是坚持党的领导，结合"概论"课关于党的建设和党的领导的相关内容，引导大学生明白坚持党的领导是党和国家事业取得成功的根本保证。第二条是坚持人民至上，结合"概论"课中的"全心全心为人民服务""始终代表中国最广大人民的根本利益"①"以人为本""以人民为中心的发展思想""共同富裕"等内容，引导大学生明白坚持人民至上是党的事业走向成功的力量源泉。第三条到第九条是党能够始终把握历史主动、取得事业成功的密码，结合"概论"课中的独立自主、统一战线、中国特色社会主义道路、构建人类命运共同体等内容，引导大学生理解坚持理论创新和实践创新的重要性，理解干事业必须依靠自己的力量而不能依靠别国的力量，不能照搬别国的模式；理解中国的革命道路、建设道路和改革道路是党领导人民从中国国情出发探索出来的适合中国实际的正确道路，要无比珍惜并坚定道路自信；理解共产党人天下为公的理想追求，不断践行人类命运共同体思想，始终坚持胸怀天下；理解百年来党从弱小到强大从来敢于斗争敢于胜利；理解坚持团结大多数人的重要性。第十条是坚持党的自我革命，结合"概论"课的全面从严治党内容，理解这是党永葆先进性、始终走在时代前列的根本途径。"概论"课中的理论处处体现了马克思主义世界观、方法论的指导作用，要引导大学生在学习理论中感悟真理的力量，学会用马克思主义的世界观、方法论观察世界、处理问题，自觉抵制自由主义、无政府主义等错误思潮，坚定理想信念，立

---

① 毛泽东思想和中国特色社会主义理论体系概论编写组：《毛泽东思想和中国特色社会主义理论体系概论》，高等教育出版社 2021 年版，第 143 页。

志做社会主义建设的优秀接班人。

（五）讲清楚有关习近平新时代中国特色社会主义思想的最新论述

这部分内容融入"概论"课第八章"习近平新时代中国特色社会主义思想及其历史地位"到第十四章"坚持和加强党的领导"以及结束语"坚定'四个自信'，担当民族复兴大任"的教学中。一是"三个基本问题"。关于习近平新时代中国特色社会主义思想系统回答了哪些时代问题，"概论"课教材内容表述即系统回答了"新时代坚持和发展什么样的中国特色社会主义、怎样坚持和发展中国特色社会主义"[①] 这一基本问题。根据《决议》的内容，习近平新时代中国特色社会主义思想还回答了另外两个基本问题，即"建设什么样的社会主义现代化强国，怎样建设社会主义现代化强国，建设什么样的长期执政的马克思主义政党、怎样建设长期执政的马克思主义政党等重大时代课题"[②]，因此回答了三个基本问题。二是"十个明确"。《决议》将"习近平新时代中国特色社会主义思想核心内容"[③] 概括为"十个明确"，现"概论"课教材概括为"八个明确"。两者比对可以看出：《决议》中将原来的第八条"明确"即坚持党的领导提至第一条并增添新内容；增加第七条"明确"即习近平的经济思想和第十条"明确"即全面从严治党重要思想，并对原有其他"明确"进行相应调整并补充新内容。[④] 三是十三个方面的成就。《决议》中全面总结的新时代党和国家事业在十三个方面取得的历史性成就和历史性变革是在习近平新时代中国特色社会主义思想指引下取得的，引导大学生拥护"两个确立"，做到"两个维护"，在实现第二个百年目标新征程上建功立业。在强党上，全面从严治党取得卓越成绩，"管党治党宽松软状况得到根本扭转，反腐败

---

① 毛泽东思想和中国特色社会主义理论体系概论编写组：《毛泽东思想和中国特色社会主义理论体系概论》，高等教育出版社 2021 年版，第 196 页。

② 中共中央关于党的百年奋斗重大成就和历史经验的决议编写组：《中共中央关于党的百年奋斗重大成就和历史经验的决议》，人民出版社 2021 年版，第 26 页。

③ 韩宪洲：《深入学习贯彻党的十九届六中全会精神　扎根"京华大地"为党育人、为国育才》，《北京教育（德育）》，2021 年第 12 期。

④ 张艳波：《浅谈把党的十九届六中全会精神融入高职院校〈概论〉课教学》，《辽宁师专学报（社会科学版）》，2022 年第 1 期。

斗争取得压倒性胜利并全面巩固，党在革命性锻造中更加坚强"①。在强国上，我国如期实现全面建成小康社会目标，这是党带领全国人民同心协力付出巨大艰辛努力后实现的伟大成就。这个伟大成就足以载入中华民族史册，也是足以载入人类文明史册的大事件、大变革。我国抗击新冠疫情取得战略性成果，"在全球率先控制住疫情、率先复工复产、率先恢复经济社会发展"②。美丽中国建设取得非凡成就，"我国生态环境保护发生历史性、转折性、全局性变化"③。在强军上，"人民军队实现整体性革命性重塑、重整行装再出发"④；在强外交上，我国外交事业取得历史性成就，"我国国际影响力、感召力、塑造力显著提升"⑤；等等。这13个领域的变革性实践和历史性成就融入"概论"课的"五位一体"总体布局、"四个全面"战略布局，特别是要融入习近平强军思想、坚持"一国两制"、习近平外交思想、坚持和加强党的领导等内容之中。

二、党的十九届六中全会精神融入"概论"课的方法

（一）坚持"古今中外法"

"古今中外法"是研究党史的方法，也同样适用于将《决议》融入"概论"课。毛泽东曾在《如何研究中共党史》中提出，古今中外法"就是弄清楚所研究的问题发生的一定的时间和一定的空间，把问题当作一定历史条件下的历史过程去研究。所谓'古今'就是历史的发展，所谓'中外'就是中国和外国，就是己方和彼方"⑥。古今中外法也就是要站在一定的时间和空间来分析和认识党史。"概

---

①　中国共产党第十九届中央委员会第六次全体会议公报编写组：《中国共产党第十九届中央委员会第六次全体会议公报》，人民出版社2021年版，第11—12页。

②　中共中央关于党的百年奋斗重大成就和历史经验的决议编写组：《中共中央关于党的百年奋斗重大成就和历史经验的决议》，人民出版社2021年版，第48页。

③　中共中央关于党的百年奋斗重大成就和历史经验的决议编写组：《中共中央关于党的百年奋斗重大成就和历史经验的决议》，人民出版社2021年版，第52页。

④　中共中央关于党的百年奋斗重大成就和历史经验的决议编写组：《中共中央关于党的百年奋斗重大成就和历史经验的决议》，人民出版社2021年版，第55页。

⑤　中共中央关于党的百年奋斗重大成就和历史经验的决议编写组：《中共中央关于党的百年奋斗重大成就和历史经验的决议》，人民出版社2021年版，第61页。

⑥　中共中央文献研究室：《毛泽东　周恩来　刘少奇　朱德　邓小平　陈云思想方法工作方法文选》，中央文献出版社1990年版，第214页。

论"课教师可以用古今中外法将百年党史融入"概论"课。古今法就是"概论"课教师结合教学内容准确把握历史的主流本质、历史主题和主线，准确把握历史事件发生的由来和发展的过程。史论不分家。"概论"课的主要理论源于党的历史，史论结合才能给学生以丰富的感受和体验，让"概论"课有深度、有温度，引导学生在历史中明辨是非、增信崇德。中外法就是"概论"课教师通过中国和外国的比较，以开阔的视野和翔实的事实，引导学生深刻认识中国特色社会主义制度的优势，增强学生"四个自信"。在全球国家应对新冠疫情的比较中，中国坚持人民至上、生命至上，在党的坚强领导下全国形成一盘棋，人人都是抗疫英雄，最大限度保护了人民的生命安全。引导学生从这些中外对比中感受到坚持党的全面领导的重要性，感受到我国制度的优越性，感受到党高超的治理能力，感受到人类命运共同体理念的深刻性和必要性，坚定学生的道路自信，增强他们听党话、感党恩、跟党走的坚定信心。

（二）坚持全面性和重点性相统一

"概论"课教师在融入《决议》内容时既要全面掌握又要抓住重点。要全面把握一百年来党领导人民创造的"四个伟大成就""四个历史时期的伟大飞跃""党的百年奋斗的五大历史意义""百年奋斗的十条历史经验"等内容，同时要重点突出、重点理解《决议》的第四个部分即"开创中国特色社会主义新时代"中总结党的十八大以来取得的"原创性思想、变革性实践、突破性进展、标志性成果"[1]。如深刻理解"习近平新时代中国特色社会主义思想……是中华文化和中国精神的时代精华，实现了马克思主义中国化新的飞跃"[2]；深刻理解"两个确立""对新时代党和国家事业发展、对推进中华民族伟大复兴历史进程具有决定性意义"[3]；深刻理解"伟大的历史主动精神"等。"概论"课教师有重点地讲解，引导学生全面理解党在新时代指导思想的博大精深和丰富内涵，以坚定其理论自信，促使其以实际行动建功新时代。

---

① 谢敏振：《一篇马克思主义的纲领性文献——解读党的十九届六中全会〈决议〉重大里程碑意义》，《求贤》，2021年第12期。
② 中共中央关于党的百年奋斗重大成就和历史经验的决议编写组：《中共中央关于党的百年奋斗重大成就和历史经验的决议》，人民出版社2021年版，第48页。
③ 中共中央关于党的百年奋斗重大成就和历史经验的决议编写组：《中共中央关于党的百年奋斗重大成就和历史经验的决议》，人民出版社2021年版，第48—49页。

（三）运用多种教学方法

运用多种教学方法，提高学生参与课堂的积极性。运用讨论式教学方法。围绕《决议》精神，针对当前社会上、网络上的热点难点问题以及学生关注的问题设计讨论题目，"概论"课教师要参与讨论，引导始终，加以分析。运用专题教学法。"概论"课教师以教材基本精神为依据，设置以问题意识为导向的专题，围绕专题不断创新教学内容，实现从教材体系到教学体系的转化，从教学体系到信仰体系的转变。如设置坚持人民至上的专题，组织不同历史时期党全心全意为人民服务的经典案例，让学生真切感受百年来党的人民情怀，明白"人民是党执政兴国的最大底气"[①]。设置理解改革开放前后两个历史时期关系的专题，引导学生正确认识改革开放前后两个历史时期的关系。还可利用启发性问题链教学以及视频直观演示教学等方法，解决学生思想上的疑难问题，实现对大学生思想的正确引导。

三、党的十九届六中全会精神融入"概论"课的路径

（一）"概论"课教师对党的十九届六中全会精神的深入学习研究

要实现全面深入地将党的十九届六中全会精神融入"概论"课，教师首先要系统学习并熟悉党的十九届六中全会精神。要主动研究学习党的十九届六中全会审议通过的《决议》内容，并结合习近平总书记"七一"重要讲话、关于深入开展党史教育的重要论述等展开研究，还要学习报纸、网络等社会主流媒体刊发的关于党的十九届六中全会精神解读的相关理论文章，通过多种途径深入学习领会全会精神。其次，教师要积极参加国家、省、市、学校组织的各种层次的宣讲会，贯彻党的十九届六中全会精神网络培训班等，聆听各级领导和专家学者的精彩解读，还要参加国家、省、市、高校等举办的党的十九届六中全会精神座谈会、集体备课会等，提高科研水平，加深理论理解。

（二）充分发挥课堂主阵地、主渠道的作用

党的百年历史波澜壮阔、精彩壮美，蕴含着党的执政规律、中国特色社会主

---

① 中国共产党第十九届中央委员会第六次全体会议文件汇编编写组：《中国共产党第十九届中央委员会第六次全体会议文件汇编》，人民出版社 2021 年版，第 95 页。

义发展规律、人类历史发展规律，为实现党第二个百年奋斗目标提供许多滋养，为应对来自国内国外以及党内党外的风险挑战提供智慧启迪。教师要充分发挥主动性、积极性和创造性，深入学习"四史"尤其是党的历史，整合《决议》内容，充分利用课堂，将全会精神全面融入"概论"课的各个章节中，引导学生在百年党史中认清世情、国情、党情，认清新时代发展的趋势和世界未来的发展趋势，坚定大学生立足中国大地奉献新时代的宏伟志向。在史论结合中展开对错误思潮的理性分析，引导学生在批判中明辨是非。课后布置相关历史思考题，引导学生课后有选择地阅读党史中的经典篇章，加深学生对党百年来积累宝贵历史经验的思考和理解，珍惜、坚持并不断丰富发展这些历史经验。如把《决议》中的第一部分"夺取新民主主义革命伟大胜利"融入"概论"课第二章内容"新民主主义理论的意义"，解读《决议》中建立中华人民共和国"实现了中国从几千年封建专制政治向人民民主的伟大飞跃"[①]的深刻内涵。将《决议》中第二部分"完成社会主义革命和推进社会主义建设"[②]的相关内容融入"概论"课第三、四章。"概论"课的第三、四章在时间上与《决议》中第二次伟大飞跃即"从新中国成立到改革开放前夕……实现了一穷二白、人口众多的东方大国大步迈进社会主义社会的伟大飞跃"[③]相契合。

（三）发挥实践教学的作用

把党的十九届六中全会精神融入思政课要坚持理论性和实践性相统一，把思政小课堂与社会大课堂相结合。一是开展讲党史故事实践活动。教师要充分利用好课前 10 分钟，根据"概论"课的相关内容在课堂中安排学生分小组讲述党史故事。引导学生通过此项活动增强历史自觉，感受党百年来初心使命始终如一的执着。二是开展社会实践教学。组织学生深入贵州农村、社区实地调研，感受贵州实现全面建成小康社会过程中发生的沧桑巨变，感受贵州迅速发展的交通业（如实现县县通高速，村村通硬化路、村村通客运、组组通硬化路），感受贵州有效提

---

① 中共中央关于党的百年奋斗重大成就和历史经验的决议编写组：《中共中央关于党的百年奋斗重大成就和历史经验的决议》，人民出版社 2021 年版，第 8 页。

② 中共中央关于党的百年奋斗重大成就和历史经验的决议编写组：《中共中央关于党的百年奋斗重大成就和历史经验的决议》，人民出版社 2021 年版，第 9 页。

③ 中共中央关于党的百年奋斗重大成就和历史经验的决议编写组：《中共中央关于党的百年奋斗重大成就和历史经验的决议》，人民出版社 2021 年版，第 14 页。

升的乡风文明，感受贵州持续改善的乡村人居环境等，引导学生深刻领会这些沧桑巨变是在党的坚强领导下、在社会主义制度下，在东西部互助、社会扶贫深度参与下实现的，培育学生听党话、感党恩的情怀，增强建设多彩贵州的责任担当。三是组织学生参观贵州丰富的红色文化，如黎平会址、猴场会址、遵义会址、四渡赤水等革命历史遗迹，亲身感受红军长征过程中不怕艰难困苦、勇于探索的革命事迹，感受红军高超的作战本领，厚植学生的爱国主义情怀，增强对党的认同、对党的历史的认同。

（四）引导学生多渠道学习党的十九届六中全会精神

一是利用学习强国 App 上的"学习宣传贯彻党的十九届六中全会精神专题"上的专家解读、视频等优质资源，引导学生自主学习。二是借助学习通等交流平台，设置关于党的百年重大成就和历史经验的相关讨论题目，引导学生开展交流讨论，坚定大学生的历史自信。三是引导学生利用课余时间观看优秀影视作品，如《辉煌中国》等，直观感受我国在党的十八大以来取得的历史性成就和发生的历史性变革。四是组织学生动手制作三分钟党史数字化视频，发挥大学生较强的网络搜索资源的能力，鼓励大学生充分利用图书馆提供的数字化资源，对党的百年奋斗历史材料进行解读，展现党的百年奋斗历史的整体面貌，以主体化方式阐释党的百年奋斗史。五是开设有影响的学术讲座，组织学生聆听专家学者们对党的十九届六中全会精神深入浅出的讲解，加深学生对党的创新理论的深入理解。

总之，高校承担着为党育才、为国育才的重任。"概论"课作为立德树人的重要课程，必须全面贯彻党的十九届六中全会精神，引导大学生"勿忘昨天的苦难辉煌，无愧今天的使命担当，不负明天的伟大梦想，以史为鉴、开创未来，埋头苦干、勇毅前行"①，努力成长为建设新时代的国家栋梁。

---

① 中共中央关于党的百年奋斗重大成就和历史经验的决议编写组：《中共中央关于党的百年奋斗重大成就和历史经验的决议》，人民出版社 2021 年版，第 90 页。

"思想道德与法治"课加强大学生宪法教育研究

张 亮

（贵州师范大学马克思主义学院，贵州 贵阳 550001）

摘 要： 宪法是我国的根本大法，依法治国首先是依宪治国。无论从宪法在我国法律体系中的地位还是其在依法治国方略中的地位看，宪法在我国政治社会生活中都扮演着极其重要的角色。同时，新时代大学生具备法治素养是法治国家公民应有的素质。因此，具备宪法意识是包括大学生在内的国人应有的法律素质。然而，相对于自古以来就为人熟悉的刑法和与我们生活息息相关的民法，宪法因其至高无上的地位和抽象的规定方式容易使人产生距离感，导致大学生的宪法意识比较淡薄。本文将从原因入手，寻找培养大学生宪法意识的有效渠道。

关键词： 大学生；宪法意识培养

一、大学生宪法意识培养的意义

大学生作为一个拥有较高知识水平的群体，是未来社会的中坚力量，肩负着建设国家、实现中华民族伟大复兴的重任，大学生具备宪法意识是多方面的共同需求。

（一）宪法自身的要求

宪法是国家的根本法，是国家各项制度和法律法规的总依据，规定了国家的根本制度。这一切决定了宪法在我国法律体系中居于最高的位置。所以，宪法的地位决定了它必须得到全体人民的尊重和遵守。《中华人民共和国宪法》第五条第五款规定：任何组织或者个人都不得有超越宪法和法律的特权。习近平总书记在首都各界纪念现行宪法公布施行 30 周年大会上的讲话中指出：宪法的生命在于实施，宪法的权威也在于实施。大学生具备宪法意识无疑有助于宪法的实施。

（二）社会主义法律人民性的要求

我国是社会主义国家，人民是国家的主人。社会主义国家的法律体现了充分的人民性。习近平总书记指出："要把体现人民利益、反映人民愿望、增进人民福祉落实到依法治国全过程，使法律及其实施充分体现人民意志。"[①] 2018 年中央全面依法治国委员会第一次会议上，习近平总书记提出关于全面依法治国的"十一个坚持"，其中包括以下内容：坚持以人民为中心；坚持全面推进科学立法、严格执法、公正司法、全民守法。这些都说明了社会主义法律的人民性。人民性不仅体现在我国的法律是党领导人民制定出来的，也体现在法律反映了全体人民的共同利益。宪法明确规定了"人民当家作主""尊重和保障人权""民主集中制"等反映人民利益的基本原则。人民的利益不能只体现在纸上，更要体现在现实中。代表人民根本利益的宪法也需要实施实现才能体现出最大的人民性。包括大学生在内的国民宪法意识越强，宪法就实施得越好，社会主义法律的人民性就体现得越充分。

（三）依法治国的要求

在首都各界纪念现行宪法公布施行 30 周年大会上的讲话中，习近平总书记强调：依法治国首先是依宪治国，依法执政首先要坚持依宪执政。《中共中央关于全面推进依法治国若干重大问题的决定》指出，我国全面推进依法治国的总目标是建设中国特色社会主义法治体系，提出完善以宪法为核心的中国特色社会主义法律体系，增强全民法治观念，推进法治社会建设。习近平总书记在关于《中共中央关于全面推进依法治国若干重大问题的决定》所做的说明里，又进一步强调法治和宪法的关系：法治权威能不能树立起来，首先要看宪法有没有权威。必须把宣传和树立宪法权威作为全面推进依法治国的重大事项抓紧抓好，切实在宪法实

---

① 《思想道德与法治》编写组：《思想道德与法治（2021 年版）》，高等教育出版社 2021 年版，第 185 页。

施和监督上下功夫。由此可见，宪法对依法治国意义重大。而无论是维护宪法权威还是实施宪法，都离不开宪法意识的养成。

（四）新时代大学生健康成长的需要

党的十九大报告指出，要提高全民族法治素养和道德素质。新时代大学生理应具备较高的法治素养和道德素质。法治素养的高低与法治思维息息相关，因为法治素养是法治思维内化于心的结果。[①]法治思维的基本内容之一是法律至上，法律至上尤其是指宪法至上。因此，要养成法治思维首先要有宪法意识，有了宪法意识才能做到宪法至上，最终形成较高的法治素养。道德素质与宪法意识其实也有深刻的联系。2019年10月颁发的《新时代公民道德建设实施纲要》指出，要"坚持德法兼治，以道德滋养法治精神，以法治体现道德理念"[②]。我国法律体现着浓厚的道德底蕴。比如我国新颁布的《中华人民共和国民法典》第一条即在其立法目的里规定："为了……弘扬社会主义核心价值观，根据宪法，制定本法。"我国宪法同样如此。《中华人民共和国宪法》第十四条第二款规定："国家厉行节约，反对浪费。"第二十四条规定："国家通过普及理想教育、道德教育、文化教育、纪律和法制教育，通过在城乡不同范围的群众中制定和执行各种守则、公约，加强社会主义精神文明的建设。"可见，养成宪法意识，也有助于道德素质的提升。

二、大学生宪法意识薄弱的原因

法治国家的国民需要具备较好的宪法意识，而我国大学生宪法意识薄弱是主客观多方面原因造成的。

（一）对自身在依法治国依宪治国总体布局中的主体地位认识不到位

不论依法治国还是依宪治国，都需要全民参与、充分发挥人民的主动性。大学生由于自身知识能力和经验能力的欠缺，还不能准确认识到自己的主体地位，

---

① 徐慧明：《论西部民族地区大学生法治素养培育》，《西藏大学学报》，2019年第4期。
② 《中共中央、国务院印发〈新时代公民道德建设实施纲要〉》，中国政府网，http://www.gov.cn/zhengce/2019-10/27/content_5445556.htm。

误以为这是国家层面的大事，学生不能发挥什么作用。从笔者这些年在授课过程中所做的调查来看，很多大学生对于依法治国和依宪治国的认识并不到位，几乎不能理解自己作为一个学生能在其中发挥什么作用。虽然都知道我国有全面推进依法治国的部署，但还不清楚自己应该做什么，如何做到遵法用法守法，如何维护宪法权威。对自己和身边发生的法律问题尚不能完全用法治思维去分析解决，只是简单地知道不能违法犯罪，往往以一种被动的服从者的身份参与我国的法治建设。

（二）宪法自身特点导致大学生宪法意识比较薄弱

宪法规定权利义务的方式很抽象，很难像民法、刑法等具体部门法那样直接对公民个体的具体行为产生约束，法院审理案件也不能直接以宪法为依据。以《中华人民共和国宪法》第十二条第一款为例，该款规定：社会主义的公共财产神圣不可侵犯。这一款从语文的角度来讲，意思非常明确，不会有歧义。然而从法律的角度看，却非常抽象。因为此款规定既没有指出社会主义公共财产的范围，亦未明确侵犯公共财产的行为表现。更重要的是，该款也没有规定侵犯社会主义公共财产的后果。这就导致宪法在我国法律体系中效力等级虽然最高，却基本上不具备可诉性。在宪法史上，基本权利最初并非被设计为在司法上具有可诉性。我国宪法自 1954 年创制时起就不具有司法适用性，基本权利也并非设计为可诉的。[1]最高人民法院《人民法院民事裁判文书制作规范》（法〔2016〕221 号）第三部分第（七）项第 4 条规定："裁判文书不得引用宪法……作为裁判依据，但其体现的原则和精神可以在说理部分予以阐述。"所以，宪法不能成为案件判决的直接依据。基于这样的原因，需要维权的时候人们更多想到的是规定了具体权利义务以及制裁措施的具体部门法而不是宪法，难以认识到宪法对国家社会发挥的重大作用。法律经验比较欠缺的大学生更是如此。

（三）大学生缺乏了解宪法相关知识的积极性和主动性

大学生自己也缺乏对宪法基本知识进行了解的主动性和积极性。在笔者授课过程中做的调查中，几乎所有的学生都知道"宪法是我国的根本大法"，却几乎所

---

① 龚向和：《理想与现实：基本权利可诉性程度研究》，《法学论坛》，2009 年第 4 期。

有的学生不能准确说出宪法为什么是根本大法。关于我国宪法发展的历史、宪法在社会生活中发挥的重大作用、依法治国和依宪治国的关系、为什么要维护宪法权威等重要内容很多大学生不清楚。这跟大学生面临考试和就业等的压力存在一定的关系。大学生在这些压力下更关注的是学好专业课、考试过关、各种考级等与毕业找工作直接相关的事情。还有的大学生基于物质的相对贫乏而对各种可以生财的渠道很感兴趣。对他们而言，在大学期间以合法渠道挣钱不仅可以提升自己的生活水平，还可以更多地了解社会、锻炼自己的实践能力。因此，也就没有过多的时间去了解宪法知识、增强宪法意识。

（四）高校"思想道德与法治"课法律部分讲授不够

习近平总书记强调："办好思想政治理论课关键在教师，关键在发挥教师的积极性、主动性、创造性。"[①]"思想道德与法治"毕竟是非法学专业大学生学习法律、养成宪法意识的主要课程，所以该门课的授课质量无疑会在很大程度上影响大学生的宪法意识养成效果。当前该门课的师资队伍也存在一定的问题，据笔者对贵阳多所高校的了解来看，该门课的授课老师多为思政专业、伦理学专业的学科背景，法学专业的老师大概只占30%~40%，一些学校的比例甚至不到20%。法律较强的专业性使得这些老师讲授第六章时心有余而力不足，只能泛泛而谈。相应地，学生对该课程第六章法律知识的了解也就比较有限。

三、大学生宪法意识培养的可行路径分析

基于以上原因，培养大学生宪法意识的方法不能只采用单一的某种形式，需要针对原因做全方位的系统安排。

（一）发挥"思想道德与法治"课程的主体功能

"思想道德与法治"毕竟是高校非法学专业大学生法治学习的主要课程，培养非法学专业大学生的宪法意识还是要以这门课程为核心。教师在对课程第六章进

---

① 习近平：《用新时代中国特色社会主义思想铸魂育人 贯彻党的教育方针落实立德树人根本任务》，《人民日报》，2019-3-19。

行教学时，在实现课程本身的教学目的的同时，还应进一步实现另一个目的，就是让大学生认识到自己在依宪治国中的主体地位。要实现这个目的，要从授课教师和授课内容两方面考虑。首先，授课教师要对我国法治情况与宪法内容有一定了解，否则这个目的难以实现。因此，如果法学专业背景的老师不足，可以考虑用教师间的横向交流来解决这个问题。比如在讲授到宪法相关内容时，由该课程法学专业背景的老师承担全体学生的教学，可以采取网课集中讲授或其他有效形式；或者邀请法学院宪法学授课老师来进行教学。其次，可以考虑在讲解以下四个知识点：第一节"我国社会主义法律运行"、第二节"习近平法治思想"、第三节"宪法基本原则"、第四节"法治思维含义"时，有意识地突出大学生在依宪治国里的主体地位，激发大学生学习宪法的积极性，从而培养提升他们的宪法意识。

（二）适当调整"思想道德与法治"课程教师队伍结构

从第一点可以得知，培养大学生宪法意识绕不开教师队伍的建设。如果一个高校没有法学院，而"思想道德与法治"课教师队伍又完全没有法学专业背景，则该校要培养大学生的宪法意识还是有难度的。所以，从学校层面出发，应设置一个"思想道德与法治"课教师队伍中法学专业背景老师的最低比例。保证一定的比例才能保证相应教学目的的实现。《新时代高等学校思想政治理论课教师队伍建设规定》之所以明确规定高等学校应当根据全日制在校生总数，严格按照师生比不低于 1∶350 的比例，也是考虑到只有合理的教师队伍才能保证一定教学目的的实现。所以，学校主管部门可在调研论证基础上设置一个该课程法学专业背景老师比例的最低限度。这样，前述第一点的目标才能实现得更好。

（三）多形式宣传宪法

虽然"思想道德与法治"是大学生法治学习的主要课程，但如果只有这一种渠道，效果是有限的。因为课程里专门讲授宪法的内容毕竟只占一节，只有两学时。所以，除了课程以外还需要补充其他形式。第一，可以充分利用每年的宪法日（12 月 4 日）这个特别时间。在这一天或前后一段时间，学校或学校联合法学院进行宪法宣传，组织一些诸如宪法内容有奖竞猜、宪法或法治内容的演讲等小活动；或张贴宪法小故事海报、典型宪法案例海报等。丰富多彩的形式加上精彩的内容，对大学生将会产生不小的吸引力，也是课堂的有益补充。如果让法学院的学生作为组织者参与进来，既能更准确地抓住大学生的心理，又能让大学生有亲近感，效果会大大提升。第二，学校相关部门联系法官进课堂，举办诸如"法官讲宪法"等活动。大学生对法官的敬意加上求知欲，宪法宣传的效果一定不会差。第三，可以将宪法内容穿插到与学生相关的各项活动或制度中去。宪法是我国的根本法，对我国政治社会生活各方面都有影响。所以，这种穿插不会生硬。比如以小品的形式插入迎新晚会中，或者将宪法里的某项权利义务插入学校班级的规章制度里。总之，形式越多，越贴近大学生生活，大学生对宪法就会熟悉得越快，从而在潜移默化中养成宪法意识。

（四）将宪法知识纳入大学生考核

对大多数人来讲，有压力才有动力。要充分调动大学生学习宪法的热情，除了要在讲授宣传宪法的内容和形式上下功夫之外，还可以适当给他们一定的压力。因此，可以将大学生宪法知识纳入对大学生的总体考核中，具体形式可以多样。比如，在"思想道德与法治"课期末考试中设置一个专门的版块，宪法知识有一定占比，计入总分。或者将宪法知识置入学生的操行考核中，低于一定水平将影响大学生的评奖评优。或者将宪法知识考核设置成一个 App，通过该考核才有资格参加期末考试等。这些形式可严可松，机动性也比较强，每个学校可以根据自己的情况灵活设置，从而促使大学生了解宪法知识、养成宪法意识。

（五）加强宪法实施，提升宪法在生活中的存在感

学以致用是学习的动力源泉之一。人们希望学习宪法同样能够在生活中看到实际效果。但我国的宪法由于不具备可诉性，不能被法院直接引用作为裁判依据，这在一定程度上影响了人们学习宪法、养成宪法意识的动力。但实际上，宪法还是在以多种途径在我们的生活中发挥作用。第一种方式就是司法裁判中的宪法援引。① 从实践来看，宪法援引不仅包括法院在裁判书中的援引，也包括当事人在诉讼文书中的援引。而当事人的援引无疑是加强人们了解宪法、养成宪法意识的重要方式。第二种方式就是合宪性审查制度。合宪性审查是监督宪法实施的一种方

---

① 魏健馨、田圣文：《宪法实施视域中司法裁判宪法援引的实证分析》，《北京行政学院学报》，2022 年第 1 期。

式，是全国人民代表大会常务委员会的一项职权。但目前这项制度还缺乏一些具体的实践层面的操作规定，该制度尚未有效运作。[①] 除此以外，中国宪法实施还在探索其他方式。[②] 可以预见，随着宪法实施方式的不断探索、宪法实施实效的不断加强，人们会更加清楚地认识到宪法的重要性，也就会更主动地养成宪法意识。

---

① 翟国强：《我国合宪性审查制度的双重功能》，《法学杂志》，2021 年第 5 期。
② 范进学：《论宪法全面实施》，《当代法学》，2020 年第 5 期。

遵义会议精神融入高校思想政治理论课教学的价值意蕴与实现路径

——以"思想道德与法治"课为例

于　炎

（贵州师范大学马克思主义学院，贵州财经大学马克思主义学院，

贵州 贵阳 550001）

摘　要：遵义会议精神作为中国共产党人的精神谱系之一，在高校思想政治理论课教学中具有深厚的价值意蕴，对坚定大学生的理想信念、帮助大学生形成正确的价值观念、增强大学生的创新意识、锤炼大学生的高尚品格等具有重要的意义和作用。在新的伟大征程上，要采取多样化的方式将遵义会议精神融入高校思想政治理论课的教学中，充分发挥遵义会议精神的引领作用，引导大学生明德立志、成长成才。

关键词：遵义会议精神；高校思想政治理论课；价值意蕴；实现路径

遵义会议蕴含着坚定信念、实事求是、独立自主、敢闯新路、民主团结的革命精神，是第一批纳入中国共产党人精神谱系的伟大精神之一。[①] 2015 年 6 月，习近平总书记在贵州参观遵义会议会址和遵义会议陈列馆时强调："要运用好遵义会议历史经验，让遵义会议精神永放光芒。"[②] 2021 年 2 月，习近平总书记视察贵州时再次指出："要从长征精神和遵义会议精神中深刻感悟共产党人的初心和使命，

[①] 《遵义会议精神》，共产党员网，https://www.12371.cn/special/zgjs/zyhyjs/。

[②] 人民日报记者：《让遵义会议精神永放光芒》，《人民日报》，2021-05-21。

落实新时代党的建设总要求，实事求是、坚持真理，科学应变、主动求变，咬定目标、勇往直前，走好新时代的长征路。"① 习近平总书记的重要指示，充分肯定了遵义会议精神的时代价值，强调了新的伟大征程上弘扬遵义会议精神的重要性。因此，将遵义会议精神有效融入高校思想政治理论课教学中，充分发挥思想政治理论课的价值引领作用，对于新时代的大学生来讲，具有重要的意义和作用。

一、遵义会议精神的生成逻辑

遵义会议精神的形成并非无源之水、无本之木，而是以毛泽东同志为代表的中国共产党人将马克思主义基本原理同中国革命实际相结合的典型体现，是伟大建党精神的延续和发展。因此，在探讨其融入高校思想政治理论课的价值意蕴和实现路径之前，首先要明确遵义会议精神的生成逻辑。

（一）遵义会议精神在历史伟大转折之时孕育生发

遵义会议是党的历史上一个生死攸关的转折点。中国共产党诞生后，带领全国人民进行了伟大的反帝反封建斗争，开展了轰轰烈烈的土地革命，面对武装到牙齿的国民党军队，在敌强我弱的情况下建立了革命根据地，开展了伟大的群众革命斗争。然而，从1931年1月开始，以王明为代表的"左"倾教条主义在党内占据领导地位。由于王明"左"倾教条主义的错误领导，临时中共中央领导人博古又拒绝采用毛泽东等提出的正确主张，最终中央革命根据地第五次反"围剿"以失败告终，红军不得不进行战略转移——长征。"左"倾路线的错误给革命根据地和白区革命力量造成极大损失，尤其是在湘江战役后，红军从出发时的8.6万人锐减到不足3万人。残酷的现实让中国共产党人开始改变态度，接受了毛泽东的正确主张，向敌人控制薄弱的贵州转移。红军在攻克黔北重镇遵义之后，召开了著名的"遵义会议"。遵义会议前后，无论红军所处境地如何艰辛，中国共产党人都始终没有放弃对理想的追求，始终没有动摇对马克思主义坚定的信仰。遵义会议上，面对博古等人为第五次反"围剿"失败的辩解，以周恩来、张闻天、王稼祥等为代表中国共产党人始终坚持实事求是的精神，坚决拥护毛泽东同志的正确

---

① 马培源：《从党史学习教育中感悟初心使命》，《贵州日报》，2021-03-19。

主张，形成了一系列正确的路线方针政策，开启了中国共产党独立自主解决中国革命实际问题新阶段，走出了一条新的发展道路；同时，会议坚持民主集中制的原则，从客观上分析了"左"倾错误的危害，并按照少数服从多数的原则，取消了博古、李德的军事指挥权，确立了毛泽东的军事指导地位。在整个会议过程中，中国共产党人一切以大局为重，客观上团结了一切可以团结的同志，成功达到了会议的目的和要求。历史充分证明，遵义会议在中国革命最危急关头挽救了党、挽救了红军、挽救了中国革命，其形成的"坚定信念、实事求是、独立自主、敢闯新路、民主团结"革命精神，为后来的革命、建设和发展，提供了强大的精神指引，谱写了历史发展的崭新篇章。

（二）遵义会议精神在党的奋斗历程中发展延续

遵义会议后，以毛泽东同志为代表的中国共产党人，逐步开启了独立自主解决中国革命实际问题的新阶段。在这个过程中，以毛泽东同志为代表的中国共产党人始终秉承"坚定信念、实事求是、独立自主、敢闯新路、民主团结"的精神引领，团结带领各族人民，取得了新民主主义革命的伟大胜利，实现了民族的独立和解放，开启了中国发展的新纪元。新中国成立后，面对国际国内诸多的困难和挑战，中国共产党人始终坚定信念、独立自主，逐步完成了对农业、手工业和资本主义工商业的社会主义改造，建立了社会主义制度，开启了大规模的社会主义建设，为实现中华民族伟大复兴奠定了根本政治前提和制度基础。虽然在这个过程中，由于缺乏社会主义建设经验，在一定程度上违背了实事求是的发展方针，出现了"大跃进"、人民公社化运动等错误，甚至发生了"文化大革命"等重大错误，但在党的坚强领导下，毅然粉碎了"四人帮"，结束了"文化大革命"这场灾难，中国的发展步入改革开放新的伟大的进程。这一时期，以邓小平、江泽民、胡锦涛同志为主要代表的中国共产党人，解放思想、实事求是、与时俱进、求真务实，团结带领全党全国各族人民，坚持解放和发展社会生产力，坚持和完善我国的基本经济制度和分配制度，加快推动社会主义现代化建设，为实现中华民族伟大复兴提供充满新的活力的体制保证和快速发展的物质条件，使中华民族顺利地实现了由站起来到富起来的伟大飞跃。数据显示，1979—2012 年，我国国内生产总值年均增长 9.8%，同期世界经济年均增速只有 2.8%。1978 年，我国经济总量仅位居世界第十位；2010 年超过日本，成为仅次于美国的世界第二大经济体。[①] 改革开放的实践充分体现了"坚定信念、实事求是、独立自主、敢闯新路、民主团结"精神的传承和发展，正是在这种精神的引领下，中国大踏步赶上了新时代。

（三）遵义会议精神在新时代复兴征程上的传承与弘扬

党的十八大以来，中国特色社会主义进入新时代。新时代比历史上任何时期都更接近于实现中华民族伟大复兴的梦想。同样，也更需要我们紧密团结在一起，以勇往直前的坚定信念、实事求是的优良作风和独立自主的进取精神，推动中国特色社会主义各项事业取得新的伟大的成就。正是基于这样的现实追求，我们紧密团结在以习近平同志为核心的中共中央周围、踔厉奋发、砥砺奋进，在实现中华民族伟大复兴的征程上，持续传承和弘扬遵义会议精神，以一往无前的斗志，在经济、政治、文化、社会、生态等诸多领域取得了新的伟大的成就。在经济建设方面，国内生产总值突破百万亿元大关，人均国内生产总值超过一万美元，国家经济实力、科技实力、综合国力跃上新台阶；在政治建设方面，社会主义民主政治更加制度化、规范化、程序化，中国特色社会主义政治制度优越性得到更好、更加充分的发挥，继续朝着发展全过程人民民主的目标奋进；在文化建设上，人民群众精神文化生活愈加多彩，社会主义核心价值观深入人心，文化自信的优越感得到显著增强；在社会和生态建设方面，人民对美好生活的向往已逐步转化为现实追求，生产和生活水平大幅度提高，社会安定有序，谱写了新时代和谐发展的壮美画卷，美丽中国的风貌在全球得到了全方位的彰显，生态环境保护发生历史性、转折性、全局性变化。尤其是在 2020 年，面对突发的新冠疫情，全国人民在中共中央的坚强领导下，坚定信念、同舟共济，取得了抗疫斗争的重大战略成果。与此同时，脱贫攻坚成效显著，全国 832 个贫困县全部摘帽，12.8 万个贫困村全部出列，近 1 亿农村贫困人口实现脱贫，[②] 第一个百年奋斗目标顺利实现。实践证明，在中国共产党的坚强领导下，在伟大精神的引领下，中华民族迎来了从站起来、富起来到强起来的伟大飞跃。

---

① 刘建伟：《新中国成立后中国共产党认识和解决环境问题研究》，人民出版社 2017 年版，第 232 页。

② 习近平：《在全国脱贫攻坚总结表彰大会上的讲话》，《人民日报》，2021-02-26。

二、遵义会议精神融入高校思政课教学的价值意蕴

遵义会议精神蕴含着丰富的奋斗精神、科学精神、进取精神、协作精神和爱国精神，与高校思想政治理论课尤其是"思想道德与法治"课程内容高度契合。因此，在"思想道德与法治"课程教学中有效融入遵义会议精神，对坚定大学生理想信念、形成大学生正确的价值观、增强大学生的创新意识、厚植大学生的爱国情怀、锤炼大学生的道德品格等具有重要的意义和作用。

（一）坚定信念、勇往直前的奋斗精神有助于坚定大学生的理想信念

习近平总书记指出："要以学习党的历史为重点，在学习领悟中坚定理想信念，在奋发有为中践行初心使命。"① 遵义会议之所以成为中国历史上的伟大转折，是因为中国共产党人有着革命必胜的坚定信念和对马克思主义真理的始终坚持。会议前夕，面对"左"倾教条主义者错误的指挥带来的惨痛现实，中国共产党人始终没有放弃对革命信仰的追求；在遵义会议上，面对"左"倾教条主义者的重重阻挠，中国共产党人始终坚持正确的主张，同"左"倾教条主义者展开了激烈的斗争；遵义会议后，中国共产党人遇到了数不清的艰难险阻，在极端困难的情况下，始终坚定革命必胜的信念，最终胜利完成长征，打开中国革命的新局面。可以说，坚定信念是遵义会议精神的灵魂。遵义会议的成功召开，正是中国共产党人对革命理想信念的坚持和坚守。因此，将遵义会议精神中的"坚定信念"这一精神有效融入"思想道德与法治"课程，能够帮助大学生更加深刻地理解理想信念的内涵和特征，更加深刻地领悟为什么理想信念是中国共产党人的精神之"钙"，也更加能够增强对马克思主义和共产主义的信仰、对中国特色社会主义的信念、对实现中华民族伟大复兴的信心和决心。同时，也是告诫新时代的大学生，理想信念极端重要，它能够昭示人生的奋斗目标、催生前进动力、提供精神支柱、提高精神境界。尤其是在大学生面临学习或生活中的困难、挫折时，理想信念能够有效提升大学生应对困难的勇气，坚定大学生对未来的追求。此外，理想又分个人理想和社会理想，遵义会议精神中的"坚定信念"，亦是告诉新时代的大学生，要将个人理想与社会理想有效结合起来，以先辈的革命信仰为榜样，胸怀家国天下，

---

① 习近平：《在党史学习教育动员大会上的讲话》，《人民日报》，2021-02-21。

坚持将个人奋斗目标与国家、民族的奋斗目标相统一，把个人理想融入社会理想之中，努力做中国特色社会主义的忠诚践行者和共产主义的坚定信仰者，成为胸中有理想、脚下有力量、心中有希望的新时代青年，奋力走好新时代的长征路，不负青春、不负韶华，为实现中华民族的伟大复兴和人民对美好生活的向往不懈努力奋斗，努力在实现社会理想的同时，实现自身的理想和追求，以"真刀真枪"的实干精神成就一番事业。

（二）实事求是、坚持真理的科学精神有助于大学生形成正确的价值观念

习近平总书记指出："实事求是，是马克思主义的根本观点，是我们党的基本思想方法、工作方法、领导方法。"[①] 百年来，实事求是思想路线始终贯穿着中国共产党奋斗历程的始终，是中国共产党人认识世界、改造世界的根本方法。遵义会议上，面对博古等人千方百计为第五次反"围剿"的失败寻找借口，中国共产党人实事求是地指出了反"围剿"战争中战略战术方面存在的问题，客观地分析了失败的原因，严厉地批判了"左"倾教条主义带来的严重危害，全力支持毛泽东同志的正确主张，在取消"三人团"的基础上，联系革命的实际，将马克思主义基本原理与中国的革命实际相结合，坚守实事求是的方针毫不动摇，形成了一系列正确的决议，指导工农红军取得了长征的决定性胜利。可以说，实事求是是遵义会议精神的精髓。那么，对于新时代的大学生来讲，要时刻秉承实事求是的科学精神，不唯书、不唯上，只唯实，无论是在日常的学习生活中，还是在未来的工作道路上，都将始终坚持实事求是的科学精神，并以此引领自己形成正确的世界观、人生观和价值观。但反观现实，由于受到不良社会思潮的影响，当前大学生中各种弄虚作假的现象也层出不穷。这些问题的出现影响大学生正确价值观念的形成，影响着高校的学风。同时，由于大学生自身社会经验偏少、知识储备不足等，很多时候容易把对自身条件的主观想象当作"真实"的存在，导致价值选择、行为倾向出现偏差。因此，将实事求是、坚持真理的科学精神融入"思想道德与法治"课程，将有助于新时代的大学生形成正确的价值观念，能够以务实的态度、严谨的作风、科学的精神对待学习和生活。在具体的实践中能够从客观出

---

① 习近平：《习近平谈治国理政》第一卷，外文出版社 2018 年版，第 25 页。

发，理论联系实际，将学习到的理论有效地运用到实际生活中，牢固树立为人民谋幸福、为民族谋复兴的价值取向，自觉抵制"弄虚作假"的错误观念，自觉用马克思主义科学的世界观和方法论武装头脑，以实事求是的科学精神发现新知、运用真知，在解决实际问题的过程中增长才干，不断提高实践能力、创新能力，努力增强实现人生价值的本领，勇于担当、敢于作为，走好新时代的长征路，努力在实现第二个百年奋斗目标和实现中华民族伟大复兴的征程上创造有价值的人生。

（三）"独立自主、敢闯新路"的进取精神有助于增强大学生的创新意识

习近平总书记指出："走自己的路，是党的全部理论和实践立足点，更是党百年奋斗得出的历史结论。"[①] 无论是在主观上还是在客观上，遵义会议都是独立自主、敢闯新路的典范。会议前，"左"倾教条主义者受到共产国际的影响，机械地套用洋理论，拱手将革命的领导权交给了不懂中国革命实际的外国人，差点葬送了中国工农红军的前途和命运。惨痛的教训告诉中国共产党人，只有认清革命的现实，将马克思主义基本原理有效地运用到中国的革命实际中，独立自主地走自己的路，革命才有希望。因此，遵义会议上，中国共产党人第一次没有受共产国际的干预，独立自主地形成了符合中国实际的战略决议，独立自主地决定了中国革命的未来走向。实践证明，正是在独立自主精神的引领下，中国共产党人才闯出了一条无比坚定的革命道路，才在遵义会议之后的革命斗争上敢做敢当、勇往直前。也正是在独立自主、敢闯新路精神的引领下，我国在后来的建设和发展中才取得巨大的成就。可以说，"独立自主、敢闯新路"是遵义会议精神的核心所在。今天，在"思想道德与法治"课程中融入"独立自主、敢闯新路"的革命精神，就是要告诫新时代的大学生，虽然和平与发展仍然是世界的主题，但西方霸权主义妄图"西化"和分化我国的图谋没有变，面对大多数核心技术仍然掌握在以美国为首的西方人手中的现实，独立自主仍然是推动我国发展的根本，只有坚持独立自主的精神，才能在伟大复兴道路上走得更加坚定，才能不被西方霸权主义所欺凌。也只有坚持敢闯新路的精神，我们才能勇闯新时代改革开放的深水区，才能在新时代的征程上义无反顾。新时代的大学生要时刻牢记"独立自主、敢闯

---

① 习近平：《在庆祝中国共产党成立100周年大会上的讲话》，《人民日报》，2021-07-02。

新路"的核心要义，深刻领悟其精神内涵，以"独立自主、敢闯新路"的进取精神不断增强自身的创新意识和创新本领，并在实践中有效地将"独立自主、敢闯新路"的精神融入具体的发展宏图中，在改革发展的道路上闯新路、开新局、抢新机、出新绩，做改革创新的生力军，敢于直面困难挑战、勇于突破陈规、大胆探索未知、勇于创新创造，以一往无前的精神，锐意进取、奋发有为，在实现中华民族伟大复兴的道路上服务人民、奉献社会，让独立自主、敢闯新路、改革创新成为青春远航的强大动力。

（四）民主团结、维护大局的协作精神有助于厚植大学生的爱国情怀

习近平总书记指出："在百年奋斗历程中，中国共产党团结一切可以团结的力量、调动一切可以调动的积极因素，最大限度凝聚起共同奋斗的力量。"① 遵义会议是民主团结、维护大局的典范。在遵义会议召开前的黎平会议上，按照民主集中制的原则，中央红军就改变了战略转移方向，逐步形成了以毛泽东同志为核心的中共中央领导集体。遵义会议上，按照民主的原则，首先由博古做关于第五次反"围剿"的总结报告，再由周恩来做关于反对敌人第五次"围剿"的军事工作报告。随后，张闻天根据会前和毛泽东、王稼祥讨论的意见，做批判"左"倾主义军事路线的报告。毛泽东接着发言，发言结束后，朱德、李富春、聂荣臻、刘少奇、陈云、彭德怀等纷纷发言，在发扬民主的基础上畅所欲言并形成了新的坚强的领导集体。最后，从维护大局出发，团结一切可以团结的力量，达到了会议的目的和要求。可以说，民主团结是遵义会议精神的关键。遵义会议给我们最大的启示就是领导核心至关重要，而毛泽东同志的核心地位也正是在遵义会议民主团结的基础上确立起来的。今天，我们在"思想道德与法治"课教学中融入民主团结的精神，就是要告诫大学生学习先辈们的大局意识、团结意识，厚植大学生的爱国情怀。同时，以民主团结的精神为引领，不断增强大学生的凝聚力和向心力，在面对国内外复杂形势时，能够团结一致、万众一心，为国家和民族贡献自己的力量。在面对新形势新任务时，能够挺身而出，以扎实的学识和高尚的道德情操奉献社会、服务人民。在面对分裂势力挑拨、破坏和煽动时，能够挺身而出，同一切破坏团结的势力作斗争，以实际行动维护祖国的统一和安全，坚决捍卫民族

---

① 习近平：《在庆祝中国共产党成立 100 周年大会上的讲话》，《人民日报》，2021–07–02。

的团结和进步，筑牢团结统一的钢铁长城。在新的伟大征程上，应紧密地团结在以习近平同志为核心的中共中央周围，做到"两个维护"，坚决捍卫"两个确立"，以具体的行动将民主团结、维护大局的精神落到实处，以团结铸就和谐，以和谐推动发展，在实现中华民族伟大复兴的征程上勇担历史重任，勇作时代楷模，为多民族的共同繁荣团结奋进，奉献智慧和力量。

三、遵义会议精神融入高校思政课教学的实现路径

推动遵义会议精神融入"思想道德与法治"课程，应在充分熟知遵义会议精神内涵和"思想道德与法治"课程要求的基础上，将遵义会议精神全方位、立体化地融入其中，并在校园文化的大环境下，营造良好的融入氛围，实现精神的全方位传递，达到课程育人的目的。

（一）立足价值引领，将遵义会议精神纳入课堂教学主渠道

高校思想政治理论课是传播主流价值观念的主渠道和主阵地，对于大学生价值观的形成具有重要的引领作用。从"思想道德与法治"课程开设的基本要求来看，主要是以培养什么样的时代新人为主线，依据大学生成长成才规律，综合运用相关学科知识，教育、引导大学生树立正确的世界观、人生观、价值观、道德观和法治观，帮助大学生牢固树立社会主义核心价值观，培养良好的思想道德素质和法律素养，为其成为全面发展的社会主义建设者和接班人打下坚实的基础。基于这样的理念，在"思想道德与法治"课堂教学中，应立足价值引领，找准契合点，有效地将遵义会议精神实现"分段"融入。如在讲到绪论部分时，有效引入习近平总书记2015年6月参观遵义会议会址和2021年春节视察贵州时的重要讲话，点明遵义会议精神的内涵，引导大学生牢记总书记的嘱托，传承好遵义会议精神；告诫大学生在走好新时代长征路的同时，担当复兴大任，成就时代新人。在讲到第一章（领悟人生真谛 把握人生方向）时，有效地将"实事求是"精神融入授课内容，勉励大学生在学习和生活中，以实事求是的精神为引领，树立正确的价值观，正确对待人生中出现的各种矛盾，成就出彩的人生。同时，在这一章节中也可适当讲述遵义会议精神中的"坚定信念、独立自主、敢闯新路、民主团结"等精神内涵，其目的和宗旨就是帮助大学生树立正确的世界观、人生观和价

值观。在讲到第二章（追求远大理想 坚定崇高信念）时，任课教师可充分运用遵义会议的典型示范作用，无论是在讲授理想信念的内涵、重要性，还是讲授如何坚定信仰信念信心，抑或讲授在实践中如何放飞青春梦想，都可将遵义会议的召开作为典范，在讲授历史的同时，有效地将遵义会议精神尤其是其中"坚定信念"的精神充分讲好讲透。在讲到第三章（继承优良传统 弘扬中国精神）时，可重点将"独立自主、敢闯新路、民主团结"的精神融入教学。其中，在讲到以爱国主义为核心的民族精神时，可将民主团结的精神内容有效融入其中。在讲到以改革创新为核心的时代精神时，则将独立自主、敢闯新路的精神内容有效融入其中。在讲好讲透的同时，鼓励大学生在新的伟大征程上敢闯敢干，做改革创新的生力军。当然，在讲到第四章（明确价值要求 践行价值准则）时，也可将遵义会议精神与当前主流价值观念相契合，融会贯通进行讲授。在讲授第五章（遵守道德规范 锤炼道德品格）时，可将遵义会议精神尤其是"民主团结"精神与社会主义道德建设的核心原则相结合进行教学，充分将遵义会议精神进行传承和弘扬。此外，在教学中，除了找准契合点进行"分段"融入外，还可采取多样化的教学方式开展教学，如将遵义会议五大精神分成专题，逐一进行讲授。在教学手段方面，可采用启发式、互动式进行教学，还可根据需要将遵义会议的视频插入理论教学中，以增强教学的实效性。

（二）坚持知行合一，将遵义会议精神引入实践教学全过程

遵义会议精神本是在历史的实践中生发的，理应回归实践，并在实践中得到充分践行和弘扬。对于思想政治理论课教师来讲，要达到理论与实践完美融合的目标，就应该将遵义会议精神引入实践教学全过程，在实践中学习革命历史、倾听革命故事、感悟革命真理、承传革命精神、树立革命信仰。为此，要重点做好以下三个方面。一是在实践中开展相关教学活动。对于有条件的高校来讲，可充分利用党史学习教育的契机，以遵义会议会址为依托，重温中国革命发展的艰难历程、回顾遵义会议的历史转折作用，并以此全面把握遵义会议精神的内涵和时代价值。以笔者所在贵州高校为例，在 2021 年开展党史学习教育之际，就充分聚焦红色资源、强化实践创新，在遵义会议会址创新开展党史学习教育"四地同上一堂党史课"活动，其效果受到社会各界的广泛关注、好评，活动照片还获选作为《为党育人 为国育才——以习近平同志为核心的党中央关心学校思想政治工

作纪实》（新华社）7 张配图之一。二是带领大学生重走长征路，沿着先辈们的足迹，感悟当年长征中革命的艰辛和不易，感悟他们坚定理想信念、不怕流血牺牲、坚持不懈奋斗的革命精神，并以此牢记初心使命，为实现中华民族的伟大复兴而努力奋斗。三是鼓励大学生在实践活动中汲取榜样的力量，感悟遵义会议的精神品格。对于任课教师来讲，可鼓励大学生通过调研走访的形式，实地采访当年参加革命的老红军或其家属，聆听他们的真实故事，在亲身感悟中汲取榜样的力量，以此引导大学生学习革命前辈坚定的理想信念、实事求是的优良作风和敢闯敢干、一往无前的精神品格。此外，还可鼓励大学生积极参与暑期"三下乡"、乡村支教、医疗帮扶等实践活动中，使大学生能够真正深入厂矿、深入社区、深入基层，以真实的实践活动培养大学生艰苦奋斗、砥砺奋进的理想品格，在学思践悟中筑牢理想信念，在奋发有为中践行初心使命，在历史厚重感中弘扬遵义会议精神，并以此为洗礼，真正将遵义会议精神融入血液中，在具体学习和生活中落到实处。

（三）拓宽传播载体，将遵义会议精神导入网络教学新平台

"互联网+"时代，网络以其传播速度快、内容资源丰富、受众人群广泛等特征，逐步成为大学生接受知识的主要渠道之一。加之 2020 年以来，受新冠疫情的影响，网络更加成为传播知识的主要平台。基于此，应牢牢把握时代的发展方向，抢占网络教学的制高点，不断拓宽高校思想政治理论课的传播载体，将遵义会议精神纳入网络教学平台中，提升思想政治理论课的实效性。一是积极建构优质的网络课程资源。近几年来，网络课程作为一种新型课程资源，备受青年学生的青睐和关注，其中以慕课和微课最具有代表性。从网络课程的建构出发，各高校之间可根据自身的合作范围，共同建构遵义会议精神特色教学资源库，实现教学资源的共建共享。同时，各高校可根据实际，拍摄一系列具有典型意义的微课，在理论课的教学中供学生学习使用，或者将其置于思想政治理论课的教学平台，在课前或课后供学生学习。二是开辟专门的网络平台教学空间。当前，对于大多数高校来讲，都设有专门的思想政治理论课网络教学平台，并设置有不同课程的学习专区，供大学生在线学习和交流。而要加大对遵义会议精神的传承力度，就应根据需要，在相关课程中（如"思想道德与法治"）开辟专门的学习或研讨空间，并且分栏目对遵义会议精神进行解读。如习近平总书记的重要讲话及相关指示批示精神栏目、内涵解读栏目、时代价值栏目、精品教学资源栏目、学生互动栏目

等，以多样化的形式将遵义会议精神有效呈现在公众面前，既满足了大学生的学习和科研需求，也以专业化的形式对遵义会议精神进行了传承和弘扬。三是建构虚拟仿真教学环境。虚拟仿真教学系统是基于 VR 虚拟技术建构的一种体验式仿真教学环境。大学生可依托虚拟技术，完整体验当年红军长征时的革命情境以及召开遵义会议时的场景，重走当年红军的"长征路"，感受当年长征途中的艰苦卓绝和重重困难，在体验和学习中加深对遵义会议精神的理解和掌握，提高思想政治理论课的实效性与感染力。

（四）营造浓厚氛围，将遵义会议精神融入校园文化建设中

习近平总书记指出："做好高校思想政治工作，要更加注重以文育人，广泛开展文明校园创建，开展形式多样、健康向上、格调高雅的校园文化活动。"[1] 积极向上的校园文化作为高校思想政治理论课课堂教学的延伸，对拓展思想政治理论课的教学内容和范围、构建校园大思政格局，尤其是在引领大学生成长成才、勇做时代新人等方面具有重要的意义和作用。因此，在遵义会议精神的传承和弘扬过程中，高校应广泛开展校园文化建设，充分发挥校园文化的资政育人作用，将"遵义会议精神"传承好、弘扬好。一是以遵义会议精神传承和弘扬为主题，开展丰富多样的校园文化活动；承担思想政治理论课教学的教师可以依托所在学院，联合相关职能部门和学生管理部门，开展形式多样的活动，如红歌比赛、演讲比赛、征文比赛等活动；可以社团为单位，举办形式多样的宣讲活动、展览活动等，以丰富多样的校园文化活动点燃传承和弘扬遵义会议精神的激情，使大学生在主动参与活动的过程中增强对所学理论知识的理解，不断感悟精神力量的价值所在，增强精神引领的主动性和自觉性。二是以遵义会议精神传承和弘扬为主题，强化校园文化专栏的宣传力度。校园文化专栏主要以"长廊文化、走廊文化、橱窗文化、报刊文化"等为宣传阵地，对大学生具有潜移默化的引领作用。在这些校园文化的宣传阵地中，可以开辟遵义会议精神宣传专栏，以多样化的形式，分期、分版块对遵义会议精神的内涵、价值等方面进行宣传和弘扬。还可利用校园广播等多媒体手段，利用学生课余时间对遵义会议精神进行讲解和报告，使遵义会议精神在校园的每一个角落都能看得到、听得到。三是邀请相关专家学者，围绕遵

---

① 习近平：《习近平谈治国理政》第二卷，外文出版社 2017 年版，第 378 页。

义会议精神作专题讲座或报告。遵义会议精神作为中国共产党人精神谱系的内容之一，有很多的专家学者对其开展研究，也形成了诸多的研究成果。在传承和弘扬的过程中，可邀请具有较高知名度、成果造诣颇深的相关专家和学者开展专题报告或讲座，帮助大学生学深悟透遵义会议精神，真正做到遵义会议精神进教材、进课堂、进头脑，并在实践中坚持传承和弘扬，达到思想政治理论课教学的目的和要求。

四、结语

历史川流不息，精神代代相传。遵义会议是我们党历史上一次具有伟大转折意义的重要会议，我们要传承好、发扬好遵义会议精神，让精神在新时代伟大复兴的征程上永葆青春活力。对于新时代的大学生来讲，要全面理解和把握遵义会议的精神内涵和时代特质，在实践中作遵义会议精神的忠诚践行者，在实现中华民族伟大复兴的征程上再创新绩、再立新功。

伟大建党精神融入高校思政课教学的思考

李 凤

（贵州师范大学马克思主义学院、党委组织部，贵州 贵阳 550001）

摘　要：将伟大建党精神融入思政课不仅是一种政治要求，也是一种学理要求，同时还是一种教育教学要求，是高校思政课教师应有的自觉行为。全面深刻理解伟大建党精神的科学内涵，正确处理好伟大建党精神融入思政课的过程中的重难点问题，切实找准伟大建党精神融入思政课的着力点，是高校思想政治理论课今后一个时期内面临的重要而急迫的任务。

关键词：伟大建党精神；融入；高校；思政课

2021 年 7 月 1 日，习近平总书记在庆祝中国共产党成立 100 周年大会上指出："一百年前，中国共产党的先驱们创建了中国共产党，形成了坚持真理、坚守理想，践行初心、担当使命，不怕牺牲、英勇斗争，对党忠诚、不负人民的伟大建党精神，这是中国共产党的精神之源"[①]，并强调："一百年来，中国共产党弘扬伟大建党精神，在长期奋斗中构建起中国共产党人的精神谱系，锤炼出鲜明的政治品格。历史川流不息，精神代代相传。我们要继续弘扬光荣传统、赓续红色血脉，永远把伟大建党精神继承下去、发扬光大！"[②] 2021 年 11 月 11 日，习近平总书记在中国共产党第十九届中央委员会第六次全体会议中又提出："党的百年奋斗锻造了走在时代前列的中国共产党，形成了以伟大建党精神为源头的精神谱系，

---

① 习近平：《在庆祝中国共产党成立 100 周年大会上的讲话》，《人民日报》，2021-07-02（2）。
② 习近平：《在庆祝中国共产党成立 100 周年大会上的讲话》，《人民日报》，2021-07-02（2）。

保持了党的先进性和纯洁性……"①2021 年 12 月 16 日，教育部公布了"高等学校中国共产党革命精神与文化资源研究中心"重大项目 10 个立项的通知。2022 年 1 月 6 日，教育部 2021—2025 年高校思想政治理论课教学指导委员会成立大会上，教育部长怀进鹏在讲话中，特别对"四史"教育和伟大建党精神融入思想政治理论课的教育教学提出了明确要求。人无精神不立，国无精神不强。将伟大建党精神及时有效融入高校思想政治理论课，不仅是一种政治要求，也是一种学理要求，同时还是一种教育教学要求，是高校思政课教师应有的自觉行为。

一、伟大建党精神融入高校思政课的必要性

（一）伟大建党精神融入高校思政课是政治要求

思想政治理论课，简称"思政课"，其基本功能是政治引导。"思政课是政治性课程，具有强烈的政治属性。"②思政课的政治属性决定了它必须及时地体现党和国家最新的重大的政治理念和政治要求。2014 年 5 月 4 日，习近平总书记在北京大学师生座谈会上的讲话中指出："青年是标志时代的最灵敏的晴雨表，时代的责任赋予青年，时代的光荣属于青年。"③2019 年 3 月 18 日，在学校思想政治理论课教师座谈会上，习近平总书记指出："思政课是落实立德树人根本任务的关键课程"，同时强调："办好思想政治理论课，最根本的是要全面贯彻党的教育方针，解决好培养什么人、怎样培养人、为谁培养人这个根本问题。"④中国共产党百年的奋斗征程和取得的成绩都离不开一代又一代青年的付出和奉献。"历史和现实都告诉我们，青年一代有理想、有担当，国家就有前途，民族就有希望，实现我们的发展目标就有源源不断的强大力量。"⑤高校课堂的对象是青年。据统计，截至 2019 年底，我国高等教育的在学人数就已超过 4000 万。伟大建党精神是我们党最先进的力量创新成果，凝结着中国共产党的初心使命，是中国共产党带领人民取得革

① 《中共中央关于党的百年奋斗重大成就和历史经验的决议》，《人民日报》，2021–11–17。
② 刘建军：《论高校思想政治理论课的课程属性和教学难度》，《广西大学学报（哲学社会科学版）》，2020 年第 2 期。
③ 《习近平在北京大学师生座谈会上的讲话》，中国政府网，www.gov.cn/xinwen/2014-05/05/content_2671258.htm，2014-05-05。
④ 习近平：《在学校思想政治理论课教师座谈会上的讲话》，《人民日报》，2019-03-18。
⑤ 中央文献研究室：《十八大以来重要文献选编》（上），中央文献出版社 2014 年版，第 277 页。

命、建设、改革胜利的强大精神动力，是中国共产党历经百年而风华正茂、饱经磨难而生生不息的精神源泉。将伟大建党精神及时融入高校思政课，目的就是要用党的最新理论创新成果武装培养堪当中华民族伟大复兴重任的有志青年，凝聚起青年人的共同意志，把精神转化为行动的力量，实质就是要解决党的伟大事业后继有人这个根本问题。"我们党立志于中华民族千秋伟业，必须培养一代又一代拥护中国共产党领导和我国社会主义制度、立志为中国特色社会主义事业奋斗终身的有用人才。"①

（二）伟大建党精神融入高校思政课是学理要求

伟大建党精神融入思政课不仅是一项政治要求，也是一项学理要求。思政课它不仅具有政治属性和政治意义，还是理论课，所以必然就具有学理性和学术价值。"思政课是理论课，特别是高校的思政课，具有很强的理论性。"② 思政课的基础和核心内容是马克思主义理论教育和党的创新理论教育，这些内容具有很强的理论性。凡是理论就具有抽象性，马克思主义理论和党的创新理论，是由一系列高度抽象的概念和原理组成的，是一整套完整的理论体系。马克思在《〈黑格尔法哲学批判〉导言》中写道："理论一经掌握群众，也会变成物质力量。理论只要说服人，就能掌握群众；而理论只要彻底，就能说服人。"③ "马克思主义理论就是彻底的力量，思政课就是要以透彻的学理分析回应学生，以彻底的思想理论说服学生，用真理的强大力量引导学生。"④ 因此，思政课不仅要遵循政治规律，还要遵循学理规律，体现政治性和学理性相统一。伟大建党精神是学理上的一个重大创新，是发展和创新了党的理论，应该纳入思政课的内容，也必须融入思政课的学理之中。

（三）伟大建党精神融入高校思政课是教学要求

思政课具有三重属性：一个是政治属性，应当遵循政治逻辑和规律；一个是学理属性，应当遵循学理逻辑和规律；同时，思政课本身又是一门课程，应当遵

---

① 习近平：《在学校思想政治理论课教师座谈会上的讲话》，《人民日报》，2019-03-18。
② 刘建军：《论高校思想政治理论课的课程属性和教学难度》，《广西大学学报（哲学社会科学版）》，2020年第2期。
③ 中共中央马克思恩格斯列宁斯大林著作编译局：《马克思恩格斯文集》第一卷，人民出版社2009年版，第11页。
④ 习近平：《在学校思想政治理论课教师座谈会上的讲话》，《人民日报》，2019-03-18。

循教育教学的逻辑和规律。伟大建党精神融入思政课本身也是教育教学上的要求，体现了教育教学逻辑上的必然性。思政课教育教学有自己的特点，就是必须联系实际和对接现实，因此思政课教学不论在教育的内容上还是教育的方式方法上都要体现伟大建党精神。从教学的方式方法来讲，思政课本身要求理论与实际联系，理论要有现实感，要有时代性，要跟这个社会现实结合起来，体现大思政课的大要求。如果思政课没有融入党中央的最新精神，没有融入伟大建党精神，思政课的教育教学就没有做到理论联系实际，就没有体现时代性、现实性和针对性。因此，仅从思政课教育教学的要求方面来讲，也需要融入伟大建党精神。伟大建党精神是中国共产党的精神之源，也是思想政治理论课的宝贵财富。伟大建党精神，时刻激励着一代代中华儿女不忘初心、接续奋斗，是新时代思政课的鲜活教材。所以，将伟大建党精神融入高校思政课是高校思政课教师应有的自觉行为。

二、伟大建党精神的科学内涵

伟大建党精神是如何生成的？它的科学内涵是什么？唯有全面深刻理解伟大建党精神的科学内涵，才能真正将伟大建党精神及时有效地融入高校思政课。习近平总书记关于伟大建党精神的重要论述，生动诠释了伟大建党精神的精神生成过程，科学表达了伟大建党精神的丰富内涵。

第一，伟大建党精神的精神生成。伟大建党精神，根植于中华优秀传统文化，生成于中华民族救亡图存的探索实践。一方面，五千多年的中华文明孕育出来的中华优秀传统文化是伟大建党精神生成的文化土壤。比如，捐躯赴国难、视死忽如归的爱国精神；见贤思齐焉、见不贤而内自省也的批判反思精神；以家为家、以乡为乡、以国为国、以天下为天下的家国情怀；天行健，君子以自强不息的拼搏精神等。另一方面，1840 年鸦片战争以后，中国逐步沦为半殖民地半封建社会，中华民族遭受前所未有的劫难。正是在这样的时代背景下，近代中国的各个阶级都进行了挽救民族危亡的爱国运动。纵观中国近代史，无论是农民阶级、地主阶级还是资产阶级，他们所进行的救亡图存的探索，终因阶级局限性等，都没能从根本上改变中华民族惨遭践踏蹂躏的悲惨命运。直到 1919 年 5 月 4 日"五四运动"爆发，标志着中国无产阶级登上了政治舞台，开启了中国新民主主义革命的新篇章。十月革命一声炮响，给中国送来了马克思列宁主义，陈独秀、李大钊等革命先驱，深刻认识到马克思列宁主义的真理力量，将它作为挽救民族危亡、实现民族复兴的理论武器，通过创办工人刊物、成立工人工会组织、开办工人学校，以及开展工人运动等，积极推动马克思主义同工人运动相结合。正是在这样的挽救民族危亡的过程中，中国共产党应运而生。中国共产党的创建就标志着伟大建党精神的生成，伟大建党精神是中国共产党人建党实践的理论升华和经验总结。

第二，伟大建党精神科学内涵。"坚持真理、坚守理想，践行初心、担当使命，不怕牺牲、勇于斗争，对党忠诚、不负人民"[①]，是习近平总书记对伟大建党精神的重要概括。"坚持真理、坚守理想"是从理想信念方面阐释伟大建党精神。"坚持真理、坚守理想"强调的是坚持和追求马克思主义的科学真理，坚守实现共产主义的最高理想，贯穿于中国共产党建设和党的事业发展的全过程，是中国共产党从胜利走向胜利的思想根基，标志着中国共产党的理想信念本色。"践行初心、担当使命"是从动力源泉方面阐释伟大建党精神。"践行初心、担当使命"强调的是中国共产党一经诞生，就把为中国人民谋幸福、为中华民族谋复兴，确定为自己的初心使命。百年中共党史就是一部践行初心、担当使命的奋斗史。中国共产党作为先进的无产阶级政党，除了人民和民族的利益，没有任何自己的特殊利益。从百年党史的奋斗历程可以看出，从"全心全意为人民服务"的宗旨到"以人民为中心"的发展思想，从"共同富裕"的社会主义本质到"人民对美好生活的向往就是我们的奋斗目标"的庄严承诺，从"立党为公执政为民"的执政理念到"江山就是人民、人民就是江山"的根本立场，都深刻诠释和彰显了中国共产党践行初心和勇担使命的动力源泉。"不怕牺牲、勇于斗争"是从意志风骨方面阐释伟大建党精神，强调的是中国共产党人在面对民族危亡的历史考验面前舍小家为大家、舍生取义、不怕牺牲、英勇斗争的政治意志。据统计，自1921年7月中国共产党成立到1949年10月新中国成立，仅中共党员就约有370万人在革命中献出了宝贵的生命，平均每天约有370名共产党员牺牲。从第一个走向绞刑架的李大钊，到大义凛然、视死如归的夏明翰；从手托炸药包的董存瑞，到从容就义写下千古绝唱《与妻书》的林觉民；从烈火中永生的战斗英雄邱少云，到勇敢跳崖的狼牙山五壮士；还有刘胡兰、杨靖宇、赵一曼……正是无数个平凡又伟大的英雄人物不怕牺牲、英勇斗争的风骨铸造了伟大建党精神。"对党忠诚、不负人

---

① 习近平：《在庆祝中国共产党成立100周年大会上的讲话》，《人民日报》，2021-07-02。

民"是从政治品质方面阐释伟大建党精神。"对党忠诚、不负人民"强调的是必须对党忠诚的中国共产党的性质和必须不负人民的中国共产党的宗旨。对党忠诚与否直接关系党的安危，能否始终对人民负责关系着党的前途和命运。对党忠诚是党员的义务，对人民负责是党的力量之源和存在之基。对党忠诚和不负人民在根本上是一致的。习近平总书记说："江山就是人民，人民就是江山，打江山守江山，守的是人民的心，中国共产党的根基在人民，血脉在人民，力量在人民，中国共产党始终代表最广大人民根本利益，与人民休戚与共，生死相依，没有任何自己的特殊利益，从来不代表任何利益集团，任何权势团体，任何特权阶层的利益。"①

综上，根植于中华优秀传统文化、生成于中华民族救亡图存的探索实践的伟大建党精神，有着丰富的理论内涵，是中国共产党的精神之源，是中国共产党人的精神谱系之源。

三、伟大建党精神融入高校思政课的重难点和着力点

从目前来看，融入伟大建党精神和精神谱系确实还面临一些亟待解决的问题。

第一，伟大建党精神融入高校思政课还需要解决的重难点问题。首先，理论准备问题。伟大建党精神及精神谱系内容十分丰富，从第一批公布的来看就有16个，还有很多未公布、待公布的。这些精神的内在逻辑、系统结构、发展主线等，还需要进行更深入更全面的理论研究、系统阐释和权威的解读。其次，理论融入问题。党的方针政策要及时融入思政课的课堂，这是思政课的政治属性、基本要求。然而，目前需要融入思政课的理论内容非常之多，涉及方方面面，这就涉及党的精神谱系怎么融入、和谁融、融入哪些等问题，以解决为融入而融入和照本宣科等问题。最后，教师能力问题。思政课内容十分深广，内容变化又比较快，以至部分思政课老师感觉力所不逮。"办好思政课关键在教师。"② 因此，伟大建党精神和精神谱系融入思政课堂，教师仍然是一个关键点。

第二，伟大建党精神融入高校思政课需要找准着力点问题。将伟大建党精神及时有效融入高校思政课，还需要找准着力点。第一个着力点是抓好思政课教师。

① 习近平：《在庆祝中国共产党成立100周年大会上的讲话》，《人民日报》，2021-07-02。
② 习近平：《在学校思想政治理论课教师座谈会上的讲话》，《人民日报》，2019-03-18。

抓好思政课教师关于伟大建党精神和精神谱系的专业知识方面的学习和培训。伟大建党精神和精神谱系的内容十分丰富，通过抓好学习和培训，努力克服思政课老师在讲课时专业知识不能融会贯通而呈现出来照本宣科的情况，克服因为理论讲不深入而不能服人的问题。第二个着力点是编好教材。伟大建党精神和精神谱系作为一个整体，在融入思政课程的时候，要进行整体布局。精神谱系的哪些内容要进教材，这些内容在进入教材的时候，在哪些章节哪些问题哪些课程进行融入，需要对教材的内在逻辑和知识体系进行重点研究。只有教材编好了，教师教学才能找到遵循。另外，还要充分运用好课程思政。思政课程是融入的关键课程，但是仅靠思政课教师仍然是不够的，还要同步考虑课程思政的协同作用，即要打造思政课程和其他相关人文社会科学课程共同发力、同向同行、协同创新。第三个着力点是把握融入对象问题。伟大建党精神融入高校思政课，融入的对象是青年学生，不是小学生也不是中学生，这就要求思政课教师要把握现在的青年学生的特点，去研究青年学生的所思所想，只有有针对性地进行思政课教育教学，伟大建党精神和精神谱系融入高校思政课，才能取得预期的效果。

传递与形塑：高校思政课情怀培育优化的探析

于中鑫

（贵州师范大学马克思主义学院，右江民族医学院马克思主义学院，
贵州 贵阳 550001）

摘　要： 高校思政课情怀培育优化关乎思政课落实立德树人根本任务、发挥铸魂育人功能的效度。高校思政课情怀培育优化的出场回应了思政课教育教学中存在的部分教师情怀不深、单向度灌输教育、技术理性、情怀养成实践场域欠缺等局限。通过锻造情怀深厚的"新"教师、建构"互为主体"的课堂情怀形塑新模式、打造情怀养成实践新场域，高校思政课情怀培育优化能显著拓深青年大学生人民情怀、厚植青年大学生家国情怀、涵养青年大学生人类情怀。

关键词： 高校思政课；青年大学生；情怀培育

习近平总书记在北京大学师生座谈会上指出："青年的价值取向决定了未来整个社会的价值取向，而青年又处在价值观形成和确立的时期，抓好这一时期的价值观养成十分重要。"[①] 对身处"拔节孕穗期"的大学生进行有效的情怀培育是塑造大学生正确价值取向、确立正确价值观的重要路径。青年马克思曾以深厚情怀点燃一生辉煌事业的激情："如果我们选择了最能为人类福利而劳动的职业，那么，重担就不能把我们压倒，因为这是为大家而献身。"[②] 高校思想政治理论课（以下简

---

① 《习近平在北京大学考察时强调　青年要自觉践行社会主义核心价值观 与祖国和人民同行努力创造精彩人生》，《人民日报》，2014-05-05。

② 中共中央马克思恩格斯列宁斯大林著作编译局：《马克思恩格斯全集》第四十二卷，人民出版社 1982 年版，第 7 页。

称"思政课")是落实立德树人根本任务的关键课程，是高校培育青年大学生"不忘初心"的为民情怀、"以身许国"的家国情怀、"天下大同"的人类情怀的主渠道。

一、高校思政课情怀培育优化出场的现实语境

"任何一种理论或全新命题的提出都是基于原有理论抑或是经验基础之上继承超越后的再出场。"① 高校思政课情怀培育优化的出场源自部分教师情怀不深、单向度的灌输教育、技术理性、情怀养成实践场域欠缺等困境。因此，高校思政课情怀培育优化的出场不是一个简单的主观命题，而是一个理论观照现实的问答逻辑。明晰高校思政课情怀培育优化的出场语境是正确认识高校思政课情怀培育优化所具有的增值效用、破解高校思政课教学中存在的现实隐忧的逻辑必然。

（一）情怀不深的教育者难以形塑具有高尚情怀的受教育者

思政课的课程特点决定了思政课教师必须具备深厚的情怀。在学校思政理论课教师座谈会上，习近平总书记提出思政课教师要具备"情怀要深"的职业素养，这既是对思政课教师情怀素养的刚性要求，也确证了部分思政课教师存在情怀不深的现实落差。第一，部分思政课教师自我角色定位错位。由于评价机制的不完善，现实生活的压力，在功利主义诱导下，部分思政课教师格局不大、境界不高，要么重科研、轻教学，要么受不了清贫、经不起诱惑，在校外从事第二职业，致使教书与育人相脱节、言传与身教相背离。第二，责任虚化背景下部分思政课教师把上课仅当作简单的谋生手段，多上课但不上好课，上课千篇一律，流于形式。第三，部分思政课教师"两耳不闻窗外事，一心只读圣贤书"，不关注时代、不关注社会，难有"先天下之忧而忧，后天下之乐而乐"的胸襟，也就欠缺歌颂真善美、痛批假恶丑的激情，因而引不起学生的共鸣，实现不了与学生的共情。

思政课是立德树人的关键课程，客观上要求思政课教师要成为"塑造学生品格、品行、品味的'大先生'"。② 亲其师，才能信其道。情怀深厚的教师，才能培

---

① 李建军、张文龙：《新时代党的自我革命的出场语境、价值意蕴与实践理路》，《理论视野》，2020 年第 5 期。

② 《习近平主持召开学校思想政治理论课教师座谈会强调　用新时代中国特色社会主义思想铸魂育人 贯彻党的教育方针落实立德树人根本任务》，《人民日报》，2019-03-19。

育铸就情怀深厚的学生。

（二）单向度的灌输教育难以建构大学生高尚情怀意识

德国著名哲学家、教育学家马丁·布伯认为，人与人之间的关系分为"我—你"关系及"我—它"关系，"我—它"关系属于"一种考察探究、单方占有、利用榨取的关系。在'我—它'关系中，'我'为主体，'它'为客体，只有单向的由主到客，由我到物（包括被视为物的人）"①。在教育领域，"我—它"关系呈现为一种对象化关系，教育者与受教育者之间构成一种合目的性的占有与利用关系，受教育者被工具化，从而导致"主体—客体"二元对立异化关系的形成。

近年来，高校思政课教学理念尽管发生了很大变化，但过分强调教师权威，沿用单向度的灌输式教学方式的惯性短期内难以消除。一是师生交互作用弱。思政课是立德树人的关键课程，师生双方交互性强是实现铸魂育人目标的基本要求。思政课单向度的灌输教育致使师生之间主体性交往蜕变成教师单向度的主体性控制。教师强制性的知识灌输、绝对的话语权使学生在互动关系中的主体性被忽视，成为知识的被动接受者，从而导致师生的交互作用得不到彰显。二是师生互动不平等。思政课单向度的灌输教育中，教师是绝对的"控制者"，学生处于服从地位，非对等性关系造成了双方的沟通隔阂，压制了学生的主体性。二是师生缺乏情感交流。思政课单向度的灌输教育使得师生互动往往以传递纯学科知识为主，互动内容呈现为学科化、单一化和理性化特征，很难有感性、深入和经常性的情感交流，更多体现为工具性价值而非情感性价值。

"教师越是往容器里装得完全彻底，就越是好教师；学生越是温顺地让自己被灌输，就越是好学生。"②思政课单向度的灌输教学设计和评价忽视了师生情感交流和学生的主体需要，使高校思政课教学趋于空洞乏味的说教，致使青年大学生高尚的人民情怀、家国情怀、人类情怀难以有效建构起来。

（三）新媒体时代技术理性消解大学生高尚情怀意识的生发

法兰克福学派在马克斯·韦伯工具理性和价值理性学说基础上透析了现代社

---

① 〔德〕马丁·布伯：《我与你》，陈维纲译，商务印书馆 2016 年版，第 6 页。
② 〔巴西〕保罗·弗莱雷：《被压迫者教育学》，顾建新、赵友华、何曙荣译，华东师范大学出版社 2001 年版，第 24 页。

会科学技术的异化。马尔库塞指出："一方面，科学技术的发展极大地提高了劳动生产率，促使财富的不断增长，成为安抚和满足目前存在的潜力的主要生产力；但是，另一方面，科学技术的发展又导致了新的统治形式，即科学技术成了与群众脱离的，使行政机关的暴行合法化的技术理性的统治形式。"① 海德格尔则认为技术"构成我们时代最高的危险"②。根据霍克海默的看法，理性的工具化和技术化所带来的最大后果就是人类片面追求功用和效率，牺牲了对人生意义和价值的追求。

新媒体时代，信息技术的飞越发展为高校思政课进一步改进教学方式、提高教学质量提供了难得的契机，但慕课、微课等现代授课手段注重教学内容和话语规范，具有不利于个体情感流露和表达的特性。慕课、微课等现代教学手段的滥用引发了"冷漠课堂""数据课堂"的出现。思政课的课程特征启示我们思政课不仅是单纯的知识传授，更是一种价值观的引导，不仅是单纯理论的教育，更是一种情怀的塑造。

教育家陶行知说："真的教育是师生之间心心相印的活动，唯有从心里发出来的，才能达到心灵深处。"③ 高校思政课需要高度重视技术理性引发的课程教学异化问题，凸显思政课教学情怀培育的地位和作用。

（四）情怀养成实践场域欠缺削弱情怀培育效果

皮埃尔·布迪厄认为："从分析的角度来看，一个场域可以被定义为在各种位置之间存在的客观关系的一个网络（network），或一个构型（configuration）"④。高校思政课情怀养成实践场域指的是思政课开展情怀培育的实践场所。

高校思政课情怀培育长期停留在思政课的自我理论逻辑运动中。思政课教师习惯性地封闭在认识论领域进行富有逻辑的理论阐释，使得情怀培育变成了纯粹观念领域的活动。"哲学家们只是用不同的方式解释世界，问题在于改变世界。"⑤

---

① 〔美〕马尔库塞：《单向度的人》，张峰等译，重庆出版社 1993 年版，第 153 页。
② 〔德〕马丁·海德格尔：《演讲与论文集》，孙周兴译，生活·读书·新知三联书店 2005 年版，第 37 页。
③ 方明：《陶行知教育名篇》，教育科学出版社 2005 年版，第 68 页。
④ 〔法〕布迪厄、〔美〕华康德：《实践与反思：反思社会学导引》，李猛、李康译，中央编译出版社 1998 年版，第 133—134 页。
⑤ 中共中央马克思恩格斯列宁斯大林著作编译局：《马克思恩格斯文集》第一卷，人民出版社 2009 年版，第 502 页。

思政课情怀培育对大学生情怀的塑造不是简单地按照思政课教师的目标预设而自动地逻辑演绎，而是根植于生动的社会现实的实践主体与具体的时空结构的耦合。大学生情怀意识的培育需要大学生思在场景，身也在场景。

实践场域的时空延展性与思政课情怀培育效果的广度、深度及效度是成正比的。实践场域的欠缺是制约思政课情怀培育效度的重要瓶颈。

二、高校思政课情怀培育优化的实践进路

"办好思想政治理论课关键在教师，关键在发挥教师的积极性、主动性、创造性。"[①] 高校思政课教师需要克服尚待进一步改善的外在环境的制约，在不断进行角色调适和优化中，转变教育教学理念，升华个人情怀，改进教学方法，积极创造实践场域，从而提升大学生情怀培育的实效。

（一）锻造情怀深厚的"新"教师

情怀是一种需要感同身受理解的素养。青年马克思曾写道："我们现在假定人就是人，而人同世界的关系是一种人的关系，那么你就只能用爱来交换爱，只能用信任来交换信任，等等。如果你想得到艺术的享受，你本身就必须是一个有艺术修养的人。如果你想感化别人，你本身就必须是一个能实际上鼓舞和推动别人前进的人。"[②] 高校思政课教师身份特殊，"做的是传播知识、传播思想、传播真理的工作，是塑造灵魂、塑造生命、塑造人的工作"[③]。因此，全面提升思政课教师的情怀素养是为了让有情怀的人讲情怀，真正实现以情培根，用情铸魂。要搭建各种平台促使思政课教师学深悟透马克思主义理论，进一步增强其分析和解决问题的能力，进一步坚定其马克思主义立场和信仰。要进一步完善思政课教师评价机制，改善其物质待遇，增强其职业荣誉感。要创造更多机会，使广大思政课教师能赴国内外实地参观考察、调研，使其在饱览祖国壮美山河中、在中外建设成就鲜明对比中升华情感。思政课教师要做到"心中要有国家和民族，要明确意识

---

① 习近平：《思政课是落实立德树人根本任务的关键课程》，《求是》，2020 年第 17 期。
② 中共中央马克思恩格斯列宁斯大林著作编译局：《马克思恩格斯文集》第一卷，人民出版社2009 年版，第 247 页。
③ 习近平：《在全国教育大会上的讲话》，《人民日报》，2018-09-11。

到肩负的国家使命和社会责任"①，厚植"心有大我、至诚报国"家国情怀；要爱岗敬业、关爱学生，砥砺"我将无我，不负人民"②的人民情怀；要胸怀天下，树立"美人之美、美美与共"③的人类情怀。"传道者自己首先要明道、信道"④，思政课教师不是普通的教师，做的是培根铸魂的工作，情怀的深度决定思政课的温度和高度，决定了对青年大学生情怀培育的效果。

"用高尚的人格感染学生、赢得学生，用真理的力量感召学生，以深厚的理论功底赢得学生，自觉做为学为人的表率，做让学生喜爱的人。"⑤打造情怀深的"新"教师，是高校思政课有效开展情怀培育的先决条件和基础。

（二）建构"互为主体"的课堂情怀形塑新模式

思政课教师要树立"互为主体"的双主体意识。马丁·布伯认为"我—你"关系应是"一种亲密无间、相互对等、彼此信赖、开放自在的关系。在'我—你'关系中，双方都是主体，来往是双向的，'我'亦取亦予"⑥。在思政课情怀培育中，师生之间应建构起一种双向的、动态的、生动的主动式的关系。马克思指出："从前的一切唯物主义的主要缺点是：对对象、现实、感性，只是从客体的或者直观的形式去理解，而不是把它们当作感性的人的活动，当作实践去理解，不是从主体方面去理解。"⑦高校思政课情怀培育应从传统的"主体—客体"模式向"主体—中介—主体"模式转变，从而生成交互主体性。情怀培育不是"一个人向另一个人'灌输'思想的行为，也不能变成有待对话者'消费'的简单的思想交流"⑧，而应变成平等民主的教育、真正的思想碰撞和心灵交流。思政课情怀培育既要肯定

---

① 习近平：《做党和人民满意的好老师》，《人民日报》，2014-09-10。

② 《习近平谈治国理政》第三卷，外文出版社 2021 年版，第 144 页。

③ 习近平：《深化文明交流互鉴　共建亚洲命运共同体——在亚洲文明对话大会开幕式上的主旨演讲》，《人民日报》，2019-05-16。

④ 《习近平在全国高校思想政治工作会议上强调　把思想政治工作贯穿教育教学全过程 开创我国高等教育事业发展新局面》，《人民日报》，2016-12-09。

⑤ 《习近平主持召开学校思想政治理论课教师座谈会强调　用新时代中国特色社会主义思想铸魂育人　贯彻党的教育方针落实立德树人根本任务》，《人民日报》，2019-03-19。

⑥ 〔德〕马丁·布伯：《我与你》，陈维纲译，商务印书馆 2016 年版，第 129 页。

⑦ 中共中央马克思恩格斯列宁斯大林著作编译局：《马克思恩格斯文集》第一卷，人民出版社 2009 年版，第 503 页。

⑧ 〔巴西〕保罗·弗莱雷：《被压迫者教育学》，顾建新、赵友华、何曙荣译，华东师范大学出版社 2001 年版，第 97 页。

思政课教师的关键主体地位，发挥好思政课教师的关键主体作用，也需充分肯定和尊重青年大学生的主体地位，引导他们以主体身份融入情怀培育全过程。

构建"互为主体"的课堂情怀形塑新模式需要优化的三方面。一是要精心设计情怀培育教学内容。要善于根据青年大学生的实际，选用反映时代精神和体现时代特色的经典案例，并对选用的情怀培育案例根据教育教学规律进行重组。二是要改进和创新情怀培育教学方法。思政课教师要有效发挥主导作用，需掌握科学有效的教学方法。根据思政课情怀培育的特点，教学方法分为两种类型：一类是偏重用激情培育学生情怀的教学方法，如演讲、辩论等；另一类是偏重用理论培育学生情怀的教学方法。"理论只要说服人，就能掌握群众；而理论只要彻底，就能说服人。所谓彻底，就是抓住事物的根本。"[1] 这类方法注重学理分析，如研究性学习，通过引导学生发现、分析和解决问题，在知识的主动探求中，促进他们家国情怀的培育。三是要善用情怀培育教学工具。思政课教师要注重提高新媒体和互联网素养，注意避免技术理性带来的消极影响，善于将新媒体工具、网络信息技术与情怀培育有机融合，增强情怀培育的直观性和时效性，从而提升情怀培育的实效。

（三）打造情怀养成实践新场域

情怀是一种根植于心、铭刻于骨、融化于血的情感。情怀培育场景化、具象化，指的是将学生情怀培育内容以具体可感的形式呈现出来，将抽象的教育内容具体化、可感化，在真实的场景中形塑青年大学生的情怀。

情怀养成实践新场域具有多种类型。第一类，参观类情怀养成实践新场域。参观类情怀养成实践新场域，能最大限度地联结个人与他人、个人与集体、国家与社会的关系，是青年大学生情怀塑造的黏合剂。组织青年大学生参观博物馆、纪念馆、英雄故居、模范工作场所等能以可知、可感的方式熏陶青年大学生爱人民、爱国家、爱人类的情怀。要创新情怀培育载体，借助微博、微信等多种途径"参观"诸如《我的祖国——爱国主义教育基地网上展馆》等网上展馆，以网上展馆的便捷性、丰富性、安全性弥补大规模组织学生参观情怀培育场地的局限

---

① 中共中央马克思恩格斯列宁斯大林著作编译局：《马克思恩格斯文集》第一卷，人民出版社2009年版，第11页。

性。第二类，调查类情怀养成实践新场域。"没有调查，就没有发言权。"调查类情怀养成实践新场域符合建构主义教育观，基于调查而收获的认知更能扎根于青年大学生灵魂深处，导向富于价值的行动。第三类，体验类情怀养成实践新场域。体验类情怀养成实践新场域以一种真实的状态让大学生充分融入生活、回归生活，使青年大学生价值观得到内化和强化，情感、态度得到升华，从而通过体验、感悟形塑情怀。可以设计主题指导学生自编情境话剧、拍摄纪录片等形式来熏陶青年大学生的情怀。还可以构建"服务与奉献"的情怀养成实践场域，让大学生面向社会的现实需要，力所能及、发挥专长，开展服务校园、服务社区、服务社会的志愿活动，以"力行"达"真知"，在春风化雨、润物无声中塑造青年大学生的人民情怀。

打造情怀养成实践新场域使学生如临其境、切身体验、获得感知，更能在情感上引起价值共鸣，进而提升情怀培育的实效。

三、高校思政课教学情怀培育优化的价值意蕴

"思政课教师，要给学生心灵埋下真善美的种子，引导学生扣好人生第一粒扣子。"[1] 人民情怀彰显了党执政为民的党性，家国情怀承载了优秀传统文化的深厚力量，人类情怀则展现了中华民族追求天下大同的至上境界。优化高校思政课情怀培育以塑造大学生浓厚的人民情怀、家国情怀、人类情怀的理想人格境界，顺应了新时代高校思政课解决好培养什么人、怎样培养人、为谁培养人这个根本问题的客观要求。

（一）塑造大学生浓厚的人民情怀

"至今一切社会的历史都是阶级斗争的历史。"[2] 阶级斗争观点是马克思主义的基本观点，阶级分析法是马克思主义的基本分析方法。从赫鲁晓夫到戈尔巴乔夫，苏联宣扬阶级熄灭论，否认科学社会主义无产阶级专政原则，否认无产阶级政党

---

① 《习近平主持召开学校思想政治理论课教师座谈会强调　用新时代中国特色社会主义思想铸魂育人 贯彻党的教育方针落实立德树人根本任务》，《人民日报》，2019-03-19。

② 中共中央马克思恩格斯列宁斯大林著作编译局：《马克思恩格斯文集》第一卷，人民出版社2009年版，第31页。

"绝对必须是一个单独存在的、阶级性十分严格的独立政党"①的科学社会主义基本原则，从而最终导致苏联解体。人民是历史的创造者，人民才是真正的英雄。苏联之所以解体，归根结底是苏联共产党丧失了自己的阶级立场，严重脱离人民群众，得不到人民群众的拥护。我们党始终把人民立场作为根本立场，把为人民谋幸福作为自己的根本使命和初心。2021年年初的中央经济工作会议强调："要为资本设置'红绿灯'，依法加强对资本的有效监管，防止资本野蛮生长。"②这鲜明体现了我们党坚决限制资本的消极作用，维护人民群众的根本和长远利益，体现了我们党深挚的人民情怀。

高校思政课情怀培育优化有利于塑造大学生浓厚的人民情怀。"青少年阶段是人生的'拔节孕穗期'，最需要精心引导和栽培。"③改变高校思政课单向度、工具理性、不注重实践场域熏陶的传统情怀培育模式，构建高校思政课情怀培育的"新模式"，有利于培养具有深厚人民情怀的社会主义事业建设者和接班人。首先，有利于培养青年大学生把人民放在心中最高位置意识，时刻站在人民的立场上想事情、看问题、做工作，从而自觉"把人民答不答应、高不高兴、满不满意作为检验自己工作是非得失的标准"④。其次，有利于培养青年大学生牢固树立为人民服务的意识，使其在未来的工作中能扎根人民，倾听人民呼声，从而"问需于民、问计于民、问情于民"。最后，有利于培养青年大学生关怀人民福祉，促使青年大学生以赤子之心，满怀对人民的深情厚谊，深入百姓的生活实际，关注民生，体察民情。

（二）培养具有浓厚家国情怀的时代新人

家国情怀是一种"在家尽孝、为国尽忠""以国为家、家国一体"的深厚情感，是一种"舍小家为国家"，把国家利益放在首位的情怀。它决定着个体人生价值和事业高度，是理想道德人格的基本内容。

高校思政课情怀培育优化是培育具有浓厚家国情怀的时代新人的客观要求。

---

① 中共中央马克思恩格斯列宁斯大林著作编译局：《列宁全集》第九卷，人民出版社2017年版，第70页。

② 《中央经济工作会议在北京举行》，《人民日报》，2021-12-11。

③ 习近平：《在庆祝中国共产党成立95周年大会上的讲话》，《人民日报》，2016-07-02。

④ 习近平：《之江新语》，浙江人民出版社2007年版，第245页。

首先，培育青年大学生浓厚家国情怀，是提升思政课教育教学实效性的客观要求。高校落实立德树人根本任务，培养家国情怀是重要着力点。大学之大，就在于引导青年大学生将个人成才与国家富强相结合，增强其历史使命感与责任担当意识，使其成为国之栋梁。其次，培育大学生浓厚家国情怀，有利于青年大学生的全面发展。"心里装着国家和民族，在党和人民的伟大实践中关注时代、关注社会，汲取养分、丰富思想。"① 青年大学生涵育深厚的家国情怀，才能有"天下兴亡，匹夫有责"的担当、"心有大我、至诚报国"的抱负，才能实现个人成长与国家富强的同向同构。最后，培育大学生浓厚家国情怀是凝聚民族复兴力量的客观要求。青年大学生肩负着民族复兴的历史重任，是实现民族伟大复兴中国梦的生力军。厚植青年大学生家国情怀是应对西方意识形态渗透、提升国家认同的必然选择，是引导青年大学生坚持中国道路、弘扬中国精神的重要契合点。

（三）养成青年大学生人类意识情结

不同于西方资本主义虚伪的普世主义情怀，人类情怀是一种密切关注人类共同命运、努力增进人类福祉的马克思主义立场情怀。马克思、恩格斯在《共产党宣言》中指出："代替那存在着阶级和阶级对立的资产阶级旧社会的，将是这样一个联合体，在那里，每个人的自由发展是一切人的自由发展的条件。"② 这鲜明地表达了他们不为自己而为全人类的浓厚人类情怀。"建设持久和平、普遍安全、共同繁荣、开放包容、清洁美丽的世界"③ 的人类命运共同体思想是当代中国马克思主义者"人类情怀"的最新表达。

高校思政课情怀培育优化是养成青年大学生人类情怀的有效渠道。一方面，有利于培养青年大学生树立全人类意识。"世界好，中国才能好；中国好，世界才更好。"④ 人类只有一个家园，当今世界已经形成了相互依存、命运与共的共同体。青年大学生要超越狭隘的国家观和民族观，树立"穷则独善其身，达则兼济

① 《习近平主持召开学校思想政治理论课教师座谈会强调　用新时代中国特色社会主义思想铸魂育人 贯彻党的教育方针落实立德树人根本任务》，《人民日报》，2019-03-19。

② 中共中央马克思恩格斯列宁斯大林著作编译局：《马克思恩格斯文集》第二卷，人民出版社2009年版，第53页。

③ 《中国共产党第十九届中央委员会第六次全体会议文件汇编》，人民出版社2021年版，第93页。

④ 习近平：《共同构建人类命运共同体》，《人民日报》，2017-01-20。

天下""美美与共，世界大同"的宽广胸襟，关注人类整体利益，关怀人类前途命运，站在全人类高度思考问题。另一方面，有利于培养青年大学生为人类发展做贡献意识。青年大学生要善于站在为人类谋幸福，为世界谋大同的高度，去观察问题、分析问题，积极为人类社会进步增添正能量，自觉把为世界人民过上幸福美好生活做贡献当作自己的崇高使命和执着追求。

通过锻造情怀深厚的"新"教师、建构"互为主体"的课堂情怀形塑新模式、打造情怀养成实践新场域，高校思政课情怀培育优化能有效克服部分教师情怀不深、单向度的灌输教育、新媒体时代技术理性、情怀养成实践场域欠缺等局限，从而全面提升塑造青年大学生浓厚的人民情怀，厚植青年大学生家国情怀，养成青年大学生人类意识情结的实效。

人工智能赋能高校思想政治理论课创新路径探微

白卫华

（贵州师范大学马克思主义学院，重庆邮电大学马克思主义学院，
贵州 贵阳 550001）

摘　要：思想政治理论课是落实立德树人根本任务的关键课程，其作用不可替代。人工智能给高校思想政治理论课带来巨大的发展机遇。面对机遇，高校思想政治理论课要积极创新。在教学理念上要基于人工智能特征确立个性化和互动式的新教学理念；在教学方法上运用人工智能技术打造线上线下融合教学、做好教学信息的智能推荐、及时对受教育者有偏差的思想行为进行预防和纠偏；运用人工智能技术开展科学的教学评价；提升思想政治理论课教师应用人工智能教学的能力，从而推动思想政治理论课改革创新。

关键词：人工智能；思想政治理论课；创新路径

　　随着科学技术的迅速发展，当前人类社会已进入人工智能时代。人工智能呈现出深度学习、跨界融合、人机协同、群智开放、自主操控、精准推荐等新特征，正在深刻地改变着人类的思维、生产、生活、学习方式。习近平总书记高度重视人工智能在人们生产生活中的运用，他指出："加强人工智能同保障和改善民生的结合，运用人工智能为人民创造美好生活。"[①] "积极推动人工智能和教育深度融合，促进教育变革创新，充分发挥人工智能优势，加快发展伴随每个人一生的教育、

---

① 中央党史和文献研究院：《习近平关于网络强国论述摘编》，中央文献出版社 2021 年版，第26 页。

平等面向每个人的教育、适合每个人的教育、更加开放灵活的教育。"① 高校思想政治理论课是巩固马克思主义在高校意识形态领域指导地位的重要阵地，是引导青年大学生树立正确的世界观、人生观、价值观的核心课程，如习近平总书记所说："思政课是落实立德树人根本任务的关键课程，思政课作用不可替代。"② 在人工智能时代背景下，积极推动人工智能技术融入思想政治理论课，充分发挥人工智能在思想政治理论课教学过程中的技术支撑作用，创新教学理念，改进教学方法，科学制定教学评价体系，提升思想政治理论课教师应用人工智能教学的能力，从而"推动思想政治理论课改革创新，不断增强思政课的思想性、理论性和亲和力、针对性"③。发挥好思想政治理论课在立德树人中的效用，实现新时代马克思主义理论教育和高等教育的高质量发展。

一、结合人工智能特征创新教学理念

有什么样的教学理念就有什么样的教学行动。新时代思想政治理论课要达到"立德树人"的效果，必须要创新教学理念，积极转变传统教学理念。"人工智能强大的威力：旺盛精力、超强记忆力、感知力、判断力和进化力全方位冲击着思想政治理论课教师，冲击课堂的教学。学生可以通过人工智能进行思想政治理论课的学习，甚至有些内容的把握程度超越教师掌握的范畴。"④ 所以，基于人工智能的特性，积极尊重受教育者的主体地位，激发受教育者的主动学习能力，实现以教学为中心向以受教育者自主学习为中心的转变，以创新的教学理念指导教学行动。

（一）从受教育者角度看，强化个性化教学

近代教育学之父扬·阿姆斯·夸美纽斯提出的班级制教学是一直沿用至今的传统教学模式。受教育者在统一的标准下接受教育者的教学、评价等。这样的教

① 《习近平向国际人工智能与教育大会致贺信》，《人民日报》，2019-05-17。
② 习近平：《思政课是落实立德树人根本任务的关键课程》，《求是》，2020年第17期。
③ 习近平：《思政课是落实立德树人根本任务的关键课程》，《求是》，2020年第17期。
④ 周献策：《人工智能时代高校思想政治理论课教师能力培养路径研究》，《高教学刊》，2020年第17期。

学模式有其科学性，受教育者能够接受到相对公平的教育，但随着时代的发展，这样的教育模式也呈现出一些弊端。从受教育者成长来看，当前大学生几乎全部进入"00后"时代，他们从出生开始，网络就伴随着他们的成长。随着网络信息技术的发展，人类进入知识爆炸时代和信息碎片化时代，受各种思想的影响，大学生们一方面掌握大量的知识，另一方面形成追求民主、崇尚自由的个性。面对传统无差别的班级教育模式和灌输式的教学方式，广大受教育的个性需求没有得到满足，受教育者们越来越不适应这种教学方式，甚至表现出教与学之间的矛盾。受教育者个性化和针对性的学习需求与统一灌输式教学模式之间的矛盾严重影响到思想政治理论课的教学效果。国家教育大计，关乎中华民族伟大复兴。高校思想政治理论课一定要认真落实好国家的教育理念，尊重受教育者的个性差异，强化个性化教学，促进受教育者个性化的发展。

"人工智能的智慧来源于精确的算法对海量信息的分析和挖掘，并在此基础上生成新的信息，进而实现个性化的服务。"[①] 人工智能这一技术解决了受教育者个性化教育需求与统一灌输教学之间的矛盾，可以有效实现统一灌输式教育与个性化教育二者的统一。利用人工智能技术，教育者可以及时精准地掌握受教者的思想偏好、价值取向、知识储备、关注的热点、情绪波动等，依据这些信息，教育者可以根据受教育者的实际需求而实施教育和引导，提供个性化的教育。在学校层面，要"坚持以学生为中心，加大对学生的认知规律和接受特点的研究"[②]。学校根据受教育者的个性化需求数据，出台满足受教育者个性化的教育教学方案，利用人工智能技术研发网络教育教学平台，向受教育者推送个性化学习内容和学习评价，或者让每个受教育者依据自己的个性化需要从平台定制自己的学习方案，满足自己实际需求。人工智能技术的不断发展，推动着教育教学的变革和创新，高校思想政治理论课要顺应时代的发展，抓住人工智能时代机遇，创新教学理念，在尊重传统统一教学模式的同时积极构建个性化教育理念，达到思想政治理论课育人的效果。

---

① 郭雪慧：《人工智能时代的个人信息安全挑战与应对》，《浙江大学学报（人文社会科学版）》，2021 年第 9 期。

② 习近平：《思政课是落实立德树人根本任务的关键课程》，《求是》，2020 年第 17 期。

（二）从教学过程看，注重互动式教学

灌输式的理论讲解是传统思想政治理论课课堂的教学方式，教育者站在讲台上侃侃而谈，自我陶醉，受教育者在下面被动学习。受教育者对教育内容把握到什么程度、是否理解、是否在实践中加以运用，教育者也只能根据受教育者"外在"学习状态判断，其实际教育效果并不能准确把控，甚至还有让思想政治理论课的"'到课率''抬头率'势必大打折扣"[①]的危险。

在人工智能时代，人工智能技术可以对教育者的教学效果和受教育者的学习效果进行及时跟踪和可视化分析。根据分析结果，可以促进教与学之间形成良性互动，达到思想政治理论课教学的预期效果。一方面，教育者根据受教育者在学习过程中留下的大数据痕迹，如在网上查看的知识点、网络交流的信息、学习的认识和感悟、作业完成情况、关注的热点话题、上网的时长等，利用智能技术对这些数据进行详尽分析，得出受教育者的学习效果、思想认识、价值偏好的结果，根据结果及时做出反馈和新的决策。通过大数据可视化分析，受教育者自己也能及时了解其课程学习、交流互动、课外拓展、作业质量、考试效果、思想动态、精神面貌、价值塑造等学习方面的情况，并根据结果调节学习，甚至可以根据自己的不足之处提交针对性的学习订单，在人机互动中增强自己的学习主动性，完善自己的不足，促进自己成长。所以，人工智能技术为教育者和受教育者之间搭建起了便捷的沟通桥梁，实现教与学的精准互动。因此，在人工智能时代，教育者不仅要善于总结好传统的教学经验，也要利用人工智能技术，对教育教学效果开展量化分析，对受教育者的认知从传统的印象判断转变为对其学习方式、学习态度、学习需求、学习目标、学习效果等复杂信息进行精准的分析和可视化掌控，以直观明了的方式完成复杂的教学过程，积极开展教育教学，达到思想政治理论课教育教学的目的。

---

① 习近平：《思政课是落实立德树人根本任务的关键课程》，《求是》，2020 年第 17 期。

二、搭建以人工智能为基础的新教学方法

（一）完善线上线下融合教学

所谓线上线下融合教学，是指"在线上与线下深度融合的教学时空中，教师采取个人或合作的方式，通过资源与内容、信息化环境与工具、评价任务、数据与反思、学习伙伴等因素，有效整合线上与线下教学各自优势、提高教学效益、体现'五育并举'、实现因材施教、促进学生更好发展的有计划实施的教学方式"①。人工智能技术给线上线下融合教学提供了机遇。思想政治理论课应充分借用人工智能技术，对海量的教育教学资源开展大数据分析，深度挖掘对受教育者有价值的信息，积极开展线上（网络教育）和线下（传统课堂教学）教学并促进其相互之间深度融合。在线上教学方面，一是细化知识点，录制好教学视频，一个知识点的时长尽量控制在十五分钟左右；二是科学设计随堂测试，及时检测学生对基本知识的掌握情况；三是规范线上交流平台，积极开展讨论和交流，引导受教育者建立起科学的认识；四是做好教学资源的收集和整理，拓宽受教育者学习的边界。线上教学也可以充分利用好各网络学习平台的慕课资源。线下教学采用知识讲授、主题讨论、答疑解惑、合作学习等形式，帮助学生领会、消化课程内容。线下教学是对课程在教学目标上的深化、拓展与延伸，使课堂教学更有针对性、更有深度。线下教学内容主要精选课程重点难点、时事热点，针对受教育者普遍关心的问题、存在的疑惑进行梳理解答、剖析探究，引导教育者讨论交流。线下教学需教育者提前进行精心准备，广泛征求受教育者的学习需求，充分了解教育者的思想困惑，兼顾教育者的学习兴趣、专业特点，开展集体备课，拟定授课专题、讨论主题等。线下教学可以采取情景式教学、翻转课堂、体验式教学等多种教学方式。同时，还需要设计好线上线下融合教学的课程考核方案，力求客观全面地呈现受教育者的学习效果。

（二）注重运用算法推送教学信息

算法技术是人工智能核心技术，"算法可以根据主体浏览、搜索以及言行轨

---

① 王月芬：《线上线下融合教学：内涵、实施与建议》，《教育发展研究》，2021年第6期。

迹进行即时推荐，进而使信息聚合的广度向深度拓展"①。在思想政治理论课教学过程中，运用算法推送技术进行教育教学，主要是根据受教育者在网络活动中留下的痕迹进行标签和画像，再根据标签和画像有针对性地进行个性化的教育教学内容的推送。借助这一技术，教育者可以充分了解受教育者的个性学习需求，实现"一对一"的信息投放，提高思想政治理论课的思想性、理论性和亲和力、针对性，达到精准思政的目的。在运用算法推送信息的过程中，首先要做到对受教育者精准画像，这就需要通过算法技术对受教育者进行大数据分析，切实准确地把握受教育者的学习习惯、学习状态、学习需求等。其次要做到信息的精准推送。面对浩如烟海的信息，要精准地选择符合受教育者需要的信息进行有针对性的推送。最后提高推送信息的吸引力。新时代大学生都是 00 后，他们从小就生活在丰富多彩的物质文化条件中，他们喜欢新鲜的事物，乐于接受图文并茂的信息以及音视频信息。所以应尽量使推送的信息具有吸引力，让受教育者乐于接受这些信息，愿意去深入学习理解，自觉应用于生活实践中，从而在润物细无声中提高受教育者的思想道德修养。

（三）积极应用预防纠偏教育手段

"人工智能作为技术手段，其初衷是方便人们更好地'会看、会说、会思考、会学习、会行动'，服务于人类的福祉。但是在现实的应用中，人工智能已经超越'生产力领域'，对人类的福祉造成了危害。"② 人工智能是把"双刃剑"，必须要高度重视人工智能可能带来的一些负面影响。在人工智能时代，受教育者时时刻刻都在受到海量信息、算法推荐信息的轰炸，面对海量信息或者针对性推荐的信息，受教育者受自我认知局限、价值观偏好等的影响，不一定能对这些信息进行准确判断，这就可能会造成受教育者在思想行为上出现偏差。在思想政治理论课教学中应用预防纠偏的教育手段，对受教育者的思想状况和日常行为的大数据进行人工智能分析，根据分析结果判断受教育者思想行为的现状和发展趋势，对已经发生的一些错误思想行为要及时进行纠偏，对于可能要出现的一些不良思想行为要

---

① 陈联俊：《算法技术的新挑战与网络思想政治教育的新举措》，《思想政治教育研究》，2021 年第 4 期。

② 张春芳、徐艳玲：《习近平人工智能发展重要论述：形成逻辑、内涵意蕴及实践方略》，《河南师范大学学报（哲学社会科学版）》，2022 年第 1 期。

做好预防和引导，让问题在初始阶段得以解决，从而增强思想政治理论课的导向性和前瞻性。提高预防纠偏教育手段的效果，首先是要考察数据的全面性和真实性，只有在此基础上，人工智能分析结果才具有指导意义。其次是要把握好数据的规律性，从马克思哲学层面来理解，规律性是事物内部稳定的、可靠的、本质性的联系，所以把握数据背后的规律，才能科学地开展工作，才能让预防纠偏的教育手段达到育人的效果。

三、应用人工智能技术创新教学评价

"高等教育的发展对教育教学评价提出了更高的要求，这时大数据技术在获取数据、分析数据进而辅助学习者和教师方面显示出了无与伦比的优势，运用大数据技术能够更好地达成教学目的。"[①] 思想政治理论课作为立德树人的关键课程，实施科学的教学评价至关重要。科学的教学评价可以让思想政治理论课更好地发挥其育人、引导、激励和调节功能，所以，思想政治理论课要充分利用好人工智能技术对教学评价的积极作用，提升教学评价的科学性，实现思想政治理论课教学高质量发展。

（一）运用人工智能技术实现过程性评价

人处于一个不断成长的过程，其世界观、人生观和价值观也是在人的不断成长中成熟的。若仅仅依靠结果性评价就不能科学地呈现出受教育者思想行为发展变化的过程。过程性评价就是强调受教育者学习过程的评价，积极关注受教育者在学习过程中的具体表现，并积极加以引导、修正、鼓励。大数据挖掘技术、算法技术、智能推荐技术等人工智能技术对实现过程性评价提供了强大的技术支撑，可以建立起全面、实时、动态的教学评价系统，在全过程地跟踪受教育者的学习过程的同时，还可以系统地采集教学过程中所有数据，从而为教学评价提供准确的、及时的参考素材，对教学内容、教学方法、考核手段等教学过程进行及时、有效的调整和改进，从而保障教育教学过程契合教学目标的要求。过程性教学评价一方面满足受教育者个性化的成长需求，尤其是针对学习相对落后、思想行为

---

① 姜林、高杉：《数据驱动高等教育教学评价高质量发展》，《新乡学院学报》，2022 年第 1 期。

有一定偏差的同学，过程性评价形成的分析数据能及时指导这部分同学沿着正确的方向前进。另一方面能够整体推进思想政治理论课教学目标的完成，让每一个受教育者能在追求自我完善过程中实现自由而全面的发展。

（二）运用人工智能技术促进多维度评价

课堂评价和考试评价是传统思想政治理论课教学评价受教育者学习情况的主要方式，这种单一的评价并不能全面客观地体现出受教育者的学习成长境况，其个性化成长就很难得到科学的指导。大数据挖掘、算法等人工智能技术可以对复杂的数据进行精准分析，这就为思想政治理论课教学进行定性和定量分析提供了支持，其相应的分析结果可以对受教育者进行针对性的指导，满足他们的个性化发展需要，体现教学评价的多维度。所谓多维度评价，是指对受教育者知识掌握情况、能力提升情况、素质养成开展综合性评价的多维系统，表现为评价视角、规则、内容、过程、方式、方法、手段及管理等环节的多维性和个性化。在人工智能技术支持下，为每一个受教育者建立一本电子台账，完整地记录每个受教育者的思想认识、情感意志、理想信念和行为活动等方面的大数据，依据采集的数据客观地对受教育者思想品德形成发展的具体环节和效果进行评价，切实做到教学评价多元化。在评价主体方面，可以采用受教育者自评、受教育者之间互评、辅导员评价、任课老师评价等多方评价。在评价的视角上，从对受教育者知识掌握的情况扩展到思维方式、情感表现、交往活动、参与状况等多方面。在评价方法上，借助人工智能技术分析结果开展定性和定量相结合的评价。

（三）运用人工智能技术完善评价标准

人工智能时代变革了传统教学评价模式，基于人工智能技术的支持，教学评价可以实现过程性评价和结果性评价的统一、单一性评价向多维度评价的转变。教学评价方式的转变，意味着评教标准与新的评价方式相匹配，这样才能达到评价的效果。标准的制定不是随意的，必须符合教学评价与受教育者成长的规律。首先坚持知行合一的原则。思想政治理论课和其他知识性学科有本质的区别，其他知识性学科是一种工具性学科，以"C语言程序设计"为例，学生学完这门课程后能用C语言熟练编写程序就达到了学习的要求。但是思想政治理论课不一样，一方面要求受教育者掌握具体的知识点；另一方面要求受教育者能树立正确的世界观、人生观和价值观，建立起坚定的理想信念，并用正确的世界观、人生观、价值观和坚定的理想信念指导自己的实践行为。这就要求利用大数据、智能算法等技术工具对受教育者课程学习过程的大数据进行量化分析，建立起符合思想政治理论课学习效果的科学评价标准及其体系。其次坚持评价内容完整性原则。思想政治理论课的根本任务是"立德树人"，所以对该门课程学习的评价不限于课堂学习，也要注重日常学习和行为表现。制定思想政治理论课教学评价标准一定要坚持评价内容的完整性。评价内容包括：一是与课程学习相关的学习内容、学习习惯、学习态度、课程作业完成情况、讨论交流、考试成绩等；二是受教育者在课程外的校园活动情况，包括参加学校活动的表现、图书借阅情况、评奖评优情况、人际交往、心理咨询等；三是受教育者在互联网上的活动和校外的社会活动也要纳入评价。最后坚持管理服务育人的原则，让受教育者在学校管理制度的约束下自觉管理自己的思想行为，在学校全员育人的服务氛围中提升自己的思想道德素养。

四、提升教师应用人工智能技术教学的能力

"办好思想政治理论课关键在教师，关键在发挥教师的积极性、主动性、创造性。"[①]思想政治理论课教师在教学过程中的重要作用不言而喻。在人工智能日益融入思想政治理论课的时代背景下，建设一支适应人工智能时代要求的思想政治理论课教师队伍，才能促进高校思想政治理论课教学创造性发展，才能使思想政治理论课办得越来越好，达到思想政治理论课"立德树人"的育人效果。

（一）创造教师应用人工智能的条件

习近平总书记指出："各级党委要把思政课建设摆上重要议程，抓住制约思政课建设的突出问题，在工作格局、队伍建设、支持保障等方面采取有效措施。要建立党委统一领导、党政齐抓共管、有关部门各负其责、全社会协同配合的工作格局，推动形成全党全社会努力办好思政课、教师认真讲好思政课、学生积极学

---

① 习近平：《思政课是落实立德树人根本任务的关键课程》，《求是》，2020 年第 17 期。

好思政课的良好氛围。"① 建设适应人工智能时代要求的思想政治理论课教师队伍是一项系统的工程，国家、地方和学校齐抓共管，多方联动，为思想政治理论课教师应用好人工智能技术创造良好的条件。从国家层面看，坚持党对思想政治理论课建设的绝对领导，做好顶层设计和统筹规划，为思想政治理论课教师创设好应用人工智能赋能思想政治理论课教学的良好环境。从地方政府看，大力提供资金和政策支持，搭建基于人工智能的思想政治理论课教学资源平台，积极开发相关教学软件，推动人工智能企业与学校进行技术合作，建立健全使用人工智能的规章制度，切实保障高校思想政治理论课在应用人工智能技术过程中面临的具体问题。从学校层面上看，整合资源，为思想政治理论课教师队伍充实人工智能专业技术人才，为思想政治理论课教育教学提供技术保障。加强对思想政治理论课教师队伍使用人工智能技术的培训。积极组织创新教学竞赛，鼓励思想政治理论课老师积极运用人工智能技术创新教学。出台相关激励措施，对积极使用人工智能教学、科研的教师给予相应奖励。

（二）增强教师应用人工智能的意识

当前，人工智能深度融入高校思想政治理论课教学是大势所趋。教育者必须适应时代发展的要求，否则就会被时代淘汰。"人工智能不会取代教师，但是使用人工智能的教师会取代不使用人工智能的教师。"② 所以，思想政治理论课教师应具有自觉应用人工智能技术的意识和能力。首先，思想政治理论课教师应该有针对性地阅读人工智能的科普读物，对人工智能技术应用及其发展趋势有客观全面的了解。其次，弄清楚人工智能的技术特点、工作原理和流程。最后，熟练运用人工智能工具进行大数据分析、信息推荐等。切实发挥好人工智能技术在思想政治理论课教学中的功能，提升思想政治理论课教学的质量。

（三）优化对教师使用人工智能的考核

随着时代的发展和技术的进步，对思想政治理论课教师的考核也体现出时代的要求，既要坚持传统考核的优势，也要体现出人工智能时代对教师考核的创新。

---

① 习近平：《思政课是落实立德树人根本任务的关键课程》，《求是》，2020 年第 17 期。
② 余胜泉：《人工智能教师的未来角色》，《开放教育研究》，2018 年第 1 期。

在注重课堂教学考核的同时，也要对教师教学全过程、教学效果进行考核。具体考核的环节体现在教育者是否运用人工智能技术进行教学设计、教学组织、教学指导、教学分析等。对于使用人工智能技术教学效果好的老师给予表扬和奖励。建立健全相应的规章制度，促进思想政治理论课教师更好地认识人工智能，用好人工智能，从而开创思想政治理论课"立德树人"新局面。

五、结语

为了实现思想政治理论课教学创新和高质量发展，达到思想政治理论课"立德树人"的目标，推动人工智能与思想政治理论课教学深度融合是时代之需。在人工智能时代背景下，确立个性化和互动式的新教学理念，积极打造线上线下融合教学，利用算法技术，做好教学信息的推荐并及时对思想行为有偏差的受教育者进行预防和纠偏，积极开展科学的教学评价，提升教师应用人工智能融入思想政治理论课教学的能力，推动思想政治理论课改革创新，不断增强思政课的思想性、理论性和亲和力、针对性，促进思想政治理论课高质量发展。

中华民族共同体意识融入高校思想政治理论课教学的路径研究

黄德雄

（贵州师范大学马克思主义学院，贵州 贵阳 550001）

摘　要： 高校作为培养社会主义事业建设者和合格接班人的主阵地，将中华民族共同体意识融入思想政治理论课，对于落实习近平新时代中国特色社会主义思想、实现中华民族伟大复兴、做好党的民族工作和提高思政课教学的实效性具有重要价值。在教学过程中，应当遵循方向性与科学性、教育与自我教育、整体性与层次性和显性灌输与隐性渗透的原则。探究中华民族共同体意识融入高校思想政治理论课教学的实践路径，需要从发挥教师教育主导作用、尊重学生主体作用、优化教学体系和注重教法的改革与创新四方面入手。

关键词： 中华民族共同体意识；思想政治理论课；价值意蕴；原则；实施路径

引言

2014 年，习近平总书记在中央民族工作会议中首次明确提出"中华民族共同体意识"这一重要概念。党的十九大正式将"铸牢中华民族共同体意识"这一理念庄重地写入新修订的《中国共产党章程》。习近平总书记在 2022 年 3 月 5 日强调，民族团结是我国各族人民的生命线，中华民族共同体意识是民族团结之本。铸牢中华民族共同体意识，既要做看得见、摸得着的工作，也要做大量"润物细无声"的事情。高校是铸魂育人主阵地和培养德才兼备、全面发展人才的摇篮，也是开展中华民族共同体意识教学的重要场域，在培育青年学生的中华民族共同体意识方面起到关键作用。思想政治理论课教学是高校思想政治教育的主渠道，开展中华民族共同体意识教育教学是其题中应有之义。高校思想政治理论课要重视中华民族共同体意识教育教学的开展，发挥思想政治理论课的优势和长处，将中华民族共同体意识教育教学融入高校思想政治理论课教学中。因此，如何在高校思想政治理论课讲好中华民族共同体意识这一内容，将中华民族共同体意识融入大学生的思想和心灵深处，并转化为其行动，是实现高校思想政治理论课教学目标和任务、深化民族团结进步教育、推动当前高校思想政治理论课教育教学亟须探讨的重要课题之一。

一、中华民族共同体意识融入高校思想政治理论课的价值意蕴

铸牢中华民族共同体意识是创造性地将马克思主义民族理论与中国的基本国情相结合所提出的重大论断。中华民族共同体意识融入高校思想政治理论课教学的价值意蕴体现在四方面：就理论价值而言，是习近平新时代中国特色社会主义思想的必然要求；就历史价值来说，是实现中华民族伟大复兴的使命所在；就现实价值来讲，是做好党的民族工作的客观需要；就实践价值来看，是提高思政课教学成效的有力抓手。

（一）理论价值：落实习近平新时代中国特色社会主义思想的必然要求

新时代高校思想政治理论课教学现阶段的一个重要任务就是让习近平新时代中国特色社会主义思想进教材、进课堂、进学生头脑。党的十八大以来，以习近平同志为核心的党中央高度重视民族工作在中国特色社会主义建设事业战略全局中的重要地位，习近平总书记提出了一系列民族工作新思想新观点，系统回答了如何做好新时代民族工作方向性、根本性、全局性问题，形成了习近平关于民族工作的重要论述，为新时代民族工作提供了根本遵循和行动指南。其中，关于中华民族共同体意识的重要论断，是习近平总书记关于民族工作重要论述的组成部分，是习近平新时代中国特色社会主义思想在民族工作方面的重要体现，也是马克思主义中国化民族理论的最新成果，构成了科学系统的新时代中国特色社会主义民族理论体系，开辟了马克思主义民族理论和实践发展的新境界，体现了以习

近平为核心的中共中央对"中华民族共同体意识"重要命题在新时代民族工作和中华民族伟大复兴进程中的历史方位认识不断深化和向前推移，体现了进入改革开放以来各族人民尊重差异、包容多样，在各个领域持续扩大交往交流交融。将"中华民族共同体意识"作为新时代民族工作的"纲"和主线，是习近平中国特色社会主义思想对马克思主义民族理论认识的深化和创新发展，也是当前中国民族理论、民族政策最新话语体系成就的集中阐释，所有工作要向此聚焦。中华民族共同体意识融入高校思想政治理论课是习近平新时代中国特色社会主义思想的生动实践，有利于把握和落实习近平新时代中国特色社会主义思想。实践表明且继续证明，高校铸牢中华民族共同体意识，使青年学生牢固树立"五个认同"，进一步有效维护我国意识形态安全，有利于促进民族团结和国家稳定。

（二）历史价值：实现中华民族伟大复兴的使命所在

我国各民族历经五千多年的悠久历史，在交往交流互动过程中共同创造了灿烂的中华文化，并逐渐形成了"你中有我、我中有你"的中华民族共同体格局，中华民族共同体意识也牢牢贯穿于我国多民族国家诞生、发展历史过程。铸牢中华民族共同体意识，有助于打牢和夯实新时代各族人民群众共同为实现第二个百年目标赓续奋斗、共同繁荣发展的思想根基，是实现中华民族伟大复兴的使命所在。习近平总书记指出："实现中华民族伟大复兴，是近代以来中华民族最伟大的梦想。"[1]中华民族伟大复兴是中华民族全体人民的共同心愿，需要凝聚中华民族全体人民的力量，汇聚中华民族大家庭共同团结奋斗的思想，需要全体中华民族儿女付出汗水接力奋斗。从历史的维度来看，从第一次鸦片战争到解放战争的百年历史，中国多次面临民族危机，这既是中华民族一段不堪回首的屈辱史，也是各族仁人志士积极探索救国救民道路的奋力抗争史。在中国共产党的进一步带领下，各族人民万众一心、团结一致和浴血奋战，共同抵御外国侵略者，中华民族共同体意识经历了从"自在"到"自觉"再到"自强"的发展阶段，中华民族迎来了从站起来、富起来到强起来的伟大飞跃，逐步迈向民族复兴的伟大新征程。

我国是一个统一的多民族国家，必须要有一个共同体意识来作为联系各民族的精神纽带。历史和现实证明，铸牢中华民族共同体意识有利于维护国家统一的

---

① 习近平：《在十二届全国人民代表大会第一次会议上的讲话》，《光明日报》，2013-03-18。

思想根基，为中华民族伟大复兴的实现提供精神力量。中华民族共同体意识作为集民族关系、民族共识、民族认同于一体的指向性意识，与中华民族伟大复兴内在逻辑、价值取向存在一致性。铸牢中华民族共同体意识、实现中华民族伟大复兴中国梦，统一于全面建设社会主义现代化国家的共同价值目标。

（三）现实价值：做好党的民族工作的客观需要

党的领导是党和国家的根本所在、命脉所在。习近平总书记指出："党政军民学，东南西北中，党是领导一切的。"[①] 强调"处理好民族关系始终是国家政治生活极为重要的内容"[②]。党的领导是引领新时代中国特色社会主义民族工作不断向前的最大政治优势，要充分认识到中国共产党的领导是做好新时代民族工作的根本政治保证。因此，必须准确把握和全面贯彻落实我们党关于加强和改进民族工作的重要思想。高校思想政治理论课对于落实立德树人根本任务具有重要作用，同时肩负着培养高素质人才、系统传授专业知识、服务社会经济高质量发展和传承文化等重任，高校办学必须要牢牢坚持社会主义办学方向，致力于培养德智体美劳的合格建设者和社会主义事业接班人。具体到民族工作维度来讲，一方面高校思想政治理论课要阐释、学习和研究习近平关于民族工作的重要论述和党的民族理论、民族政策，紧紧抓住中华民族共同体意识这一主线和前进方向，为民族地区和少数民族提供智力保障，为做好党的民族工作提供全过程、全方位的服务。另一方面，高校思想政治理论课要做好党的民族工作，为促进民族团结事业进步培养人才，要培养少数民族干部。高校思想政治理论课发挥课程优势，促进民族团结进步事业和各民族共同繁荣发展，培养具有扎实中华民族共同体意识素养和"德智体美劳"身心全面发展的社会主义事业合格建设者和接班人，加强和改进党的民族工作，推动党的民族理论与时俱进、创新发展。

（四）实践价值：提高思政课教学成效的有力抓手

将"铸牢中华民族共同体意识"融入高校思想课教育教学过程，既是深化民

---

① 习近平：《决胜全面建成小康社会 夺取新时代中国特色社会主义伟大胜利——在中国共产党第十九次全国代表大会上的报告》，《人民日报》，2017-10-28。

② 中共中央文献研究室：《习近平关于社会主义政治建设论述摘编》，中央文献出版社 2017 年版，第 147 页。

族团结进步教育的要求，也是提高思政课教学成效的有力抓手。中华民族共同体意识融入高校思想政治理论课教学，聚焦思政课教学中的现实问题，既体现了对马克思主义民族观的学习，也彰显了中共中央和国务院的战略规划。新时代高校思想政治理论课教育教学需要与时俱进，只有努力适应当前教学所面临的新形势、适当增加中华民族共同体意识教育教学新内容、满足青年学生新需求，才能促使高校思想政治教育教学"更上一层楼"。将中华民族共同体意识融入高校思想政治理论课教学，有助于多方面丰富思政课教学资源，提升思政课教学成效。一方面，挖掘为维护国家领土主权完整和促进中华民族伟大复兴过程中所涌现出的英雄模范人物、典型事迹，为促进民族团结、民族融合做出突出贡献的人物，充分利用这些教学资源，有助于进一步增强青年学生的学习兴趣，为青年学生学习中华民族伟大精神、党的民族理论及政策、社会主义核心价值观等提供鲜活的教学素材。另一方面，将中华民族共同体意识融入高校思想政治理论课教学，还有助于拓宽思政课教学渠道，改变以往"一言堂"的教学局面，为推进专题式教学、体验式教学、现场式教学等提供广阔的空间。

二、中华民族共同体意识融入高校思想政治理论课的基本原则

原则是指人们说话或行事所依据的法则或依据。中华民族共同体意识融入高校思想政治理论课教学的原则是在开展高校思想政治理论课教学过程中在不同层面、不同范围需要遵循的基本准则，对于丰富讲授内容、方法等具有重要的指导作用。因此，中华民族共同体意识融入高校思想政治理论课教学过程要遵循方向性与科学性、教育与自我教育、整体性与层次性和显性灌输与隐形渗透相结合原则。

（一）方向性与科学性相结合的原则

方向性原则指的是在开展教学过程中始终坚持以马克思主义理论为指导，坚持社会主义方向，用社会主义意识形态占领思想阵地。科学性原则指的是在开展教学过程中遵循社会思想行为的客观规律和思想政治教育发展的客观规律。

首先，遵循方向性原则。中华民族共同体意识融入高校思想政治理论课，必须始终坚定正确的社会主义、共产主义政治方向，引导学生牢固树立"四个意

识"，坚定"四个自信"，为实现中华民族伟大复兴中国梦而接力奋斗。其次，遵循科学性原则。中华民族共同体意识融入高校思想政治理论课，是具有自身发展规律的实践活动，其所要求教学活动遵循社会发展规律、民族发展规律和思想政治教育规律。因此，中华民族共同体意识融入高校思想政治理论课既要坚持正确的政治方向，又要遵循事物发展的客观规律，是方向性与科学性的有机统一。如果在教学过程中放弃社会主义方向，就会失去方向引领和保障，从而迷失科学基础。反之，如果不遵循相关规律，就很难一切从实际出发地把握各种社会思想的产生和发展状况，难以做到正确把握青年学生的思想状况和发展势头，从而难以坚持正确的政治方向。因此，中华民族共同体意识融入高校思想政治理论课必须坚持马克思主义在意识形态领域的指导地位，始终走社会主义方向，遵循社会发展规律、民族发展规律和思想政治教育规律。

（二）教育与自我教育相结合的原则

教育与自我教育相结合的原则指的是在中华民族共同体意识融入高校思想政治理论课教学过程中，既要注重教育者主导作用的发挥，又要引导受教育者学会自我教育，以进一步使受教育者树立正确的世界观、人生观、价值观，从而提高受教育者的思想道德水平。这是强调实施思想政治教育的重要性原则，进一步为中华民族共同体意识融入高校思想政治理论课提供原则指导。教育与自我教育只有紧密结合，教育才能取得成效。教育者开展的中华民族共同体意识教育对于受教育者而言是外因，受教育者的自我教育才是内因，教育和自我教育构成辩证统一的关系。中华民族共同体意识融入高校思想政治理论课，首先需要发挥高校思想政治理论课教师的示范和主导作用，根据学生的实际情况，具体分析年龄结构、认知层面、心理属性以及实际需求来制订教学方案，开展中华民族共同体意识教学活动。其次，通过开展中华民族共同体意识活动，使教师与学生建立良好的互动关系，引导学生学习中华民族共同体意识的积极性和主动性。教师还要帮学生掌握如何开展自我教育，让他们主动将中华民族共同体意识内化为自己的行为，实现受教育者自我修养和自我完善。同时，大学生也要发挥主观能动性，深入进行自我教育，把中华民族共同体意识内化为自己的思想体系，实现个体的升华，从而为国家的民族团结进步事业做贡献。

（三）整体性与层次性相结合的原则

整体性原则指的是教学过程中所表现出来的教学人物、目标、内容、组织、课程实施与课程开发、教学方式与学习方式等各个要素构成相互紧密联系的整体。层次性原则指的是要根据不同的教育对象确定、实施不同层次的教育内容。新时代大学生具有层次性，思想认识也具有层次性和阶段性规律。

首先，遵循整体原则，需要树立整体观念。从整体来看，将中华民族共同体意识融入高校思想政治理论课教学，要坚持"整体育人"的观念，建立全员全过程全方位育人的格局。就部分而言，将中华民族共同体意识教育作为高校思想政治理论课教学的一个组成部分，中华民族共同体意识教育和高校思想政治理论课教学呈现出部分与整体的统一关系。部分整体相互依赖、相互依存。要增强教育者对受教育者整体素质的认识，将中华民族共同体意识的教学内容和教学目标体现在各个岗位教师的目标和职责上，推动形成教育合力。再设定教育目标和内容系统各要素，使得中华民族共同体意识目标和内容系统各要素协同作用。其次，遵循层次原则。青年学生的智力水平、环境、思想行为等方面都存在一定的差异，这就要求在中华民族共同体意识融入高校思想政治理论课教学时要做到具体问题具体分析。以学生为主体，对不同特点的大学生有区别地采用示范引导、自我教育以及灌输教育等方法。大学生的自我管理能力有强弱之分。需要教育者因材施教制定教学目标和内容。中华民族共同体意识是一个多层次的教育结构。自我管理能力较强的大学生，可以采取价值引导的方式，鼓励他们自我教育。对于自我管理能力较差的学生，要挖掘他们的兴趣爱好，采用符合其年龄阶段的方法，对大一大二的学生开展体会和考察的社会实践活动，对大三的学生开展调研、服务的社会实践活动，对毕业班的学生开展见习和实习的活动。

（四）显性灌输与隐性渗透相结合的原则

高校思想政治理论课中的显性灌输方式主要有课堂教学、专题理论讲座、讨论学习等，通常都有明确的教育内容、教育目标、教育计划。显性灌输是思想政治教育的常用方法，思想政治教育的内容主要通过显性灌输传达给受教育者。"隐性教育主要是通过把思想、政治与道德等内容融入具体的教育教学与社会实践活动中。"① 隐性教育相对来说比较复杂，在高校思想政治理论课教学过程中，隐性渗透通常会把教学目标隐藏起来，以各种潜在的教育方法将中华民族共同体意识教育内容渗透到受教育者的头脑中，让受教育者在不知不觉中接受教育。

一方面要重视显性灌输。中华民族共同体意识融入高校思想政治理论课教学需要发挥课堂教学的主渠道作用，通过理论灌输讲清楚中华民族共同体意识的基本内涵、生成逻辑、价值意蕴等。另一方面不可忽视隐形渗透的辅助作用。新时代的学生个性张扬，思想具有复杂性，需要高校思想政治理论课教师采用内隐的方法开展中华民族共同体意识教学。苏联教育学家霍姆林斯基说："教育者的教育意图越是隐蔽，就越是能为教育对象所接受，就越能转化为教育对象的内心要求。"② 隐性渗透隐藏在学校的管理、制度及校园文化建设体系、校风、班风中。在隐形渗透过程中，需要教育者以自身的言行举止影响青年学生，发挥校园文化载体的熏染功能，譬如，设置校园宣传栏，让青年学生无形中接受中华民族共同体意识的熏染，自觉做到维护民族团结和国家统一。

三、中华民族共同体意识融入高校思想政治理论课的实施路径

中华民族共同体意识融入高校思想政治理论课教学是高校现阶段的一项重大系统工程，为推进中华民族共同体意识与高校思想政治理论课教学的有机融合，需要坚持将思政教育规律与满足学生发展需要结合起来，不仅要发挥教师的主导作用，还需要发挥学生的主体功能，同时在充实教学内容和优化教学方法上下功夫，推动中华民族共同体意识融入高校思想政治理论课教学。

（一）教师主导：优化教师队伍建设，提升思想政治理论课教师意识和教学技能

教师队伍的教育意识和能力素质，决定了中华民族共同体意识融入教育活动是否能取得良好的教学成效。这就要求思政课教师具备较高的马克思主义民族理论素养和融会贯通的"中华民族共同体意识"知识专业素养，加强用马克思主义

① 曹金龙：《关于新时代思想政治教育显性教育和隐性教育相统一的思考》，《思想理论教育》，2019 年第 12 期。

② 〔苏〕苏霍姆林斯基：《教育的艺术》，肖勇译，湖南教育出版社 1983 年版，第 103 页。

民族观点、立场、思维方式来分析、解决问题的能力。当前教师队伍中仍然有人对中华民族共同体意识教育教学的价值意蕴与必要性认识不足，在开发利用中华民族共同体意识教育资源能力等方面存在不足。因此，必须加强和改进思政课教师队伍建设，提升思政课教师队伍的教育意识和教学技能。

一要加强师德师风建设。高校思想政治理论课教师是青年大学生的重要领路人，高校思想政治理论课教师的言行举止对大学生的学习生活都会产生潜移默化的影响。立德就是要先树立良好的师德师风，培养良好的师德师风是高校思想政治理论课教师实现立德树人根本任务的关键。应加强对教师的职业道德教育，使其具备良好的道德素养。拥有实现中华民族伟大复兴的进取心态，促进民族团结、维护国家统一的历史使命感和坚定的职业责任感。二是高校思想政治理论课教师要树立中华民族共同体意识融入高校思想政治理论课的理念，有针对性、有意识地把中华民族共同体意识的内涵与外延融入高校思想政治理论课教学，使教师充分认识中华民族共同体意识在政治引导、立德树人等方面的作用与价值，自觉在高校思想政治理论课教学中开展中华民族共同体意识教学教育。三是高校思政教师要丰富相关教育知识储备。要将中华民族共同体意识融入高校思想政治理论课，要求教师要有中华民族共同体意识的相关知识功底，通过搭建线上与线下的学习平台，理解与把握中华民族共同体意识的丰富内涵与外延、生成逻辑、价值意蕴，着力提升开展中华民族共同体意识教育的业务能力水平，实现中华民族共同体意识与高校思想政治理论课的有机融合，不断提升思想政治教育理论课质量。教师要"以深厚的理论功底赢得学生的欣赏"，系统学习马克思主义民族观以及马克思主义民族观中国化的历史进程，深入了解党和国家的民族政策。四是高校思想政治理论课教师要做到锤炼教学语言，转化话语范式。从表面来看，教学语言是传授课程知识、阐释马克思主义理论的载体；就本质而言，它是在学生思想意识中建构思维模式、价值观念的主要介质。实现中华民族共同体意识在高校思想政治理论课教学中的有效内嵌，高校思想政治理论课教师需要实现传统的高校思想政治理论课教材文本话语向生活性话语转变，立足社会实际情况、深入生活，在改变教学亲和力、感染力上下功夫，有效传达中华民族共同体意识教学内容，以喜闻乐见的方式，用青年学生身边的直接案例进行阐释，引起青年学生的共鸣。

（二）学生主体：激发问题意识，培养学生学习中华民族共同体意识的兴趣和习惯

问题意识是积极发现有价值的问题并通过有效方法解决问题的自觉意识。[①]习近平总书记在学校思政课教师座谈会上指出："学生的疑惑就是思政课要讲清楚的重点"[②]，深刻指出思政课教学要具备问题意识，要以问题为导向开展高校思想政治理论课教学。高校思想政治理论课教学是教师与学生进行思想和情感双向交流互动的活动。中华民族共同体意识融入高校思想政治理论课，既要发挥教师的主导作用，也要发挥学生主体性作用，激发学生的问题意识，对学生成长规律、认知规律、接受特点进行研究。

首先，激发青年学生学习中华民族共同体意识的积极性、主动性。发挥青年学生的主观能动性作用，引导激发青年学生主动、自觉、积极学习中华民族共同体意识的知识体系，遵循感性认识到理性认识、从现象到本质的一般规律。进一步激发青年学生学习的好奇心、求知欲和主动性，使大学生可以充分表现自己，对中华民族共同体意识理论知识的理解更加透彻。因此，高校思想政治理论课教师要善于创设一种激发性的中华民族共同体意识教学情境，诱导学生的主体意识，逐步将中华民族共同体意识内化为自身的知识体系，把近期的欲求转化为实现中华民族伟大复兴远大目标的坚强意志和性格。其次，发挥青年学生学习中华民族共同体意识的创造性。创造性越明显，学生主体作用就发挥得越好，就将进一步激发学生的情感。在具体实践教学过程中，需要高校思想政治理论课教师善于创设一种激发性的中华民族共同体意识教学情境，通过设置问题吸引学生，通过探索问题启发学生，通过解答问题教育学生，提供创造的机会和条件。最后，以问题为中心。进行具体—抽象—具体的思维训练，培养学生中华民族共同体意识学习的科学方法等。

（三）内容为王：将中华民族共同体意识有效融入高校思想政治理论课教学体系

教学内容是思政课实现育人目标的核心要素，思政课教学内容具有科学性、

---

① 刘建军、梁祯婕：《论思想政治理论课教学的问题意识》，《马克思主义理论学科研究》，2021年第1期。

② 习近平：《思政课是落实立德树人根本任务的关键课程》，《求是》，2020年第17期。

思想性和先进性的特征，直接关系到教学效果是否取得成效。将中华民族共同体意识融入高校思想政治理论课，思政课教师在备课过程中，要有意识并且巧妙地挖掘中华民族共同体意识的优秀思想资源，结合高校思想政治理论课的教学内容开展中华民族共同体意识教学。讲清楚中华民族共同体意识的科学内涵、理论来源和实践路径等，切实把握中华民族共同体意识融入高校思想政治理论课的灵魂和精髓。

具体而言，一是要在高校思想政治理论课课程体系中讲授。在"思想道德与法治"课程中讲授依法治理民族事务、铸牢中华民族共同体意识的必要性、爱国主义和民族区域自治制度的相关内容，进一步厚植青年学生家国情怀，牢固树立国家意识和公民意识。在"中国近现代史纲要"课程中讲授近代以来各族人民同仇敌忾、共同抵抗外来侵略者的历史，他们共同书写了中华民族英勇奋斗、艰辛探索、顽强奋斗、气壮山河的伟大史诗，让青年学生懂得中华民族历史探索进程，使青年学生在学习课程中树立正确的中华民族历史观，增进历史自觉。在"毛泽东思想和中国特色社会主义理论体系概论"课中讲授习近平关于加强和改进民族工作的重要论述及理论特征、时代价值、民族交往交流交融等内容，从中华民族伟大复兴的战略高度理解和把握党的民族工作发展历程，让学生坚定"四个自信"，自觉投身中华民族共同体意识的伟大实践；在"马克思主义基本原理"课程中讲授马克思主义民族观理论，通过开展辩证唯物主义和历史唯物主义教育，结合物质与意识的辩证关系原理讲授中华民族共同体意识形成的物质基础与历史脉络，引导学生用马克思主义的立场、方法、观点，考察民族问题，把握民族发展的总体规律，揭示民族关系的内在本质，分析民族趋势如何发展；在"形势与政策"课程中，针对当下面临的民族问题，并结合国际国内背景、发展的机遇与挑战，引导学生系统分析，让学生学会研判国际国内形势，关注世界层面民族问题，将我国民族问题放到新时代背景和百年未有之大变局背景来认识，从而深刻理解我们党的民族理论和民族政策。二是要与时俱进加强教材建设。教材是讲授教学内容的主要载体，是开展教学活动的直接依据。教学主管部门要组织专家科研团队编写中华民族共同体意识融入高校思想政治理论课的相关教材，完善相关中华民族共同体意识教材和讲义，确保中华民族共同体意识进教材、进课堂。此外，不断创新教材形式，既要发挥好传统纸质版教材的作用，也要有效运用数字化多媒体教材，要充分调动广大思政课教师不断守正创新的积极性，促使更多更好的中华民族共同体意识新教材、讲义面世。

（四）教法优化：开发教学资源，注重教学方法的改革与创新

优化教学方法有利于提升人才培养效能和将教材知识体系转化为学生的认知体系，也是铸牢青年学生中华民族共同体意识的重要保证。课堂教学是中华民族共同体意识融入高校思想政治理论课的主要途径与教学方式，要确保教学工作取得成效，当前的重要任务就是要做好课堂教学方法的改革与创新。

采用理论与实践相结合的教学方法。马克思指出："理论只要说服人，就能掌握群众；而理论只要彻底，就能说服人。"[①] 这就需要思政课教师具备较强的理论功底，真正成为"使学生信服的行家里手"。在理论教学过程中，思政课教师充分运用好理论讲授法，要以学理性的分析阐明中华民族共同体意识所蕴含的理论逻辑、价值意蕴以及马克思主义民族观的立场、观点和方法等。习近平总书记指出："思政课不仅应该在课堂上讲，也应该在社会生活中来讲。"[②] 将理论教学与社会大课堂有机结合，凸显其实践性特征，引导学生在体验和践行中将中华民族共同体意识内化于心。教师在开展教学过程中，可根据教学需要依托当地文化资源，组织学生参观地方性民族博物馆。学生通过课堂教学和第二课堂中的实践环节的交融，将中华民族共同体意识内化为自身的理论，并通过体验式教学外化为行为实践。结合第二课堂来增强价值认同感，依托演讲、调查研究、网络调研、中华民族共同体意识示范基地体验等实践教学模式，达到内化与外化的效果。要围绕主线，结合课程特点科学设计实践教学，通过参观考察、社会调研、知识竞赛、主题演讲、微视频比赛等丰富多样的实践教学形式，引导大学生在实践中深化认识、增进共识。

采用线上与线下相结合的教学方法。首先，要打造线上与线下相结合的交流平台。大数据背景下，线上教学应当结合随手拍、微视频、抖音快手、"慕课"、"SPOC"、"直播"等新媒体教学手段实现中华民族共同体意识教育的无纸化。充分利用互联网科技手段，将传统课堂与新媒体技术相结合，主动去占领网络舆论

---

① 中共中央马克思恩格斯列宁斯大林著作编译局：《马克思恩格斯选集》第二卷，人民出版社1995年版，第9页。

② 杜尚泽：《微镜头：习近平总书记两会"下团组"·"'大思政课'我们要善用之"》，《人民日报》，2021-03-07。

高地，结合大学生的心理特点，有效引导他们的思想和言论走向，以话语认同促进中华民族共同体意识的情感认同。思政课已经延伸出第二、第三和第四课堂，形成一、二、三、四课堂协调育人的教学模式。[①] 中华民族共同体意识融入高校思想政治理论课教育教学载体的选择，不仅要做到适应时代发展的要求和世情的变更，还需要具备一定的显性教育、隐性教育功能。

四、结语

中华民族共同体意识融入高校思想政治理论课教学是一项循序渐进、复杂多样的教学活动，要有意识地将中华民族共同体意识融入高校思想政治理论课教学，对于进一步铸牢中华民族共同体意识、维护中华民族大团结、促进中华民族伟大复兴，具有重要意义。

---

① 刘同舫：《思想政治理论课教学亟须解决的五个问题》，《思想理论教育导刊》，2019 年第 7 期。

奋斗精神融入高校思政课问题驱动式教学的探析

黄　凯

（贵州师范大学马克思主义学院，邵阳学院马克思主义学院，

贵州 贵阳 550001）

摘　要： 培育奋斗精神是党史学习教育的重要目标之一，习近平总书记强调要教育引导全党始终保持革命者的大无畏奋斗精神，鼓起迈进新征程、奋进新时代的精气神。党史学习教育与思政课中的"纲要"课教学有时空、历史、价值三重维度的契合，故奋斗精神融入"纲要"课教学浑然天成。奋斗精神不仅是 1840 年以来无数仁人志士特别是共产党人救亡图存内驱力的历史展示，也是当下大学生树立马克思主义信仰、拒绝"懒怠惰颓丧"的现实需要，更是为实现中华民族伟大复兴提供重要保障的指引。奋斗精神能激发大学生自我赋能及"志勇勤俭韧"，问题驱动式教学的实现亟须发扬此精神，促进彼此合作并自主探究，使学生明白近现代中国的主要矛盾和历史任务，认识历史的主题主流主线，认同"四个选择"，体悟中国共产党为什么"能"、马克思主义为什么"行"、中国特色社会主义为什么"好"。

关键词： 奋斗精神；思政课；问题驱动式；党史学习教育

习近平总书记在 2021 年党史学习教育动员大会上强调，全党同志要做到学史明理、学史增信、学史崇德、学史力行，学党史、悟思想、办实事、开新局，以昂扬姿态奋力开启全面建设社会主义现代化国家新征程，以优异成绩迎接建党一百周年。对于当代大学生而言，发扬红色传统、传承红色基因、培育奋斗精神是党史学习教育的重要目的之一，也是"纲要"课教学的内在要求。奋斗精神本

就内嵌于鸦片战争以来无数仁人志士救亡图存特别是共产党人"为中国人民谋幸福，为中华民族谋复兴"的奋斗史中。"纲要"课开展问题驱动式教学有利于激发学生兴趣，促进其自主学习与合作探究，既是知识传授，又注重铸魂育人。"纲要"课问题驱动式教学不仅其过程和内容均能培育大学生奋斗精神，而且教学指向鲜明、目标达成多元，对当代大学生有很好的启示作用。

一、奋斗精神的提出背景、主要内涵、价值意蕴

（一）提出背景

艰苦奋斗既是中华民族的优良传统，也是我们党密切联系人民群众的法宝之一。在百年来党领导中国人民进行伟大的革命、建设和改革的各个时期，作为工人阶级先锋队和中华民族最优秀的儿女，中国共产党人在继承艰苦奋斗的优良传统中，赋予奋斗精神以新的时代内涵。近年来，习近平总书记对弘扬爱国奋斗精神做出一系列重要指示："广大青年一定要矢志艰苦奋斗。'宝剑锋从磨砺出，梅花香自苦寒来。'人类的美好理想，都不可能唾手可得，都离不开筚路蓝缕、手胼足胝的艰苦奋斗。我们的国家，我们的民族，从积贫积弱一步一步走到今天的发展繁荣，靠的就是一代又一代人的顽强拼搏，靠的就是中华民族自强不息的奋斗精神。"[①]《中共中央关于党的百年奋斗重大成就和历史经验的决议》中指出："党和人民取得的一切成就，不是天上掉下来的，不是别人恩赐的，而是通过不断斗争取得的。全党必须清醒认识到，中华民族伟大复兴绝不是轻轻松松、敲锣打鼓就能实现的。"[②]党史学习教育就是学好党的百年奋斗史。奋斗精神体现在党领导人民追求民族独立和解放、实现国家繁荣富强和人民共同富裕的全过程之中。面对世界百年未有之大变局，在新的时代条件下，我们要进行伟大斗争、建设伟大工程、推进伟大事业、实现伟大梦想，在坚持和发展中国特色社会主义的历史进程中攻坚克难，不断顽强奋斗、艰苦奋斗、不懈奋斗、接续奋斗，奋斗精神是实现中华民族伟大复兴的重要保障和强大内驱力。

---

① 《习近平谈治国理政》第一卷，外文出版社 2014 年版，第 49—54 页。
② 《中国共产党第十九届中央委员会第六次全体会议公报》，中国政府网，http://www.gov.cn/xinwen/2021-11/11/content_5650329.htm。2021–11–11。

（二）主要内涵

从中文词源概念理解"奋斗"有三层含义：一是奋力格斗，二是奋力与对方做斗争，三是为达到一定目的而努力干。从英文词源理解，奋斗一词接近于 struggle 或 strive，含有斗争、努力、争取、抗争、反抗之意。艰苦奋斗的反义词是"奢靡享乐、花天酒地"，奋斗的反义词是"懒散、懈怠、怠惰、消沉、颓丧"即"懒怠惰颓丧"。由此可见，培育奋斗精神就得坚决反对消沉躺平、树立远大理想（志），反对怯懦避世、壮大胆量信心（勇），反对懒散怠惰、坚持勤以修身（勤），反对奢靡享乐、培育俭以养德（俭），反对骄娇态度、淬火百炼成钢（韧），即从"志勇勤俭韧"五方面下功夫。

（三）价值意蕴

党和人民事业发展需要一代代中国共产党人接续奋斗，必须抓好后继有人这个根本大计……要源源不断培养造就爱国奉献、勇于创新的优秀人才，真心爱才、悉心育才、精心用才，把各方面优秀人才集聚到党和人民的伟大奋斗中来。培养好社会主义接班人，在大学中就是要将奋斗精神的培育贯穿思政课始终，特别要发挥"纲要"课的重要作用，学习、回顾革命先辈筚路蓝缕的奋斗史，牢牢把握近现代以来历史的主流主线与本质，告诫其不忘来路，不忘初心、牢记使命，善于斗争、敢于奋斗，发扬好革命奋斗精神，成长为堪当时代重任的接班人。

二、党史学习教育与"纲要"课教学的三重契合

党史学习教育与"纲要"课教学在时空、历史、价值方面三重契合，即将党史学习教育的奋斗精神融入"纲要"课教学毫无障碍，浑然天成。

（一）时空契合

"纲要"课程主要讲述的时间区间为 1840 年至今，从 1840—1919 年间主要涉及农民阶级掀起的太平天国革命运动、地主阶级改良派探索中体西用的洋务运动、资产阶级维新派发动的百日维新、资产阶级革命派举行的辛亥革命，以及受过新式教育的陈独秀、鲁迅、李大钊、蔡元培、胡适等人发起的"反传统、反孔教、反文言"的新文化运动。这些各阶级代表纷纷探索救国救民的道路，虽取得一定

程度的突破，但仍属于旧民主主义革命的内容，且没有完成根本的两大历史任务，所以终究失败了。这些内容都只是纲要课教学的序幕而不是高潮，都是为中国共产党成立并带领中国人民开启新民主主义革命这一开天辟地的大事件所做的铺垫。伟大的中国共产党成立才使得中国革命的面貌焕然一新，中国革命从此有了主心骨，中国近现代史开始了崭新的一页。所以，"纲要"课教学的重点在于了解1921年之前的历史背景，深刻理解1921年之后中国共产党成为历史和人民的选择的必然性。1921年以来，党带领全国各族人民的奋斗史与历史的主流主线是"纲要"课学习的重点。

（二）历史契合

"纲要"课是以历史为载体的思政课，与中共党史密不可分。纪亚光认为，培养"纲要"课教师的马克思主义一级学科下的二级学科中国近现代史基本问题研究，与"中共党史研究"的关系同样紧密，中国共产党的历史是中国近现代历史中最辉煌的篇章，学习中国近现代史要特别注意学习中国共产党的历史。[1] 全华在一文中指出，认真研读中国共产党的文献，是带有强根固基性努力的一个重要方面，也是坚实"中国近现代史基本问题研究"学科建设根基的一个极为重要的方面。[2] "纲要"课程主要讲述中国近现代史的主流主线和本质、主要任务与基本问题，教育学生认清社会主要矛盾的变化，这与党史学习教育的史实选择范围是一致的。

（三）价值契合

开展"纲要"课教学要围绕历史和人民怎样选择了马克思主义、中国共产党、社会主义道路、改革开放，即中国发展举什么旗、走什么路、由谁来领导等中国近现代史的基本问题，使大学生明白近现代中国的主要矛盾和历史任务，认清历史的主体主流主线和本质，认同"四个选择"，体悟到中国共产党为什么能、马克思主义为什么行、中国特色社会主义为什么好。而在我们党百年华诞的重大时刻，

---

① 纪亚光：《中国近现代史基本问题研究》，北京师范大学出版社2019年版，第1—9页。

② 全华：《研读党的文献，坚实学科建设根基——关于"中国近现代史基本问题研究"学科建设》，《马克思主义理论学科研究》，2015年第1期。

在"两个一百年"奋斗目标历史交汇期，在大学生中开展党史学习教育、培育奋斗精神是十分必要、应长期坚持的。回望党的百年奋斗路，眺望前方的奋进路，必须把党的历史学习好、总结好，把党的成功经验传承好、发扬好。一百年来，中国共产党弘扬伟大建党精神，在长期奋斗中构建起中国共产党人的精神谱系。中国共产党人的精神谱系集中彰显了中华民族和中国人民长期以来形成的伟大创造精神、伟大奋斗精神、伟大团结精神、伟大梦想精神，彰显了一代又一代中国共产党人"为有牺牲多壮志，敢教日月换新天"的奋斗精神。对当代大学生而言，教育其"大力发扬红色传统、传承红色基因，赓续共产党人精神血脉，始终保持革命者的大无畏奋斗精神，鼓起迈进新征程、奋进新时代的精气神"是十分迫切而重要的，也是针对当下某些青年存在的"懒怠惰颓丧"消极思想的一次精神洗礼。无论是党史学习教育对大学生的奋斗精神培育，还是"纲要"课教学目标，两者目标一致，价值取向十分吻合。

三、"纲要"课问题驱动式教学设计、效果及反思

（一）问题驱动式教学设计

"纲要"课授课一般针对大一学生，开设于第二学期。2021年笔者为激发学生的自主能动性与合作探究精神，在授课过程中采用问题驱动式教学，将奋斗精神的培育贯穿"纲要"课教学始终，引导医学专业两个班的学生从"被动学转为主动学"，既发挥教师主导作用，又重视学生的主体地位。开学第一课即布置了按授课顺序精心设计的10个合作研究选题，要求每个班（80~120人）所有学生必须参加，以寝室为主，共同兴趣为辅的原则进行组队，各队选题不能重复，每组必须完成PPT或研究报告并于最后数周进行每组10分钟的研究成果展示，展示后台下的同学们可提问交流，授课教师会进行逐一点评。同时在日常教学过程中，重视将党史学习教育的奋斗精神融入"纲要"课问题驱动式教学之中，引导学生树立大历史观，深入理解党史、新中国史、改革开放史、社会主义发展史，将党的百年奋斗史和奋斗精神放在1840年以来的近现代史的视域中观察，将160多年来的中国近现代史放入五百年的社会主义发展史视角下探析。以下是问题驱动式教学的选题。

（1）清中叶的康乾之治算盛世吗？与西方的差距如何？

（2）太平天国、洋务运动、维新变法乃至辛亥革命为何屡遭失败，他们有胜算吗？

（3）五四前后的新文化运动改变中国哪些落后面貌？

（4）从1921年建党至七七事变，虽然党的力量尚弱，但为什么说中国革命的希望在于中国共产党？

（5）在世界反法西斯战争形势大好情况下，如何看待国民党政府"豫湘桂"大败？

（6）如何从近代中国三种建国方案看待民族资产阶级的软弱性？

（7）怎样看待新中国成立以后农村土地的"耕者有其田"—合作化运动—人民公社—包田到户—农业产业化集约土地的变化？

（8）如何理解前三十年与后四十年的关系？

（9）如何理解十八大以来我们进入新时代以及主要社会矛盾的变化？

以上设计的九个主要问题，在于锻炼大学生的历史全貌思维，感受一代代志士仁人前赴后继、救亡图存的奋斗史和奋斗精神，引导其通过中西方横向比较与古今纵向联系，从思考一个小的历史横切面的问题出发，以小见大，在团队合作、自主探究后得出"纲要"课的教学知识与价值导向。

（二）教学实践效果

通过创新形式与内容的问题驱动式教学方式，激发了学生自主的积极性，课堂抬头率得到明显的提升，下课主动组队、向老师提问的学生明显增多。所选择的十个问题涵盖了纲要课的重难点，较之传统教学的单向灌输或平铺直入式讲授，更有利于培养学生的问题意识，启发不少同学开始对思政课感兴趣，师生之间的互动、生生之间的互动明显增多，取得了较好的教学效果。通过"带着问题主动学"，学生们在相互讨论、搜索资料、形成报告的锻炼中培育了奋斗精神，在学习"纲要"课的过程中了解鸦片战争以来寻求不同救国出路的仁人志士或革命者的奋斗历程，特别是受到中国共产党人百年奋斗史和奋斗精神的熏陶。在课堂教学中，笔者还会时不时穿插一些革命者奋斗史的故事来激励学生，提出与本节相关的启发式问题来引导学生。在教学实践中，在老师的指导下学生们最终通过组队讨论、资料收集、合作探究基本都能完成所选问题的课堂展示，较好地结合课本揭示九大问题的时代背景、核心概念和内在原因。学而不思则罔，思而不学则殆。"纲要"课问题驱动式教学通过以九大问题为主、辅之课堂小问题，能更好地引导大学生知其然且知其所以然，在学习中思考历史表象背后的内在本质与必然规律，从而使他们更加坚定"四个自信"，明白"四个选择"，为今后的人生道路拼搏提供不竭的精神动力。

（三）教学反思与展望

将奋斗精神融入"纲要"课问题驱动式教学的过程中，存在三方面的经验与待提高的环节。一是教学过程中教师需对全过程进行把握，防止某小组研究走题或脱离历史实际，在展示后需对每组课题研究进行点评，这对教师的综合能力与责任心都提出了较高要求。而实际开展中因为部分学生不够主动、与老师交流较少，影响展示效果；在对十个学生课题组的指导过程中，受制于教学课时限制，教师需无偿付出很多时间。另外，受制于课程教学进度安排，在课题展示后让学生提问的机会较少，往往直接进入教师点评环节。二是针对少数大学生的"懒怠惰颓丧"，将党史学习教育的奋斗精神融入"纲要"课教学中确实能起到一些明显作用，但是奋斗精神的培育除了理论课教学，还需要大学生的自我赋能及实践锻炼。奋斗精神的培育是一个系统的大工程，需要家庭、社会、学校和学生个人的努力，在学校也需要全员全过程参与，而不是仅依靠数次理论课、思政课，"纲要"课问题驱动式教学也只是抛砖引玉。大学生的奋斗精神培育还需体用合一，在思政课特别是"纲要"课教育的基础上，还可采用忆苦思甜对比法、实践调研炼体法、挫折磨砺焠心法等方法，更好地做到理想信念立志、兜底激励育勇、日常事功树勤、深入群众养俭、戒除骄娇蕴韧，从而使大学生成为一名充满奋斗精神、可堪大任的新时代社会主义接班人。三是因"纲要"课问题驱动式的教学创新实践开展于2021年上学期，采用的是2018年版教材，而8月后出版了2021年版新教材。新教材与过去相比，一是把实现中华民族伟大复兴的主题和践行党的初心使命这条红线贯穿其中，充分吸收和体现了习近平"七一"重要讲话精神，补充了"伟大建党精神"等重要内容；二是进一步突出改革开放和社会主义现代化建设新时期，特别是中国特色社会主义进入新时代的历史；三是在具体行文中，注重在史论结合上下功夫，力求做到史实准确，概括精当；四是进一步创新呈现形式，新教材补充了大量图片、图表、链接。① 为了更好地将党史学习教育特别是其中的奋斗精神融入 48 课时的"纲要"课教学过程当中，亟须在以上四方面进一步领会新版教材的主旨意图和新修订的内容，改进教学方法、提升教学质量，较好地将"纲要"课问题驱动式教学与奋斗精神融入教学全过程相结合。

---

① 仝华：《〈中国近现代史纲要（2021 年版）〉修订说明和教学建议》，《思想理论教育导刊》，2021 年第 9 期。

红色基因有效融入高校思政课教学的思考

韩 成

（贵州师范大学马克思主义学院，贵州 贵阳 550001）

摘 要： 红色基因是中华民族宝贵的精神财富，是中国共产党历经百年沧桑仍旧风华正茂的关键所在。将红色基因融入高校思政课，是高校思政课教学的责任和任务，也是培养时代新人的主渠道。将红色基因有效融入高校思政课教学，以传承好、弘扬好红色基因，准确把握中国共产党人铸就的信念坚定、一心为民、坚韧不屈、勇敢刚毅等红色基因内涵是前提；深刻理解红色基因融入高校思政课的时代价值、文化价值、道德价值是重点。通过发挥党委的核心领导作用、打造理论性与实践性相结合的思政课堂、创建"红色"校园文化、利用校园网络载体等路径，形成学校全面育人格局，切实保障红色基因融入高校思政课教学的有效性。

关键词： 红色基因；有效性；高校思政课；时代新人

一部红色基因史，就是一部中国共产党的发展史。百年来，中国共产党一直重视对红色基因的传承与弘扬，也正是因为无数共产党人内含红色基因，中华民族实现了从站起来、富起来到强起来的伟大飞跃。"青年兴则国家兴，青年强则国家强。青年一代有理想、有本领、有担当，国家就有前途，民族就有希望。"[①] 青年既是国家兴旺发达的生力军，也是主力军。习近平总书记多次强调，青年一代必须发扬革命传统，传承和弘扬红色基因，发挥红色基因的育人功能，用红色基因培养时代新人。高校作为培养人才的重要基地，肩负着培养高素质人才的重任。

---

① 习近平：《决胜全面建成小康社会 夺取新时代中国特色社会主义伟大胜利 —— 在中国共产党第十九次全国代表大会上的报告》，人民出版社 2017 年版，第 71 页。

高校思想政治理论课作为落实立德树人教育方针的关键课程，是传承红色基因的主渠道和主阵地。探究红色基因有效融入高校思政课教学，不仅回答了教育的首要问题——"培养什么人"，而且契合了高校思想政治理论课承担的使命与肩负的责任——"立德树人"，还是切实提升高校思政课教学实效的重要途径。

一、准确把握红色基因的丰富内涵是前提

历史底蕴深厚、内涵丰富的红色基因，其核心内容主要有以下三方面。

（一）坚定不移的理想信念

坚定不移的理想信念是红色基因的魂。习近平总书记多次强调："理想信念就是共产党人精神上的'钙'，没有理想信念，理想信念不坚定，精神上就会'缺钙'，就会得'软骨病'。"[①] 理想信念作为个人向目标奋勇前进、实现目标的动力，是中国共产党从成立、成长到壮大的精神力量，是中国共产党人在面对各种腐朽思想、错误思潮侵蚀时始终能够保持坚定立场的精神支柱。"中国共产党一经成立，就把实现共产主义作为党的最高理想和最终目标，义无反顾肩负起实现中华民族伟大复兴的历史使命。"[②] 在马克思主义理论的引领下，中国共产党人坚定对马克思主义的执着追求、坚定对共产主义远大理想和中国特色社会主义共同理想。翻开中国革命这幅历史画卷，中国共产党的历史是苦难史，但更是一部奋斗史和英雄史。这正是因为中国共产党人有着无比坚定的理想信念，才能使中国共产党人经受一次次血与火、生与死的考验，拯救人民于水火、拯救国家于危难，理性回答了"中国往哪儿去"的历史问题，形塑了中国共产党人独有的"中国气质"，体现了中国共产党人的骨气与志气，让中国共产党人对实现中国梦和实现共产主义有了底气。

---

① 中共中央文献研究室：《习近平关于全面从严治党论述摘编》，中央文献出版社 2021 年版，第57 页。

② 习近平：《决胜全面建成小康社会 夺取新时代中国特色社会主义伟大胜利 —— 在中国共产党第十九次全国代表大会上的报告》，人民出版社 2017 年版，第 13 页。

（二）一以贯之的为民思想

一以贯之的为民思想是红色基因的本。中国有史以来就有着忠诚为民的优良传统，中国共产党是一个深深扎根在人民群众中的政党，权力来自人民，又服务于人民。中国共产党区别于其他政党的显著标志就在于始终坚持全心全意为人民服务的根本宗旨，始终坚持从群众中来、到群众中去的根本工作路线，始终同人民想在一起、干在一起。百年来，中国共产党人带领中国人民进行了革命、建设和改革，创造了一个又一个彪炳史册的人间奇迹。从革命和建设时期开辟工农武装割据新局面、开展土地革命运动、开办平民夜校，新时代打赢脱贫攻坚战，完成了消除绝对贫困的艰巨任务和基本实现了全面建成小康社会，始终坚守"人民至上、生命至上"，打赢一场又一场疫情防控阻击战。可见，在中国共产党的伟大历史实践中，无不体现出中国共产党密切联系群众，想人民之所想、急人民之所急、办人民之所需的人民情怀，无不体现出中国共产党是为人民、将群众利益置于最高位置、绝无特殊利益的政党，有力地彰显了"以人民为中心"的执政理念。正如习近平总书记指出："江山就是人民、人民就是江山，打江山、守江山，守的是人民的心。"①中国共产党从最初的几十人发展到如今的第一大执政党，离不开人民群众的伟力。战争年代，物资极度匮乏，中国共产党没有先进的作战武器、没有充足的军粮，但在战场上能得到人民群众强大的无私补给与帮助，为战争的胜利创造了条件。在和平年代，我们党面临的最大危险就是"脱离群众"，难免生发"四风"问题、党内政治生态被污染问题。一心为民的思想贯穿于中国共产党发展史始终，不负人民是中国共产党人的政治承诺，中国共产党人在思想上、行动上、情感上都彰显出人民公仆的政治本色。

（三）坚韧勇毅的崇高品质

坚韧勇毅的崇高品质是红色基因的力。回望中华民族5000多年的历史，一次次灾难没有击败中国，磨难反倒促进了中华民族的成长。尤其是近代以来，中华民族历经风雨、饱受苦难，中国共产党自诞生之日起就面临内忧外患的局面，正是种种艰难困苦磨炼出中国共产党人坚韧不屈、勇敢刚毅的崇高品质。这种品质在革命运动中主要体现在以下几方面。第一，积极进取、刚健有为的奋斗精神。

---

① 习近平：《在庆祝中国共产党成立100周年大会上的讲话》，《人民日报》，2021-07-02（2）。

自古以来，中华文化就讲求"天行健，君子以自强不息""日新之谓盛德"。中华民族的历史发展证明，在凶险且艰苦的革命环境中，中国共产党人没有产生放弃改变国家前途命运、拯救人民于水火的念头，而是始终将马克思主义真理与中国具体实践相结合；在和平与发展为主题的环境中，中国共产党人始终没有停止前行的步伐，奋斗与圆梦成为中国共产党人的新目标，奋斗者与追梦者成为中国共产党人的新身份。第二，甘于奉献、奋不顾身的牺牲精神。中国共产党是以马克思主义为指导思想的政党，这就决定了中国共产党人忠诚、干净、担当的精神面貌、以身许党许国许人民的政治本色，是中国工人阶级、中国人民和中华民族的先锋队。在战争与革命年代抛头颅、洒热血的革命志士，和平与发展时期一大批"感动中国"人物，无论在任何一个时期，无数共产党人为保障国家和人民的利益而无怨无悔地献出了自己宝贵的生命。第三，克己自责、刀刃向内的自我革命精神。中国共产党正是由于掌握了马克思主义这个"显微镜"和"望远镜"，始终保持刀刃向内的自我革命精神，虚心接受群众的建议与批评，用实实在在的行动实现自我净化、自我完善、自我改造，保持了党的纯洁性和先进性，成功地在各种政治力量中脱颖而出，实现了从弱小到壮大有力的进阶。在中国长期实践中，中国共产党人坚韧勇毅的崇高品格融进了党的血脉、深入了党的骨髓，使中国共产党永葆旺盛生命力和强大战斗力。

二、深刻理解红色基因融入高校思政课教学的价值意义是重点

红色基因融入高校思政课教学，涉及高校思政课多门课程、多个领域内容。基于内涵丰富的红色基因，探究红色基因融入高校思政课教学的有效性，需要弄清红色基因融入高校思政课的价值意义所在，所以深刻理解红色基因融入高校思政课教学的价值成为重点。根据红色基因的核心内容，结合高校思政课教学目标与教学任务，红色基因融入高校思政课教学主要具有文化价值、道德价值和时代价值。

（一）文化价值：提升大学生文化自信，凝聚高校文化之魂

"文化是一个国家、一个民族的灵魂。文化兴国运兴，文化强民族强。没有高

度的文化自信，没有文化的繁荣兴盛，就没有中华民族伟大复兴。"① 但文化自信并非空中楼阁，找不到历史根据与现实根据的自信就是自娱自乐，只有找到文化根源，文化自信才真正有信心和底气。红色基因作为中国共产党在革命、建设、改革过程中形成的一系列先进思想文化，与中华民族精神一脉相承，被一代又一代共产党人继承与发扬，是红色文化的核心；红色基因承载着中华民族文化特征，是中国特色社会主义文化的重要组成部分，蕴含着中国共产党人的初心使命，建构了中国共产党人的精神谱系，体现着中国共产党的文化自信，是中国共产党永葆青春活力的传家宝。传承与弘扬红色基因就是将中华民族精神植根于大众内心、外化为大众行为准则，推动人精神生活的全面发展，是增强中国特色社会主义文化定力的表现。将红色基因融入高校思政课教学，旨在充分发挥该课程对学生的思想政治教育作用，彰显高校立德树人的理念文化。通过对红色基因的深度挖掘，开展具有针对性、多样性、具体化的"红色"教学，主要将其具有独特性的文化自信教育内容——爱国主义教育、革命传统教育、理想信念教育、中华传统美德教育，在思政课教学中呈现在大学生面前，使红色基因与学生情感达到有机融合，引导他们树立正确的国家观、历史观与文化观，从而提升学生在学习实践中的思想认识水平和精神境界。让大学生在认同本民族文化成果、文化价值的基础上，增强文化归属感，坚定文化自信，并践行文化传承使命，使红色基因成为大学生思想之舵、精神之根，从而凝聚高校文化之魂。

（二）道德价值：引导大学生坚定理想信念，筑牢精神之基

理想信念是中国共产党人精神上的"钙"，理想信念缺失，甚至是不够坚定，都会导致精神上"缺钙"，就会患上"软骨病"。回望中国共产党百年历史，红色基因再现了中国共产党人在腥风血雨的革命时期、和平安定年代中所表现出来的不畏强权、不畏艰难困苦、敢于担当的精神面貌。在红色基因政治导向和文化指向的作用下，将红色基因融入高校思政课教学之中，以红色基因中具有理想信念的生动素材和题材为教学内容对大学生进行思想政治教育，引导大学生树立正确的政治信仰，筑牢对马克思主义的信仰之基、对社会主义和共产主义的信念之基，

---

① 习近平：《决胜全面建成小康社会 夺取新时代中国特色社会主义伟大胜利——在中国共产党第十九次全国代表大会上的报告》，人民出版社 2017 年版，第 40—41 页。

防止理想信念淡薄、动摇，自觉担负起弘扬共产主义远大理想和中国特色社会主义共同理想的使命。引导大学生将树立远大理想与实事求是相结合，避免缺乏精神力量和丧失斗志。发挥红色基因"灵魂之力"，补足大学生的"精神之钙"，激发大学生为党为国为人民而奋发图强的责任感和使命感。

（三）时代价值：浸润大学生精神底色，强化教学育人实效

习近平总书记提出要"把红色资源利用好，把红色传统发扬好，把红色基因传承好"[①]。红色基因通过内隐形态的先进精神文化因子和外显形态的红色遗存呈现出来，凸显中国共产党人一百年以来始终坚定马克思主义信仰、持续践行为人民服务的初心和实现中华民族伟大复兴的使命担当。可见，中国共产党人带领全国各族人民在革命、建设、改革中所形成的优良作风和崇高品质与当前高校思政课教育目标、教学内容达到高度契合，红色基因生成的一系列优秀品质为当前高校思政课教学提供了优质的教育资源，用红色基因打造大学生精神底色、点亮大学生人生底色，是新时代大学生苦练本领、增长才干、勇担重任、开拓创新重要的动力源泉和精神支撑。另外，中国共产党人在历史实践中留下红色遗存与高校思政课教学载体也呈现出高度契合。红色基因融入高校思政课教学，比仅仅停留于知识性教学、理论性教学更具说服力和感染力，能够充分展现高校思政课教学的广度、深度和温度，为高校思政课教学增添了活力、亲和力和吸引力，打造出"有意义"和"有意思"相结合的高校思政课，使教学内容在大学生那里实现从理论力量和精神价值向实践行动和物质价值的转化。[②]因此，在新时代，将红色基因融入高校思政课教学，是红色基因代代相传的重要途径，也是高校思政课提高实效性的重要途径。

三、切实提升红色基因融入高校思政课教学实效的基本路径是保障

红色基因是中国共产党血脉永续、根基永固、优势永存的生命密码，是革命

---

① 《习近平在视察南京军区机关时强调　贯彻全军政治工作会议精神 扎实推进依法治军从严治军》，《光明日报》，2014-12-16（1）。

② 邓艳君：《红色基因融入课程思政建设的三重路向》，《思想教育研究》，2021年第2期。

精神和历史文化的传输器，是实现中华民族伟大复兴的精神动力，还是高校思想政治教育的有效载体。高校思想政治理论课是向大学生宣传社会主义意识形态的主阵地，也是大学生树立正确"三观"、道德观和大学生真正"长大成人"的关键课程。探究红色基因与高校思政课教学有机结合的路径，需要学校领导、教师、行政人员、管理人员等全员参与，且从学校全过程全方位育人出发，让红色基因通过高校思政课教学融入大学生的血液里，这是红色基因有效融入高校思政课教学的保障。基本路径主要包括以下几条。

（一）全面发挥高校党委的核心领导作用，统筹整合力量资源

红色基因有效融入高校思政课教学，是红色基因的思想内涵向现实精神力量转化的实现，是增强高校思政课教学历史厚度、理论深度和现实温度的表现。习近平总书记强调："办好中国的事情，关键在党。"[①] 要想红色基因有效融入高校思政课教学，高校党委领导必须高度重视与支持，需要全面发挥高校党委核心领导作用，统筹整合力量资源，加强基层组织在学校立德树人中的战斗堡垒作用，形成党委统一领导、党政齐抓共管、相关部门各负其责、协同合作、层层落实的工作格局。一方面，需要学校主要领导督导推动重大事项，以协调各方矛盾，同时，抓好党史学习教育工作，在学校党支部打造一支专门负责红色基因传承的专业队伍，为高校思政课教学提供坚实保障；完善和加强学校党委组织部、宣传部以及院系分管部门的组织建设，充分发挥职能作用，指导开展关于红色基因的传承活动；班委和学校社团作为最贴近学生的组织，需要以红色文化为主线，将红色基因融入一系列的主题班会和社会实践活动之中，积极倡导与开展以"传承红色基因、赓续红色血脉"为题的各种活动。[②] 另一方面，在党建引领下，形成全校协同联动机制。将红色基因贯穿于高校思想政治、各门学科、日常教学和管理等工作中，为高校思政课发挥育人功能打下坚实基础。

（二）潜心打造理论性与实践性相结合的思政课堂，发挥情感育人作用

高校思政课主要向大学生系统讲授马克思主义理论知识，对学生正确人生观

---

① 习近平：《用新时代中国特色社会主义思想铸魂育人 贯彻党的教育方针落实立德树人根本任务》，《人民日报》，2019-03-19（1）。

② 马利强：《红色基因融入高校思政工作路径探析》，《学校党建与思想教育》，2019年第14期。

念的形成起着不可替代的作用。习近平总书记 2019 年 3 月 18 日在学校思想政治理论课教师座谈会上谈道："思政课是落实立德树人根本任务的关键课程。"[1] 所以，具有知识性与价值性双重功能的高校思政课堂是红色基因传播的最佳途径。要使红色基因有效融入高校思政课教学，需要打造有知识输入、有知识输出的教学，也就是理论与实践相结合的教学，从而增强思政课教学内容的感染力和影响力，进一步提高高校思政课的实效性，发挥红色基因对学生的育人作用。为此，打造理论性与实践性相结合的思政课堂，可以立足以下两个基本着力点。第一，打造融合红色基因的情景课堂教学模式。情景课堂教学模式需要高校思政课教师结合当代大学生身心特点，灵活运用形象生动的语言对相应的红色基因内容进行描述或者设问，以烘托"红色"气氛，激发学生对红色基因的求知欲，从而调动学生参与课堂的积极性与主动性；大力运用色彩影音，打造与红色基因相联系的"红色"情景，如运用红色装饰、布置教育场所，播放《百团大战》《古田军号》《中国医生》等影片引发学生真切的情感体验；灵活运用上课时间，以学生为主体，组织开展关于红色基因的课内实践活动，如通过模拟"红色"情景、扮演"红色"人物、开设红色基因知识抢答环节等，这是学生切身体验和感受红色基因在现实生活中的意义的最佳方法。[2] 第二，打造融入红色基因的案例教学模式。运用学生愿意接受的案例作为教学内容辅助材料，为学生提供大量丰富生动的素材和客观实践依据，围绕案例设置的特定情境进行设问、分析、讨论，通过课堂双向交流，甚至多向互动交流，创建轻松愉悦的课堂氛围，拉近师生关系，调动学生理论学习的积极性，通过高校思政课有效地将红色基因传输给学生，并真正地消化。[3]

（三）积极创建"红色"校园文化，强化优良传统熏陶作用

马克思指出："人创造环境，同样，环境也创造人。"[4] 学校是青少年活动的主

① 习近平：《用新时代中国特色社会主义思想铸魂育人 贯彻党的教育方针落实立德树人根本任务》，《人民日报》，2019-03-19（1）。

② 王霞娟、陈海洲：《大学生思想政治教育情境创设的方法探究》，《思想政治教育研究》，2014年第 1 期。

③ 戴艳军、汪晶晶、段卫卫：《赓续创新：思想政治教育案例教学的回顾与展望》，《思想政治教育研究》，2021年第 6 期。

④ 中共中央马克思恩格斯列宁斯大林著作编译局：《马克思恩格斯文集》第一卷，人民出版社2009年版，第 545 页。

要场所，高校校园文化承载着师生深沉的精神追求，体现了学校软实力，是高校的基因、血脉和传统。[①] 良好的校园文化环境对大学生的价值观念、意志品格、人文素养等都起到了一定的形塑作用。所以，高校应当积极承担起传承红色基因的使命，积极创建"红色"校园文化，丰富校园文化内容，进而潜移默化地影响学生的知情意信行，引导学生树立正确的世界观、人生观、政治观、道德观等。将红色基因融入大学校园文化，第一，根据学生需求和特点，以红色基因主线，开展一系列具有连贯性、进阶性的校园活动，如将红色基因知识内容作为文体竞赛题库，将具有红色因子的生动事例植入学术报告会，邀请革命老战士、校内退役士兵开展以红色基因为主题的专题讲座，让学生深刻理解红色基因本质内涵。第二，充分利用高校社团组织开展以传承红色基因为主旨的社团活动，如通过"重走长征路""参观革命纪念馆""讲述身边'红色'故事"等活动，让学生体悟到红色基因的核心要领，最终实现将红色基因内化于心、外化于行。第三，充分利用具有"红色"意蕴的重大节日对学生进行熏陶，让历史映照现实，帮助学生认识到如今美好生活的来之不易，同时认识到祖国的强大，增强学生"四个自信"，强化优良传统的熏陶作用。

（四）充分利用校园网络载体，开拓传播新途径

目前，具有海量信息、覆盖面极广，传播速度、更新周期极快，多媒体化和传播方式呈交互性的网络载体，成为大学生日常生活、学习必不可少的途径。网络载体的出现不仅丰富了大学生校园生活、拓宽了大学生视野，也成为教学的主要工具和进行教学的主渠道。所以，利用校园网络载体让红色基因更好地浸入大学生脑里、心里，从而转化为日常行动，自然成为高校红色基因传播的新途径。利用网络载体传播红色基因，需要做好以下几方面的工作。一是建立"红色基因网络系统"，构筑网络化的"红色基因阵地"。即通过在校园网中开设红色基因专题，创建红色基因专属栏目，充分利用学校官方网站的流量，使大学生在日常浏览校园网站的过程中受到红色基因的熏陶，对课堂教学接受的红色基因知识内容起到查缺补漏的作用，更好地传承和弘扬红色基因。二是打造红色基因网络宣传

---

① 王莉娟：《校园文化满意度对大学生归属感的影响因素分析》，《思想政治教育研究》，2016年第5期

平台。充分利用网络载体传播手段的兼容性，利用大学生常用的微信、QQ、微博等软件搭建红色基因宣传阵地，创建红色基因主题公众号，定时、定量地向学生推送以图文并茂、声色俱全、动静结合方式呈现的红色基因，以符合学生个性特征的传播方式来提高学生学习兴趣，加深学生对红色基因的认识。[①] 三是建立健全网络管理制度，加强网络管理。需要组建网络管理专门团队，维护清朗的网络空间，杜绝出现信息不对称。充分运用网络技术，在校园网络平台定期开展大学生网络自律专题讲座，以消除不良网络信息对学生的侵蚀。开展与红色基因相关内容的主题讨论，不断加深红色基因在大学生心中的印象，引导学生养成正确的网络舆论行为习惯。

---

① 王世娟、董小龙：《新时代高校红色基因传承路径探析》，《中国高等教育》，2021 年第 20 期。

中国共产党精神谱系融入思想政治理论课的
三维审视

黄智春

（贵州师范大学马克思主义学院，贵州 贵阳 550001）

摘　要： 中国共产党精神谱系融入思想政治理论课是新时代思想政治工作完成立德树人根本任务的基本着力点，也是发挥精神谱系育人功能的重要举措。加强精神谱系在思想政治理论课中的融合作用具有极其深厚的理论逻辑、历史逻辑和实践逻辑，是精神谱系融入思想政治理论课的出发点和落脚点。在新时代，必须全面把握精神谱系融入思想政治理论课的时代要求，充分发挥思想政治理论课的主渠道和主阵地优势，在教学理念、教学模式、教学实践等各方面有针对性地齐头并进，以确保精神谱系融入思想政治理论课的育人实效。

关键词： 中国共产党精神谱系；思想政治理论课；时代要求；具体思路

习近平总书记在纪念中国共产党成立 100 周年大会上指出："一百年来，中国共产党弘扬伟大建党精神，在长期奋斗中构建起中国共产党人的精神谱系，锤炼出鲜明的政治品格。历史川流不息，精神代代相传。"[1] 中国共产党精神谱系（以下简称"精神谱系"）是一代又一代中国共产党人在不同历史时期所缔造的价值理念、科学理论和实践活动的系统整合，是马克思主义与民族精神相融合的时代产物，是中国共产党作为以马克思主义为指导的无产阶级政党先进性与革命性的展现，是中国共产党人从未知到已知的不断探索、从来路到去处的不断认知。精神谱系记录了中国共产党如何掀开中国近代历史的诡谲迷雾，在铁骑践踏、满目疮

---

[1]　习近平：《在庆祝中国共产党成立 100 周年大会上的讲话》，人民出版社 2021 年版，第 8 页。

痊的中华大地上重建秩序和繁荣，彰显了中国共产党在长达百年的历史长河中叩响觉醒的门环、坚定信仰的力量，娴熟地运用马克思主义的立场、观点和方法解决发生在中国的实际问题，是中国共产党人精神之魂和砥砺之志的生动应答。《关于加强和改进新形势下高校思想政治工作的意见》强调"思想价值引领"在教育教学全过程中应一以贯之，要形成多维度的育人长效机制。[①] 中国共产党精神谱系融入思想政治理论课是新时代思想政治工作完成立德树人根本任务的基本着力点，也是发挥精神谱系突出育人功能的重要举措。当代大学生是民族复兴伟大进程的见证者和参与者，也是社会主义事业的重要生力军，理应把握历史机遇，锤炼政治品格，坚定理想信念，树立"爱国心，强国志，报国情"。推动思想政治理论课与精神谱系的有机结合有助于当代青年触碰革命文化、感悟革命精神，体悟共产党人的人格理想，在全新的历史方位下实现民族精神与时代精神的赓续与传承。

一、"缘何融入"：精神谱系融入思想政治理论课的逻辑省思

将精神谱系融入思想政治理论课既是丰富新时代思想政治理论课的内在要求，也是实现精神谱系教育功能的必由之径。因此，要考虑"为何可以融入"的理论逻辑、"用什么融入"的历史逻辑和"融入有何作用"的现实逻辑三大基本问题，弄清将精神谱系融入思想政治理论课的前提和基础。

（一）精神谱系融入思想政治理论课的理论逻辑

在思想政治理论课中融入精神谱系的相关元素是对马克思主义哲学的灵活运用。"全部哲学，特别是近代哲学的重大的基本问题，是思维和存在的关系问题。"[②] 马克思主义阐释了关于物质与意识、思维与存在的辩证关系，为大力发挥精神谱系在思想政治教育中的作用提供了理论遵循。首先，理论来源于实践，实践是理论产生的源泉，决定着理论的形成和发展。精神谱系是中国共产党人思想品格的意识化展现，具备深厚的社会实践基础。精神谱系虽纵跨百年，展现的主题

---

① 《中共中央国务院印发〈关于加强和改进新形势下高校思想政治工作的意见〉》，《人民日报》，2017-02-28（1）。

② 中共中央马克思恩格斯列宁斯大林著作编译局：《马克思恩格斯文集》第四卷，人民出版社2009年版，第277页。

和形态各异，但都蕴含着一个共同的本质，即扎根于中国共产党人带领全国人民奋力实现中华民族伟大复兴的历史实践，是一代代中国共产党人用鲜血和汗水构筑的精神丰碑。其次，物质及存在具有"第一性"，强调物质对精神的决定作用是马克思主义的一贯立场。然而，"我们承认总的历史发展中是物质的东西决定精神的东西，是社会的存在决定社会的意识；但是同时又承认而且必须承认精神的东西的反作用，社会意识对于社会存在的反作用"①，精神对物质的反作用让我们得以借助精神谱系的巨大能动作用，指导思想政治教育实践活动。最后，意识是对客观世界的能动反映，这种能动性就体现在反映不仅仅是简单的反映，更在于对客观世界的改造。无论是反映世界还是创造世界，都离不开"人的实践"。"思想本身根本不能实现什么东西。思想要得到实现，就要有使用实践力量的人。"②精神谱系是中国共产党代际传承的精神力量的理论凝练，历代中国共产党人作为精神谱系的"实践主体"为谱系的沿袭贡献了力量，新时代精神谱系的接续传承、党的伟大精神的践履就依靠新一代社会主义接班人的努力，从而为精神谱系赋予新的时代内涵。

（二）精神谱系融入思想政治理论课的历史逻辑

中华民族五千多年的历史流变孕育了优秀传统文化，铸就了中华文明的精神标识，华夏儿女成为精神标识的守护者。从古至今，先圣先哲十分重视精神操守的养成，留下了大批慷慨豪迈且蕴含智慧的名言警句，中华民族精神命脉和道统法则是他们恪守信念的根基和源头。"黄沙百战穿金甲，不破楼兰终不还""我自横刀向天笑，去留肝胆两昆仑"等充分体现中华民族的民族气节；"愿得此身长报国，何须生入玉门关""王师北定中原日，家祭无忘告乃翁""苟利国家生死以，岂因祸福避趋之"等流露出历朝历代的志士仁人的涓涓爱国情、拳拳报国心；"天行健，君子以自强不息；地势坤，君子以厚德载物"则道出中华民族与生俱来的坚忍不拔、不断进取的精神之"魂"。

近代以来，西方列强以武力打开国门，一度在世界上居于耀眼之位的中华文明逐渐蒙尘。中国共产党成立后，"复兴华夏文明、赓续民族精神"成为共产党人

---

① 毛泽东：《毛泽东选集》第一卷，人民出版社1991年版，第326页。

② 中共中央马克思恩格斯列宁斯大林著作编译局：《马克思恩格斯文集》第一卷，人民出版社2009年版，第320页。

的在肩之责。以"坚持真理、坚守理想，践行初心、担当使命，不怕牺牲、英勇斗争，对党忠诚、不负人民"的伟大建党精神为起点，中国共产党的精神谱系链以横纵态势延展开来，在不同时期凝练出具有鲜明时代特征的精神图谱。在新民主主义革命时期，中国共产党在嘉兴南湖开启革命征程，诞生了"红船精神"；在井冈山开辟农村革命根据地，诞生了"井冈山精神"；在贵州遵义实现了转危为安的历史转折，诞生了"遵义会议精神"等。在社会主义革命和建设时期，中国共产党人继续培育和弘扬革命精神，将对革命的热忱带到新时期的建设事业中，诞生了诸如抗美援朝精神、大庆精神、"两弹一星"精神等一批又一批具有鲜明时代特征的精神形态。在改革开放和社会主义现代化建设时期，精神谱系实现了由"革命"向"改革"话语体系的转化，铸就了伟大改革开放精神。众多先锋人士前赴后继追逐时代步伐、勇立时代潮头，铸就了一大波激励图强、提振人心的时代精神，包括大包干精神、"九八"抗洪精神、女排精神等。党的十八大以来，以习近平同志为核心的党中央高度重视精神谱系的构筑与赓续，提出要"切实把奋斗精神贯彻到进行伟大斗争、建设伟大工程、推进伟大事业、实现伟大梦想全过程"[1]，同时结合新时代新征程新实践对精神谱系加以开拓，新增了"上下同心、尽锐出战、精准务实、开拓创新、攻坚克难、不负人民"的"脱贫攻坚精神"和"生命至上，举国同心，舍生忘死，尊重科学，命运与共"的"伟大抗疫精神"。由此可见，中国共产党精神谱系是绵延不断、发展变化的动态系统，已形成的精神谱系唯有不断地传承与发展，才能保持鲜活生命力。大学生作为国家最朝气蓬勃的青年一代，是赓续百年大党精神谱系的后来力量。将精神谱系融入思想政治理论课是丰富发展精神谱系的内在必然，能引领当代大学生与先烈先哲进行精神对话，循序渐进地理解中华民族从"长夜难明赤县天，百年魔怪舞翩跹"的黑暗旧社会走向"雄峰巍峨伟大复兴"的辉煌新时代的"精神密钥"。

（三）精神谱系融入思想政治理论课的现实逻辑

将精神谱系融入思想政治理论课是由高等教育从注重理论教育转向更加强调道德教育的实践所决定的，既是对当前高校思想政治教育形势的主动反应，也是对以往教育实践的经验总结。

---

[1] 习近平：《在2018年春节团拜会上的讲话》，《人民日报》，2018–02–15（2）。

习近平总书记指出："要努力构建德智体美劳全面培养的教育体系，形成更高水平的人才培养体系""培养德智体美劳全面发展的社会主义建设者和接班人"。① 高校对人才的培养不能仅仅着眼于智育，更应该注重德育，"人无德不立，国无德不兴"，培养一批德才兼备的社会主义接班人和建设者是高等院校立德树人根本任务，也是思想政治理论课的职责和意义所在。开设思想政治理论课的初衷，就是让先进思想进脑存心，让崇高精神唤起青年学生对"真善美"的感知。因此，在人才培养中以德为先，就必须努力丰富其精神世界。精神谱系是中国共产党崇高精神的凝练，应将其融入思想政治理论课，通过向学生解读其中所蕴含的品格、风范和价值追求，向学生展示百年大党的光辉历程、伟大成就和宝贵经验，帮助青年学生扣好人生的第一粒扣子，为正确价值观的养成摆正航向。

二、"融入什么"：精神谱系融入思想政治理论课的时代要求

"党的历史是最生动、最有说服力的教科书。"精神谱系是党的历史在精神层面的生动展现，为思想政治理论课提供了鲜活的案例。当前，高校思想政治教育面临前所未有的风险挑战，青年学生群体朝气蓬勃、昂扬向上但缺乏社会经验，容易被不良因素引诱，尤其是一些错误思潮伺机侵入，对他们的价值观念造成误导。因此，将精神谱系融入思想政治理论课是时代之需、形势之急，思想政治理论课教师应从现实出发把握精神谱系融入思想政治理论课的时代要求。

（一）以精神谱系破除"历史虚无主义"的思想迷雾

"历史虚无主义"是一种长期留存在意识形态领域的思想病毒，其实质是刻意扭曲已经被理论界公认的客观真相、本质和规律，对一些长期受到学术界抨击的"伪事实""伪结论"加以包装、粉饰，以达到对史实怀疑、否定和消解的目的。"历史虚无主义"思潮最早可以追溯到近代历史，是"疑古学派"的当代表现。改革开放后，"历史虚无主义"重蹈覆辙，亦增添了复杂的国际背景，其理论宗旨就在于"全盘西化"。该思潮竭力歪曲民族历史传统，着力抹黑近代以来中国共产党

---

① 《习近平在全国教育工作大会上强调　坚持中国特色社会主义教育发展道路　培养德智体美劳全面发展的社会主义建设者和接班人》，《人民日报》，2018-09-11（1）。

带领中国人民反帝反封建的革命历史、图强谋新的建设和改革历史，以历史事件中微不足道的细枝末节，掩盖本该令人关注的历史主流和历史本质。近年来，尽管社会各界对这股思潮口诛笔伐，中共中央也告诫全体党员要树立正确的党史观，坚决反对"历史虚无主义"在党内的渗透与蔓延。然而，"历史虚无主义"却以更加隐匿的方式在社会中传播。"在'戏说''水煮''笑谈'等表达方式中，历史失去了它应有的凝重与庄严，蜕变成一堆美丽的垃圾。"① 回顾苏联历史，习近平总书记一针见血地指出："苏联为什么解体？苏共为什么垮台？一个重要原因就是意识形态领域的斗争十分激烈……搞历史虚无主义，思想搞乱了，各级党组织几乎没任何作用了，军队都不在党的领导之下了。最后，苏联共产党偌大一个党就作鸟兽散了，苏联偌大一个社会主义国家就分崩离析了。"② 因此，是否尊重历史、是否敬畏历史、是否捍卫历史是事关党和国家前途命运的关键问题。

"历史虚无主义"无处不在、无孔不入，高校是抵御"历史虚无主义"的主要阵地，思想政治理论课是防范"历史虚无主义"的主要手段。将精神谱系融入思想政治理论课，有助于使大学生以辩证唯物主义和历史唯物主义认识历史，揭开"历史虚无主义"的层层迷雾，树立正确的历史观，系统地了解中国共产党领导中国人民创造新民主主义革命、社会主义革命和建设、改革开放和社会主义现代化建设与新时代中国特色社会主义的伟大成就，全面地认识中国共产党从百年之前在嘉兴红船上诞生的一个不到 50 人小党成长为百年之后的世界第一大执政党，深刻地感悟一代又一代中国共产党人所创造的成就背后共同的精神密码与精神基因，清晰地认识当代青年所肩负的实现中华民族伟大复兴的历史重任。

（二）以精神谱系筑牢大学生的文化自信与文化自觉

党的十八大以来，以习近平同志为核心的中共中央高度建设文化建设，指出："文化自信，是更基础、更广泛、更深厚的自信"③，坚持文化自信是坚持中国特色社会主义的道路自信、理论自信和制度自信的根基和源泉。中华民族有着丰富的历史积淀和优秀的文化传统。在世界古老文明中，也只有华夏文明从未断绝、延绵至今。在中华文明中饱含着诸如天人合一、诚信友善、天下为公、勤劳节俭、

---

① 俞吾金：《自觉的当代意识是理解历史的钥匙》，《文汇报》，2014-05-6（12）。
② 中央文献研究室：《十八大以来重要文献选编》（上），中央文献出版社 2014 年版，第 113 页。
③ 习近平：《在庆祝中国共产党成立 95 周年大会上的讲话》，《人民日报》，2016-07-02（2）。

自强不息等优秀文化基因，这些历经时间考验的文明因子已经深深融进中华民族的血液中。近代以来，西方文明不断涌入，腐朽的制度和频繁的战乱使得中国人民在面对先进文明时产生了极其严重的"文化焦虑"和"文化萎靡"，对一度居于世界领先地位的中华文明产生了怀疑，"以洋为尊""以洋为美""唯洋是从"的文化心态由此产生。中国共产党是中华优秀传统文化的忠实传承者和弘扬者，有责任、有义务纠正这种不健康的文化心态。

当今世界正处于百年未有之大变局，经济全球化的发展大势使文化发展呈现多元态势，传统文化与现代文化、本土文化与外来文化、大众文化与精英文化等多重矛盾使文化发展面临新的机遇与挑战。多元文化的相互激荡对处于知识与文化前沿地带的大学生的影响更为明显。事实证明，如果没有树立正确的价值观，就无法形成理性的文化观，缺乏理性的文化观，文化自信就无从谈起。思想政治理论课是通过提高认识水平和拓宽思想境界筑牢当代大学生文化自信与文化自觉的有效手段。中国共产党精神谱系是马克思主义与中国精神相结合的产物，是中华优秀传统文化的延续和升华。从这个意义上来说，将精神谱系融入思想政治理论课不仅有助大学生感受中华优秀传统文化所蕴含的强大文化基因，认识到中国是一片"文化沃土"，中华民族是一个充满崇高精神信仰的民族，而且能在党和人民伟大斗争历史中感悟丰富多彩的革命文化和社会主义先进文化，进一步坚定中国特色社会主义的道路自信、理论自信和制度自信。

（三）以精神谱系培养具有坚定理想信念的时代新人

习近平总书记指出："理想信念教育不仅要在党员干部中开展，而且要面向全社会开展。要深入开展中国特色社会主义宣传教育，把全国各族人民团结和凝聚在中国特色社会主义伟大旗帜之下。"① 理想信念是一个人朝着奋斗目标不断前进的精神支撑，也是一个民族在实现伟大复兴的征程上不断取得胜利的精神引领。理想信念教育绝不是对党员领导干部的"专属教育"，其范围应该辐射到社会各界，高校就是理想信念教育的主阵地之一，加强理想信念教育是筑牢高校意识形态防线的核心武器。党的十八大以来，在以习近平同志为核心的中共中央的领导下，

---

① 中共中央文献研究室：《习近平关于社会主义文化建设论述摘编》，中央文献出版社 2017 年版，第 23 页。

我国意识形态工作总体上呈良好态势。在高校，意识形态成为一项事关全局发展的关键性工作，高校初步回答了"培养什么样的人、怎样培养人、为谁培养人"的根本问题。高校不断巩固壮大主流思想舆论，加强对师生的意识形态管理力度，牢牢把握党在意识形态领域的主导权和主动权，全力守住高校意识形态防线。与此同时，我们也必须认识到，意识形态是一场没有硝烟的战争，高校不完全是意识形态领域的一片净土。马克思主义被边缘化、空泛化、标签化，在学科中"失语"、教材中"失踪"、讲坛上"失声"的现象在某些地方依旧存在。如果大学生不接受正确的意识形态教育，那么我们就会将意识形态阵地拱手相让。

当前，思想政治理论课面临极其复杂的现实环境：一方面，该课程的受众是一批具有较强可塑性的青年，在其成长成才的关键期保持良好的精神风貌，接受马克思主义的科学理论，树立正确的世界观、人生观和价值观，确立建设中国特色社会主义、实现中华民族伟大复兴和实现共产主义的理想信念，是思想政治理论课的首要目标，也是衡量思想政治理论课成效的重要指标。另一方面，在意识形态斗争中，青年学生是首要争夺对象。持"冷战思维"的西方国家对我国从经济上和军事上的残酷镇压转向了意识形态上的围追堵截，在精神上、思想上的渗透无孔不入。因此，思想政治理论课教师作为思想政治教育工作者中的一员必须认清形势，意识到守土有责、守土负责、守土尽责，加强对学生的理想信念教育。从这一点看，将精神谱系融入思想政治理论课不仅是一个精神问题和历史问题，更是一个事关全局的政治问题。中国共产党在百年历史中所萃取的"精神符号"是理想信念教育、意识形态教育的优秀素材。通过向大学生普及中国共产党的精神谱系，唤醒其对民族精神和时代精神的感知，在历史的沉浸式教育中充分领会中国共产党为什么"能"、中国特色社会主义为什么"好"、马克思主义为什么"行"的历史逻辑与实践逻辑，鼓起迈进新征程、奋进新时代的精气神，成为为中国特色社会主义事业奋斗终生的有用人才。

三、"何以融入"：精神谱系融入思想政治理论课的思路考量

中国共产党精神谱系蕴含强大的精神动力，是中国共产党事业发展壮大的精神支柱，也是促进国家、社会与个人发展的重要精神来源。因此，将精神谱系融入思想政治理论课有可能性与必要性。"融入"是一个科学化、系统化的过程，既

要大力挖掘精神谱系中有助于提升思想政治理论课整体效能的元素，也要尊重思想政治教育的内在规律，把握大学生的成长规律，努力寻找精神谱系与思想政治教育的契合点、与思想政治理论课的贯通点、与大学生情感思想的共鸣点，全方位、多层次地将党的精神谱系融入课堂教学，引入社会实践，借助多元载体，积极探索实现理论教学和情感培养同频共振的可行路径。

（一）确立教学理念：实现思想政治理论课与其他课程同向同行

"思想政治理论课是落实立德树人根本任务的关键课程。"① 在高校，开展思想政治教育的首要平台就是课堂教学。因此，要千方百计地将精神谱系融入课堂教学的全过程，充分结合精神谱系的深刻内涵和发展脉络，把握新时代大学生的身心发展规律，加强课堂教学对学生的思想价值引领。要真正将精神谱系中蕴含的精神内涵入脑入心，思想政治理论课是当之无愧的"第一教学载体"。在"第一课堂"的主导下，还必须实现思想政治理论教育的效能外溢化，即其他课程也成为传播精神谱系的"辅助载体"，实现精神谱系的课程思政化。

第一，将精神谱系融入思想政治理论课，为思想政治理论课提供鲜活的精神养分。开设思想政治理论课的宗旨不仅在于传授知识，而且在于确立信念和引导行动。思想政治理论课就是帮助大学生树立正确"三观"的"关键课程"。作为开展德性教育的重要方式，它能帮助大学生建立观察社会与世界的正确立场、观点和方法，促进其知性的发展、德性的养成、信仰的体悟。因此，将精神谱系融入思想政治理论课正是契合了其宗旨。现有的四门主要思想政治理论课都与"精神谱系"有内在联系。在"马克思主义基本原理"课中，讲述精神谱系的生成是马克思主义基本原理与中华优秀传统文化、中国精神相结合的必然结果，体现了物质与意识、实践与认识、社会存在与社会意识等多对辩证关系，精神谱系中也蕴含着极其丰富的马克思主义的立场、观点和方法，如人民立场、实践观点、系统方法等。在"毛泽东思想和中国特色社会主义理论体系概论"课中，我们可以深入阐释马克思主义中国化的发展与精神谱系的形成的共生关系。在理论创造的过程中，也滋生了富有时代特征的精神基因。理论的讲述不是枯燥的、空洞的，应该将精

---

① 《习近平主持召开学校思想政治理论课教师座谈会强调 用新时代中国特色社会主义思想铸魂育人 贯彻党的教育方针落实立德树人根本任务》，《人民日报》，2019-03-19（1）。

神谱系融入理论普及中，使理论拥有丰富的精神情感支撑。在"中国近现代史纲要"课中，我们应该以历史为主线、以时间为线索，将各种各样的精神形态归置于近代以来中国共产党带领中国人民实现国家解放、人民独立和国家富强、人民幸福的奋斗征程中，让历史丰富饱满有血有肉，使课堂讲述更加鲜活生动、情理兼备。在"思想道德与法治"课中，从情感认同和价值认同的视角，在讲述精神谱系是什么、如何形成的同时，要着眼于这些历史上形成的精神财富对大学生思想道德修养的现实意义，帮助学生在人生发展的关键期塑造健康心理和高远理想。我们可以用精神谱系及其背后的人物故事阐释如何涵养道德品质、如何坚定理想信念、如何弘扬中国精神、如何践行社会主义核心价值观以及如何成就出彩人生等。

第二，将精神谱系融入高校其他课程，推进课程思政建设，进一步拓宽精神谱系普及的课堂教学平台。在中国共产党百年历史中，既有革命时期的"壮士头颅为党落，好汉身躯为群裂"的革命精神，也有"敢为天下先"的改革建设精神，与高校各个学科门类的课程也有千丝万缕的联系，这为精神谱系的课程思政化提供了契机，也有助于推动"课程门门有思政，教师人人讲育人"的氛围。文学类、艺术类课程，本身就有着极其丰富的思政资源。文学艺术创造旨在传递"真善美"，中华民族悠久的历史和文化缔造出一系列反映民族特性和时代特征的优秀文艺作品，尤其是近代以来，中国人民在反抗列强侵略和国内反动阶级压迫的斗争中涌现了一大批反映先辈先烈崇高品格的佳作，其中蕴含着饱满的精神情感，对于这些作品的讲授完全可以与精神谱系紧密联系，使学生感受文艺作品背后的精神光辉。在理工类课程中，介绍课程所属行业的产生背景、发展历程以及突出成就时，可以有选择性地介绍其中涌现的典型人物及其故事案例，这些人物都是中国人民艰苦奋斗精神的当代展现，是追逐时代步伐、勇立时代潮头的先锋，这些精神如"两路"精神、大庆精神、"两弹一星"精神、青藏铁路精神等，人物如钱学森、邓稼先、袁隆平、屠呦呦等。任课老师应该树立课程思政理念，配合思想政治理论课发挥育人功能，推动教学内容与思想政治教育相结合，将党的精神谱系渗透课程教学中。

（二）创新教学模式：采用"三位一体"的立体化教学模式

"教学的成败很大程度上取决于教师是否能妥善地选择教学方法。"[①] 传统的思想政治理论课大体上采取单一灌输、被动接受的模式，这一弊端与课程本身理论性较强有直接联系，也体现出思想政治理论课教师对教学方式处理的不恰当，把思想政治理论课意识形态教育的一面扩大化，使得教学收效不佳。当前，高等院校环境趋于自由开放、学生个性趋于鲜明张扬，客观环境促使思想政治理论课要竭力摆脱内容上的枯燥性和形式上的呆板性，创新教学模式势在必行，要使原本令广大师生敬而远之、望而生畏的思想政治理论课更趋于灵活、高效、接地气。一堂课能否达到预期效果，不仅取决于授课教师是否提前做好功课、加强课程设计，在课堂上将各种教学技能运用自如、拿捏到位，更取决于学生能否发挥课堂的主体作用，主动加入课堂教学，围绕学习任务，积极开展思考与讨论、实践与拓展。将精神谱系融入思想政治理论课必须采用综合性的教学模式。多种教学模式多管齐下，方能使学生对精神谱系做到真学真懂、真信真用、真知真行。

采用传递式教学模式，向学生传递关于精神谱系的核心概念、表现形式和价值功能，向学生普及基础知识。对于精神谱系的讲述力图客观权威，要用生动但不失真实的语言讲述精神谱系中所蕴含的丰富内涵，以达到正本清源的教学目的。在实际课堂教学中，该教学模式应占有较大分量，让学生对精神谱系产生全面的、系统的认识，能够在头脑中廓清精神谱系全貌。在传递过程中，既要避免为了融入而融入，错误采用一种机械性的授课方式从头到尾阐述精神谱系，也要在讲授过程中展现出自身坚定的政治意识，讲清楚"何为精神谱系""何为中国共产党精神谱系"，明确概念的一般界定；讲清楚精神谱系在中国共产党革命、建设和改革各个阶段的具体表现，探寻中国共产党百年精神的共通点；讲清楚中国共产党精神谱系的当代表现形式以及当代价值，探索在新时代如何赓续传承这些伟大精神。

采用研讨式教学模式，引导学生对与精神谱系相关的问题、案例深入思考，培养学生分析问题、解决问题的能力。要选择进行研讨分析的问题应该具备三个特征：一是该问题具有真实性，一定是能进行讨论的"真问题"，而不是毫无意义的"伪命题"；二是该问题具有现实性，所提出的问题、选择的案例要与学生接触的环境有直接或间接联系，体现矛盾冲突；三是该问题具有导向性，提出问题的

---

① 〔苏〕孔德拉秋克：《教学论》，李子卓译，人民教育出版社1984年版，第57页。

目的不仅在于解决问题，还在于引导学生通过问题的解决领悟问题背后所要传递的价值取向。基于这三点基本条件，在精神谱系研究中不乏许多有价值意义的热点、焦点问题，这些问题中也有许多思维认识误区的集中点，体现了历史与现实、中国与世界的认知张力。针对这些问题开展研讨，有助于提高学生辨别是非真伪的能力，从整体上把握精神谱系的内涵意蕴和时代价值。

采用情感式教学模式，引导学生感悟精神谱系背后的精神内涵，加强对精神谱系的情感共鸣。与一些思想政治理论课教学内容不同，对于精神谱系的讲授除了一般的知识传递，还要适度进行情感渲染。情感式教学模式是思想政治理论课在情感上的升华，在帮助学生提高思想认识的基础上发挥情感教育作用，以知识的说服力、情感的渲染力引起学生的情感共鸣，在教学过程中真正实现"情理共融"。感性往往渗透于理性之中，情感式教学模式的最大特色是"寓教于情""寓知于情""寓学于情"，对知识赋予真正的情感。情感式教学模式是将精神谱系融入思想政治理论课必不可少的手段。精神谱系背后是有血有肉有情的共产党人创造的真实且温暖的党史，思想政治理论课教师应该思考如何用心用情以鲜活、新颖、生动的方式解析党史、呈现历史，如何使精神谱系的讲授在不乏科学性和理论性的前提下更富有故事性、感染力和吸引力，让学生虽身处课堂却犹如穿梭于时空置身于激情燃烧的岁月，重温红色故事，感受红色力量，经受精神洗礼。

（三）投身社会实践：发挥思想政治理论课的实践功能

"哲学家们只是用不同的方式解释世界，而问题在于改变世界。"[①] 马克思主义区别于以往一切哲学的根本特征就在于实践性。马克思主义是实践的科学理论，思想政治理论课是以马克思主义为理论指导的高校课程，必然不能脱离社会实践。习近平总书记指出："广大青年要把正确的道德认知、自觉的道德养成、积极的道德实践紧密结合起来，自觉树立和践行社会主义核心价值观，带头倡导良好社会风气。"[②] "一种价值观要真正发挥作用，必须融入社会生活，让人们在实践中感知

---

① 中共中央马克思恩格斯列宁斯大林著作编译局：《马克思恩格斯文集》第一卷，人民出版社 2009 年版，第 506 页。
② 中共中央文献研究室：《习近平关于共青团和青少年工作论述摘编》，中央文献出版社 2017 年版，第 22 页。

它、领悟它。"① 因此，构建正确的认知只是开设思想政治理论课的初级目标，从更广泛的意义上讲，思想政治理论课不仅要使知识内化于心，更要外化于行。从这个角度上看，思想政治理论课上的知识既来源于社会实践，又反哺于社会实践。

要真正实现精神谱系融入思想政治理论课，切实将精神谱系中所蕴含的中国共产党人的精神力量转化为行动力量，就必须引导大学生学以致用，积极投身改造客观世界的社会实践中。唯有在客观实践中改造主观世界，才能使精神谱系真正扎根于大学生的精神深处，促使大学生养成精神自觉。高校要充分利用好思想政治理论课社会实践，构建实践教学的长效机制，深度挖掘红色文化基因，运用"沉浸式教育"使学生体悟党的伟大精神。第一，高校应充分挖掘社会人脉资源，搭建以弘扬党的精神为主题的讲座、论坛和学术交流活动等，邀请一些为国家与社会发展做出卓越贡献的英雄模范人物以自身先进事迹阐释对精神谱系的理解与感悟，与学生面对面沟通，使学生感受榜样的力量，激发学生的情感共鸣与价值认同。第二，充分利用地方文化优势，积极开发实践教学资源，开辟思想政治理论课的"第二课堂"。在中国的每一片土地上都有精神谱系的缩影，革命根据地、英雄故居、烈士陵园等红色遗址都承载着中国共产党人的精神基因。通过定期开展践行党的伟大精神的主题研学活动，开展实地探访和现场学习，使学生在真实历史场景中领悟中国共产党作为世界第一大党的优良传统和中国共产党人身上所彰显的伟大民族精神。第三，坚持"问题导向"，以实践培养学生"问题意识"。正所谓"纸上得来终觉浅，绝知此事要躬行"。毛泽东同志反复强调"知行合一"，在《实践论》也指出："你要有知识，你就得参加变革现实的实践。你要知道梨子的滋味，你就得变革梨子，亲口吃一吃。"② 单一的课堂教学并不能完全解决学生的疑惑，只有让学生积极将问题带到实践中才能进一步培养学生分析问题和解决问题的能力。因此，要将思想政治理论课中所涉及的实际问题、疑难问题转化为调查研究的主题，让学生贴近社会现实，通过亲身经历的考察调研探寻精神谱系的传承与拓新。

---

① 习近平：《习近平谈治国理政》第一卷，外文出版社 2014 年版，第 165 页。
② 毛泽东：《毛泽东选集》第一卷，人民出版社 1991 年版，第 287 页。

高校思想政治理论课"讲好故事"策略探讨

彭逸燮

（贵州师范大学马克思主义学院，贵州轻工职业技术学院马克思主义教学部，贵州 贵阳 550001）

摘　要：讲故事既是一种叙事方法，也是一种教学手段。"讲好故事"是创新思想政治理论课教学形式、提高教学效果的必然要求。在思想政治理论课中需要优化策略，"讲好故事"，即回答好"讲什么样的故事""谁来讲故事""怎样讲故事"。从重点议题的设置、关键主体的选择、实践路径的优化三个角度探讨思政课"讲好故事"的策略建构问题，对强化大学生的理论认识、提高政治觉悟、加强实践引导具有重要作用。

关键词：思想政治理论课；讲好故事；策略建构

思想政治理论课（以下简称"思政课"）是落实立德树人根本任务、培养合格社会主义建设者和可靠接班人的关键课程，是对大学生进行思想政治教育的主渠道。党和国家历年来高度重视思政课，多次出台指导意见加强高校思政课课程建设，推动高校思政课教学改革创新、教学效果取得明显成效。触及心灵的教育才是成功的教育。"讲故事"作为叙事教学法的核心环节，对于提高思政课教学效果、推动思政课"走心入脑"发挥着不可替代的重要作用。2019年3月18日，习近平总书记在学校思想政治理论课教师座谈会上指出："让学生接受马克思主义，离不开必要的灌输，但这不等于搞填鸭式的'硬灌输'。要注重启发式教育，引导学生发现问题、分析问题、思考问题，在不断启发中让学生水到渠成得到结论。这里面，会讲故事、讲好故事十分重要，思政课就要讲好中华民族的故事、中国共产党的故事、中华人民共和国的故事、中国特色社会主义的故事、改革开放的故事，特别是要讲好新时代的故事。"① 同年 8 月，中共中央办公厅、国务院办公厅印发的《关于深化新时代学校思想政治理论课改革创新的若干意见》明确指出，要"不断增强思政课思想性、理论性和亲和力、针对性"②。可见，在高校思政课教学过程中，通过"讲好故事"可以增强教学内容感染力，达到强化理论阐释、引发情感共鸣、实现价值认同、加强亲身践行的有效统一。目前，通过以故事作为教学起点或教学点缀的叙事教学法已广泛应用于思政课的教学过程中。如何把握重点选取恰当的故事内容使之符合思政课育人导向、如何选择讲故事的主体使之更具说服力和启发性、如何巧妙设计故事使之在热闹之余富有深度教学意蕴是"讲好故事"的三个核心问题。

一、思想政治理论课"讲好故事"的重点议题

"讲故事"作为思政课的重要教学手段，只有厘清"讲什么"才能从战略高度落实立德树人的根本任务，才能让思政课符合学生需求、回答学生疑虑、贴近学生生活。应合理设置故事的议题，将教学中的知识点和故事有机融合，引导学生从感性认识上升到理性认知，从而实现思政课的育人目标。

（一）把握重点讲好恢宏的"历史故事"

唐太宗在痛失爱臣魏征后感叹道："以铜为鉴，可以正衣冠，以人为鉴，可以知得失，以史为鉴，可以知兴替。"通过学习历史，我们可以照应现实、远观未来。习近平总书记在党史学习教育动员大会上强调："要抓好青少年学习教育，着力讲好党的故事、革命的故事、英雄的故事，厚植爱党、爱国、爱社会主义情感，让红色基因、革命薪火代代传承。"③ 思政课要深挖历史故事，着重围绕社会主义发展史、中国共产党史、中华人民共和国史、改革开放史，从历史中讲清楚马克思主义为什么"行"、中国特色社会主义为什么"好"、中国共产党为什么"能"。一

---

① 习近平：《思政课是落实立德树人根本任务的关键课程》，《求是》，2020 年第 17 期。
② 中共中央办公厅、国务院办公厅：《关于深化新时代学校思想政治理论课改革创新的若干意见》，《中国教育报》，2019-08-15（1）。
③ 习近平：《在党史学习教育动员大会上的讲话》，《求是》，2021 年第 7 期。

是从历史故事中感悟马克思主义"行"的思想伟力。理论是实践的先导，实践是检验真理的唯一标准。中国实现从站起来到富起来到强起来的历史飞跃充分证明了马克思主义理论的科学性。选取充分展示国家经济社会发展、社会面貌发生巨变、人民生活水平变化的故事，通过故事触及事物的本质，阐释马克思主义理论的科学性、思想性、独特性。二是从历史故事中体悟中国特色社会主义"好"的关键密钥。实现中华民族的伟大复兴关键在于道路选择正确、理论体系科学、制度保障严密、文化底蕴深厚。中国能在无数次挑战中化危为机，关键在于中国特色社会主义道路引导正确航向、中国特色社会主义理论体系指引伟大实践、中国特色社会主义制度提供坚强保证、中国特色社会主义文化注入前进动力。应从中国改革开放40多年的故事、中国创造众多辉煌成就的故事里阐释中国特色社会主义的优越性，体悟中国特色社会主义"好"的关键密钥。三是从历史故事中领悟中国共产党"能"的精神密码。时间是最忠实的记录者，也是最伟大的书写者。从嘉兴南湖的小小红船扬帆起航到中国特色社会主义的巍巍巨轮，中国共产党走过波澜壮阔的一百年，书写了自强不息的中华民族伟大复兴的历史伟剧。通过讲述中国共产党在新民主主义革命时期浴血奋战、百折不挠，社会主义革命和建设时期自力更生、发奋图强，改革开放和社会主义现代化建设新时期的解放思想、锐意进取，到中国特色社会主义新时代的自信自强、守正创新的故事，构建出中国共产党带领全国各族人民百年奋斗的生动群像，是中国共产党"能"的精神密码。

（二）拓宽视域讲好恢宏的"时代故事"

当今世界处于百年未有之大变局，西方肆意分化中国、抹黑中国的图谋从未停止，意识形态领域面临更加严峻的斗争。"学生经常会把国外的事情同国内的情况联系起来，学生的疑惑就是思政课要讲清楚的重点。"[①] 思政课中讲好"时代故事"的关键在于扩宽视域，在国际比较中"利用国内外的事实、案例、素材，在比较中回答学生的疑惑……引导学生全面客观认识当代中国、看待外部世界，善于在批判鉴别中明辨是非"[②]。要在中外比较中讲好"时代故事"，帮助学生拨开云

---

① 习近平：《思政课是落实立德树人根本任务的关键课程》，《求是》，2020年第17期。
② 习近平：《在全国脱贫攻坚总结大会上的讲话》，《人民日报》，2021-2-26（2）。

雾见青天，通过故事启发学生把握和解读好问题的实质。2020 年，中国共产党历经八年之久，打赢了艰苦卓绝的脱贫攻坚战，在现行标准下 12.8 万个贫困村、832 个贫困县、9899 万农村贫困人口顺利脱贫。在这场声势浩大脱贫攻坚战中，中国共产党采取精准施策、靶向治疗，农村经济实力不断增强、基础设施不断完善，解决了贫困群众看病难、上学难、用电难等问题，创造了人类脱贫史上绝无仅有的历史奇迹。正如习近平总书记所言："综览古今、环顾全球，没有哪一个国家能在这么短的时间内实现几亿人脱贫，这个成绩属于中国，也属于世界。"① 通过讲述脱贫攻坚中涌现的可歌可泣的榜样人物的故事、贫困人口脱贫致富"圆梦"的故事，展现脱贫攻坚的伟大成就，让学生了解中国脱贫攻坚战中全面、立体、真实的故事。

（三）抓住细小讲生动的"实践故事"

实践是一切认识的来源，"全部的社会生活本质上都是实践的"，"故事选取、讲评、讨论，甚至是实践等环节，都要立足于让学生回归生活，为理论建立生活关照。生活是理论产生的源泉，也是故事形态的注脚"。② 中国共产党带领中国人民从积贫积弱走向繁荣富强的伟大历程中历经千山万水，发生了许多感人至深的故事，涌现了许多可歌可泣的人物，取得了许多举世瞩目的成就，这些为讲好"实践故事"提供了丰富的素材。讲好实践故事，关键要讲好中国人民追梦圆梦的故事、中国共产党治国理政的故事。一要从小事件、小人物入手。通过抓住实实在在的人或事展现一个集体、一个民族、一个国家奋斗成长的故事，带动学生融入教学情境，引发讲述者和倾听者的情感共鸣。二要抓住细节。通过对选取的故事中关键人物、环境、情节进行深度描写、剖析，丰富故事中人物的形象和情感，通过跌宕起伏的故事情节和人物的情感变化构建生动的生活情境，使之贴近真实生活，增强倾听者代入感，引发学生产生"共情"。三要适当设置悬念。设置悬念通过动人心弦的导入、高潮处的戛然而止、意味无穷的终曲技术，引导学生在学习过程中开启思维、丰富想象。

---

① 习近平：《在全国脱贫攻坚总结表彰大会上的讲话》，《人民日报》，2021-02-26（1）。
② 付洪、栾淳钰：《培养时代新人的叙事路径探析》，《马克思主义理论学科研究》，2019 年第 4 期。

二、思想政治理论课"讲好故事"的关键主体

"讲故事"不是目的，而是将理论知识和人生感悟寓于故事情节中，通过故事传递价值。思想政治理论课"讲好故事"的关键在于"谁来讲"。为此，教学过程中要坚持以专业思政课教师为主体讲述故事、构建师生共同体解构故事、巧用多元主体深描故事的多元主体育人模式。

（一）专业思政课教师为主体讲述故事

"专业的思政课教师是高校思政课课堂的主导者，掌握着教学的话语权，是讲故事最重要的主体。"[①] 专业思政课教师作为对大学生进行思想政治教育的中坚力量，站稳讲台传授理论知识、丰富教学形式讲好故事是其根本的职责。因此，思政课教师应具备"讲好故事"的基本素质。思政课教师是一支政治素养过硬、理想信念坚定、理论功底扎实的队伍，通过运用恰当的肢体语言、生动准确的口头语言提升故事的感染力，有温度地把政策文字转化为通俗生动的语言，高效地宣传党的政策方针、理论知识。习近平总书记在学校思想政治理论课教师座谈会上讲到他对焦裕禄那么一往情深，是源于"我的政治课老师在讲焦裕禄的事迹时数度哽咽，一度讲不下去了，捂着眼睛抽泣，特别是讲到焦裕禄肝癌最严重时把藤椅给顶破了，我听了很受震撼"[②]。可见，思政课教师"讲好故事"会对大学生树立正确的世界观、人生观、价值观产生不可磨灭的影响。

因此，思政课教师在讲故事的过程中不仅要精心地"备故事"，还要有情怀地"讲故事"。一方面，"备故事"要注重故事的真实性、启发性、具象性和整体性，最大化地呈现故事的教育意义。另一方面，"讲故事"要讲出故事的思想性、知识性、针对性，引导学生通过故事看事物的本质，从故事中彰显我国制度优势，激发学生爱国情感。

（二）构建师生共同体解构故事

"讲故事"不是教师在唱"独角戏"，更不是"台上热闹，台下看戏"。在讲

---

① 余德华、廖梦雅、邱开玉：《讲好故事：高校思想政治理论课话语创新的实践探析》，《思想教育研究》，2020 年第 6 期。

② 习近平：《思政课是落实立德树人根本任务的关键课程》，《求是》，2020 年第 17 期。

故事的过程中不仅有教师对于故事的叙述，更要构建师生共同解构故事中所蕴含的思想问题和现实问题，从中学习理论知识，获取新的人生感悟。解构故事是指"对故事进行向生活真实的还原、打散、延伸，引领大学生从不同角度全面真实地认识故事相关事实、发现不同于问题故事叙事线索的例外事件、理解具体情节于思想理论之间的联系，实现对故事的丰富化理解"①。其中需要教师把握几个关键。第一，引导学生多角度分析故事。同一个故事从不同的角度可以得到不同解读，正所谓"横看成岭侧成峰"。教师要开阔视域，引导学生多维度解读故事，从不同解读中收获新的感受，从而形成对故事的立体认识。第二，师生共同挖掘例外事件。故事中也蕴含着一些隐藏信息或故事未曾说明的例外，要跳出故事看故事，发现故事外的"闪光点"。这就要求师生在课堂上要跳出静态固化的视角，在故事的动态发展中挖掘、发现不同于问题故事的事件和情节。从中学生可以有效训练思辨思维，极大提高分析能力和认识能力。第三，启发学生领悟故事意义。引导学生分析故事、发现例外事件的过程也是学生自主探索故事意义的过程。随着学生深入故事、探究故事，即便教师不直接点明故事意义，学生也会逐渐从分析和反思中领悟其中的内涵和意义，从而真正达到以故事启迪思想的教学效果。

（三）巧用多元主体深描故事

习近平总书记强调："要配齐建强思政课专职教师队伍，建设专职为主，专兼结合、数量充足，素质优秀的思政课教师队伍，鼓励教师名师到思政课堂上讲课。"② 因此，思政课上要巧用多元主体讲好故事，形成校内校外互动的育人模式，发挥不同主体的育人优势构建大思政育人格局。其一，利用朋辈优势讲好青春的故事。朋辈教育对提升思想政治教育时效性发挥着重要作用，引入朋辈教育有利于发挥优秀青年群体的榜样示范作用。例如，邀请优秀的辅导员、大学生代表进入课堂，结合自身实际经验讲好青春的故事，激励更多的大学生汲取朋辈力量，提升自身能力。其二，发挥榜样力量讲好奉献的故事。在社会生活中榜样和道德模范无处不在、无时不有，他们总是燃烧自己奉献社会。通过邀请身边的榜样走

---

① 潘莉、欧阳菁菁：《高校思想政治理论课叙事教学法内涵、过程及实施策略》，《学校党建与思想政治教育》，2017 年第 10 期。

② 习近平：《用新时代中国特色社会主义思想铸魂育人 贯彻党的教育方针落实立德树人根本任务》，《人民日报》，2019-03-19（1）。

进课堂，发挥榜样的力量讲述奉献的故事，激励大学生对照榜样找差距、找不足、找方向。其三，利用专业优势讲好奋斗的故事。各行业的精英可以结合专业优势，结合各领域的特点讲好奋斗的故事。现今，多所高校积极邀请各领域的专家、精英走进思政课课堂，用更贴近学生的语言、喜闻乐见的形式讲述自身奋斗的故事，激励大学生要有生命不止、奋斗不息的进取精神。

三、思想政治理论课"讲好故事"的实践路径

思想政治理论课要"讲好故事"，关键是要解决"怎么讲"的问题。如果"讲故事"仅仅有物，则失去了温度；仅仅有理，则失去了高度。为此，思想政治理论课要运用鲜活的案例、多元的主体和真切的情感，着力在视角选择、内容构建、话语表达、场域拓展四个层面下功夫，构建出言之有物、言之有理，寓情于理、以理服人的叙事策略，让学生在故事中了解真实、立体、全面的中国。

（一）视角选择："宏""微"结合立体化呈现故事

选择什么样的视角讲故事至关重要，不同的视角可以勾勒出故事不同的形态。其中按照讲故事的视角来看可以大致分为宏大叙事和微观叙事，思政课讲好故事需要"宏""微"结合，立体呈现故事。其中，"宏大叙事是围绕一定的主题，遵循建构逻辑，以整体视野和时间跨度呈现历史和现实内容的故事"[①]。但是，在思政课教学中宏大叙事也有一定的局限性。一方面，因过于注重历史大视角和空间大语境，容易忽视故事中的细节和人物情感变化，不易引起学生情感共鸣，使学生产生疏离感。另一方面，思政课必须坚持学理性，以透彻的学理分析回应学生。讲故事不是目的，而是通过故事表达、论证观点，传递价值。课时的有限容易造成宏大叙事只能勾勒事物的大致轮廓，缺乏分析和论证的过程，容易被贴上"大道理"的标签。而微观叙事则是采用"小切口"描述故事，通过从局部、细节、人物入手，对事件和故事进行深入描写，是对宏大叙事的有益补充。通过小细节、小事件、小人物达到见微知著、以小见大，精准抓住人物情感变化、事件发展动向以打动听者，引发情感共鸣。正所谓"没有一种抽象的概念，比细节更有说服

[①]　杨葵：《思想政治理论课讲好脱贫攻坚故事的着力点》，《思想政治教育导刊》，2021 年第 10 期。

力；而更多的叙事技巧，也不能比真实情感更能打动人心"①。思政课"讲好故事"既要充分运用宏大叙事的视角，坚持国家教育战略思想，把握教学主题，讲好"中国故事"，也要善用微观叙事，通过"小切口"窥见大视野，用贴近学生、贴近生活的故事反映中国共产党带领团结全国各族人民走向新时代波澜壮阔的历程，让故事"走心入脑"。

（二）内容建构：优化教学设计实现知识点与故事的深度整合

讲故事不能"东一榔头，西一锤子，想到哪讲到哪"。好的故事应是依据整体教学设计安排统筹故事，使故事与故事、故事与知识点有效融合，由浅入深、由点到面、由此及彼，形成一个整体性的教学体系。这就要求教师根据教学内容仔细选择、设计、深描故事，以实现故事与知识点的深度整合。一是把准教学核心"点"。贯彻党的教育方针，实现"立德树人"的根本任务是思政课教学的核心，思政课必须坚持正确的政治导向。思政课教师必须站稳政治立场，注重故事真实性、启发性、整体性、具象性的有效统一，用正确的政治导向引领故事话语的表达。二是合理进行教学设计。教学设计的目的是提高教学效率和教学质量，使学生在单位实践内掌握更多的知识点、激发学生学习兴趣、提高学生各方面的能力。教师需要根据课程标准要求和授课对象情况巧妙将故事融入知识点的讲解过程中，讲授的过程中要注重故事与故事之间的逻辑性，使故事之间形成有效的串联，通过"讲故事"把握知识点的整体脉络。例如，"毛泽东思想和中国特色社会主义理论体系概论"这门课程，就可以融入党史各个时期的小故事，通过故事的串联使学生把握党百年历史的整体脉络，从而强化对知识点的记忆和理解。三是巧妙设计故事结构。要加深学生对于知识点与故事的理解，找到知识点与故事的连接点，必须要巧妙设计故事结构，将"故事"润物无声地融入知识点的讲解过程。这就要充分考虑作者创作故事时可能的意图，对影响故事结构的因素进行追溯，进一步挖掘故事传递的价值与知识点的契合度。

---

① 韩玲、李正兴：《高校思想政治理论课教师如何"讲好故事"》，《思想政治教育导刊》，2017年第2期。

（三）话语表达：情理兼具，提高话语的认同感

话语表达对讲好故事具有极其重要的作用，话语内容时代化、大众化、生活化，话语形式具有吸引力和情境性，能极大提高话语客体的认同感。"高校思想课的功能和属性，决定其教学活动既要有解释力，又要有亲和力；既要体现学理性，又要体现感染性。"[①]因此，要用学生的语言、灵活的表达让学生听得懂、听得进、喜欢听。其中，最重要的是处理好"情"和"理"的关系。"情"和"理"是讲故事的过程中所蕴含的两个关键要素，两者具有必然的联系。一方面，"情"是教师在"讲故事"时的一种心理状态，包含教师对于故事内容的情感态度、心理倾向，声情并茂地讲故事不仅能够最大限度地展现故事跌宕起伏的情节，塑造情感饱满的人物形象，增强故事的吸引力，而且能极大提高思政课的亲和力、感染力，增强学生的信任感。另一方面，"理"是教师通过"讲故事"方法将知识理论、价值理念传递给学生，以提升学生的理论素养和思辨能力。可见，"情"与"理"都是"讲故事"教学过程中的关键要素，二者功能虽然不同，但互为补充，缺一不可。因此，"讲好故事"需要"动之以情，晓之以理"，把握好"情"与"理"的辩证关系，力求做到情中有理、理中有情、情理兼具，充分达到思政课言事和启智的教学目的。

（四）场域拓展：延伸教学场域，巩固教学效果

在充分利用好课堂主渠道"讲好故事"的同时，根据教学内容和课堂教学的需要拓宽场域，积极开展实践教学，提升教学效果，实现课上课下、校内校外、线上线下联动教学。一是利用周边红色资源"讲好故事"。思政课不仅是理论知识层面的教育，而且应该是理论与实践相结合的教育，是知行相长、学以致用的教育。全国各地分布着大量的红色资源，包括革命遗址遗迹、纪念馆、文化研究院等实践基地。"讲故事"不能禁锢于课堂，更应该让学生走出课堂，通过在红色基地参观学习形成对故事新的理解，在实践中陶冶情操、修养品性，寓教于学、寓学于趣。比如，贵州高校可以利用好周边的红色资源，在讲红军长征的故事时组织学生参观遵义会议纪念馆，让学生在情景交融中感悟"长征精神"。二是利用学

---

① 习近平：《用新时代中国特色社会主义思想铸魂育人 贯彻党的教育方针落实立德树人根本任务》，《人民日报》，2019-3-19（1）。

生实践活动"讲好故事"。通过开展校内实践活动让学生参与选择故事、解构故事、重构故事的整个过程，将学生的"学"转换在探究与体验的实践活动中。比如，通过开展红色情景剧、演讲比赛、辩论赛等活动，学生在自编自演的过程中必然会查阅相关资料和书本知识，更深度地研究故事背景、探究其价值内涵，大大提高了学生学习的主动性和创造性。在"寓教于策，寓学于做"中创造性地呈现故事，生动地学习知识。三是利用网络学习资源"讲好故事"。"只有赢得互联网，才能赢得青年；只有过好网络关，才能过好时代关。"[①] 网络学习资源是课堂学习的有益补充，利用好网络可以获取最具代表性和前沿的理论热点知识。例如，"学习强国"、"学习通"、网上精品课程和慕课等网络教学平台，可以不受时空和地域的限制从中查阅"故事"的背景资料、相关联的其他信息，极大地延伸教学空间，实现"线下教学"与"线上教学"的同频共振。

---

① 李明：《切实增强大学生思政获得感》，《人民日报》，2019-01-25（9）。

新媒体视角下"原理"课教学资源整合路径研究

习兴美

（贵州师范大学马克思主义学院，贵州 贵阳 550001）

摘　要：新媒体技术的发展在给高校思想政治课的教学工作带来巨大挑战的同时也带来了潜在机遇，如"原理"课程教师可以在新媒体技术的辅助下加强对经典文献理论资源、实践教学资源以及网络教学资源的开发和利用。在整体协调原则、优化创新原则和开放共享原则的基础上，通过师生互动，打造出多层次、体系化的配套教学资源，提高教学资源的利用效率，有力推动"原理"课程教学实效性提高和教学目的达成。

关键词：新媒体；教学资源；整合

近年来，新媒体技术的发展突飞猛进，给信息传播领域带来巨大变化，各类信息资讯丰富、传播快速且广泛，为思政课教学工作带来了巨大挑战和潜在机遇。习近平总书记在全国高校思想政治工作会议上强调："要运用新媒体新技术使工作活起来，推动思想政治工作传统优势同信息技术高度融合，增强时代感和吸引力。"[①] 高校思政课教育教学工作者若能对新媒体技术与高校思政教育相融合的必要性和重要性形成明确认知，积极把握新媒体技术在打造辅助教学平台、挖掘整合教育资源、重塑思政课教育理念等方面的重要作用，必能极大提升高校思政课的教育教学质量和水平。因此，借助新媒体技术的平台和方式，对"原理"课教学资源进行深度发掘与整合，无疑会有力地推进新媒体与高校"原理"课程相融合。

---

① 《习近平在全国高校思想政治工作会议上强调　把思想政治工作贯穿教育教学全过程 开创我国高等教育事业发展新局面》，《人民日报》，2016–12–09。

一、新媒体环境下"原理"课教学面临的挑战与机遇

新媒体是相对于报刊、广播、电视等传统媒体而言的，是利用数字、网络和移动技术，通过互联网、无线通信网等渠道以及电脑、手机和数字电视机等终端，向用户提供信息和娱乐等服务的传播形态和媒体形态。新媒体所具有的开放性、互动性、虚拟性、快捷性等特点给高校"原理"课程的教学既带来了挑战，又提供了新的发展机遇。

（一）"原理"课程旧有教学理念和教学模式受到冲击

"原理"课教学的目的是使大学生充分理解马克思主义理论基本原理，并以马克思主义的立场、观点和方法指导学生树立正确的世界观、人生观和价值观，促使大学生个性得到自由而全面的发展，最终实现社会价值与个体价值的统一。所以，"原理"课旧有的教学理念是以教师为本，教师作为知识的传授者，学生作为被动的接受者；注重对学生的理论灌输，学生被动接受，学习的积极性和主动性不能得到充分的激发和调动。由于"原理"课本身理论性较强，单纯的理论阐释往往让学生觉得枯燥乏味，难以产生共鸣，导致学生抬头率不高，教学实效性难以得到提升。"原理"课程的教学不能被简单、僵化地理解为知识的传播过程，而是一个意义的产生过程。在新媒体带来多元文化和价值观冲击的背景下，唤起学生对马克思主义基本原理的学习热情，需要教师和学生以各自的生活体验为前提，以师生对当下世界和中国发生的时代巨变的观察和思考为基础，融汇到对马克思、恩格斯思想的理解和领悟过程当中，建构起一个崭新的意义世界。

（二）"原理"课程传统教学时空的拓展和教学资源的多元化

随着网络宽带和"5G"移动互联网的迅猛发展，"原理"课程传统的教学时空不断得到拓展，原有的时空壁垒不断被打破，实体课堂教学已不再是知识传输的唯一途径，许多在线教育课程、远程教育课程和移动教育课程等纷纷出现。例如，在线视频教学、慕课、微课等，就是"原理"课程教学多媒体化与网络化的尝试，大学生利用移动互联网可以随时、随地进入课程学习，为合作学习、研讨探究式学习的开展提供了便利。同时，"原理"课教师如果能熟练掌握新媒体技术，利用其搜集捕捉最新最热的时代资讯和教育信息并整理制作辅助教学资源，在新媒体

技术平台支持下整合思政课实践教学资源和理论教学资源，打造出适应新时代需求的课程教学资源体系，将会极大地改变传统"原理"课程教学资源单一、案例陈旧的局面，更有利于"原理"课程内容的时代化、生活化阐释，唤起学生共鸣。

二、"原理"课程教学资源整合的三重路径

教学资源从广义上理解包括与教学内容相关的信息资源和对教学有辅助作用的各种人力和物质资源，是开展教学活动的基础。本文所指的"原理"课教学资源包括马克思主义经典文献等理论资源、实践教学资源和网络教学资源三个部分。在新媒体背景下加大对这三类教学资源的开发力度，创新对这些资源的整合方式，对于提高"原理"课的教学实效性有重要的意义。

（一）新媒体条件下对经典文献理论资源的开发利用

"马克思主义基本原理"课程中所阐述的马克思主义的基本观点、基本理论都根源于马克思主义经典文献。如果没有马克思主义经典文献的支撑，"原理"课的教学就成了空中楼阁。马克思指出："理论只要彻底，就能说服人。所谓彻底，就是抓住事物的根本。"[①] 研读经典文献是准确理解马克思主义基本原理、掌握马克思主义科学方法论的重要途径。然而，在过往的"原理"课教学中，经典著作一直没有得到足够的重视，许多教师往往只借助于对马克思主义解读的二、三手资料或只关注西方某些理论资源，缺乏对马克思主义整体性的理解，致使学生也缺乏足够的兴趣和积极性去阅读经典文献，对马克思主义的立场、观点和方法的理解、把握出现偏差。而在新媒体条件下，知识载体发生了重大变革，突破了传统纸质媒介的储存和传播方式，转而可以用电子资源的方式保存和传递各种理论资源。学生不必到图书馆借阅厚重的、数量有限的马克思主义经典著作，更不用支出昂贵的费用自行购买，可以借助新媒体技术在移动终端上便捷地查阅和翻看马克思主义经典文献，教师可以将推荐阅读的重点书目以电子文档存储在云平台空间中，随时方便学生下载和阅读，大大节省了时间成本和人力成本。教师可以突出马克思主义经典文本中与教材内容相关的亮点知识和重点内容，对马克思主义经典文本

---

① 中共中央马克思恩格斯列宁斯大林著作编译局：《马克思恩格斯选集》第一卷，人民出版社2012年版，第10页。

中的重点篇章和重点段落进行讲解，并结合历史事实与社会现实，观照新时代中国特色社会主义的发展现状，回应时代提出的现实问题。在反思历史、观照现实中挖掘马克思主义理论中所蕴含的关于价值观、历史观、社会观、人生观和科学精神的资源，发挥马克思主义经典文本在"原理"课立德树人过程中的重要作用，拉近学生与经典的距离，增强学生的积极性与主动性。

另外，不少高校和科研机构、学术期刊都在微信平台开设了公众号，长期定时推送最新的国内外马克思主义理论研究成果，以及在腾讯会议等互联网平台不定期举行理论研讨会议，这些都是"原理"课教师获取理论资源的重要来源。推动这些理论资源与课程内容的深度融合，能为"原理"课的教学资源注入源源不断的新鲜血液。

（二）新媒体条件下对实践教学资源的开发和利用

毛泽东同志指出："一切真知都是从直接经验发源的。"[①] 实践教学作为一种参与式和体验式的教育教学方式，要求学生在实践中进一步思考和感悟基本理论的深刻内涵和指向，并在与教师共同研讨学习的过程中深化对基本理论的认识。"原理"课的实践教学作为马克思主义基本原理课堂教学的延伸，是整个马克思主义理论教学体系的重中之重，是马克思主义基本理论教育教学工作的有效载体和教学资源，也是提高马克思主义理论教学质量的必要环节。[②]

"原理"课的实践教学资源过去往往集中在实践基地，各高校通过政校、校企等多种合作机制建立各种类别的实践基地，如爱国主义传统教育基地、历史博物馆和革命先烈纪念馆等。学生通过在实践基地进行参观走访，加深对马克思主义的产生与发展、继承与创新、理论与实践的学习和理解。实践教学相对于课堂教学而言具有场景优势，能让学生通过鲜活的现场体验参与教学过程，发挥其主体能动性。但实践教学的基地化运作也存在诸多问题，既要受制于学时地域、资金资源、人身安全等诸多因素，又要受限于基地的功能职能、接待能力、运作方式，所以基地的实践教学往往对人数和时间进行严格限制，只有少数团队可以组织前往，而且来去匆匆，无法普遍持久深入。[③]

① 毛泽东：《毛泽东选集》第一卷，人民出版社 1991 年版，第 288 页。

② 胡海波、柴婷婷：《"马克思主义基本原理概论"教学论》，高等教育出版社 2019 年版，第 124 页。

③ 许冠亭、王洁倩：《新媒体环境下思想政治理论课实践教学方式的转换》，《学校党建与思想教育》，2017 年第 9 期。

新媒体条件下，各高校近年来不断加强信息化建设，打造实践教学网站。尽管在教学资源、教育水平和教学方式方法上存在差异，但是由教育部和各省级教育部门对教育教学多方面的资源进行系统整合，打造互联互通的实践资源平台，仍可推进实践教学资源的共享发展。此外，越来越多的公共机构（如国家和省级博物馆、革命遗址、人物纪念馆和红色革命根据地等）相继在互联网平台建设网站或推出公众号，面向公众免费开放和宣传，学生可以通过电子设备及时、便捷地获取各高校、各地区的网上资源，直接接触优质实践教学资源。而且，这些社会化的历史文化资源与地方文化和本土特色相结合，反映了地方历史文化和自然资源的特色以及地方经济和社会发展的积极成就，成为我国社会主义建设成就最贴切的成果反映和实践证明，更能为高校思政课提供有力支撑。地方经济社会发展的热点问题和特色资源往往更能引起大学生强烈的认同感和热情，成为"原理"课实践教学的有效载体。

（三）新媒体条件下对网络教学资源的开发和利用

新媒体时代，发达的网络信息技术使得海量信息的快速、高效传播成为现实。这些信息往往庞杂无序、价值多元，甚至裹挟着大量西方意识形态要素，对已经普遍习惯使用互联网获取信息的当代大学生群体产生了极大冲击和影响。这为"原理"课教师以网络信息平台为阵地，选择、加工、利用教育资源和信息进行课程教学提供了丰富的素材库，但也对教师的辨别处理能力提出了较高的要求。

"原理"课网络教学资源包括对互联网上的新闻素材、音频视频、文本图像等基本元素进行数字化处理，运用于教学讲义、教案、课件的制作，也包括利用各高校打造的精品网络课程和主流媒体宣传平台所提供的新闻资讯，如中国大学MOOC、"学习通"、"学习强国"等互联网平台以及以中央电视台、中央人民广播电视台、新华社、《求是》杂志等为代表的中央级新闻媒体，还有各省（自治区、直辖市）党报和电台等区域性媒体。"原理"课教师应当紧跟时代步伐，关注社会热点事件，根据世情、国情和党情对课程内容进行补充更新，引导学生运用马克思主义辩证思维方法和世界历史眼光分析探讨社会现状，在帮助学生理解分析现实问题的过程中进一步领会马克思主义基本原理的时代阐释力，坚定马克思主义的理想信念。在引导学生观看各高校精品网络课程的过程中，学生可以在多位老师不同角度的讲解下加深对课程内容的印象，深度思考，取其精华，并可以在课程网站平台上与教师互动，阐发自己的看法，提出自己的疑问。

此外，"原理"课教师还可以利用网络平台建立信息资料库，建设"原理"课网上教学的课程体系，以教学大纲、教案和课件、模拟题库等搭建课程系统，全方位、多层次地支持教师进行多媒体教学，高效便捷地进行师生互动。学生可以根据自己的时间安排、学习习惯自主学习、自我测评，并参与课程的网络资源信息的补充和更新过程中。教师可以根据学生的实际情况和具体需求制作慕课、在线课程和移动课程，为学生的课前、课中和课后的个性化自主学习提供资源和平台支撑。

三、"原理"课教学资源整合的原则和主体力量反思

虽然现代化信息技术的突飞猛进为"原理"课提供了丰富的理论教学资源、实践教学资源和网络教学资源，但由于缺乏科学的整合和加工，许多资源尚未能充分利用。教学资源要充分发挥其功能，必须树立起整体观念，对各种类型的教学资源进行整合，并纳入整个教学体系中进行评估，充分把握资源之间的内在联系，促进资源之间的良性互动，避免资源的浪费和重复建设。

总体而言，"原理"课教学资源的整合应遵循以下三方面的原则。

（一）整体协调原则

在整合利用各类教学资源的过程中，"原理"课的课堂教学主阵地不能丢，教学目的必须明确，传授马克思主义理论知识，帮助学生形成正确的世界观、人生观、价值观，坚定对共产主义的信念，增强对中国特色社会主义道路的认同，必须坚持在这一前提下展开对各类教学资源的筛选、加工和利用。而各类教学资源在教材各章节内容中所占的比重则需要根据各章节重难点以及详略进行取舍，充分发挥理论资源、实践资源和网络资源各自的优势，打造多层次、体系化的配套教学资源，更贴切地推动教学资源与知识点的结合。既要避免重复累赘，又要发挥各种教学资源利用的最大效率。

（二）优化创新原则

在开发利用各类教学资源的过程中，应当充分考虑学生的知识储备、现实需要和兴趣点，选择更符合时代发展和学生身心特点的教学资源，对各种材料去粗

取精、去伪存真，找到与学生的生活实际、现实需要、认知水平相链接的教学素材，将知识性与趣味性打通，让理论性与时效性相融，去除一些不必要的细枝末节的信息，有目的、有针对性地选择"原理"课所需要的理论、实践和网络资源。

（三）开放共享原则

各项理论教学资源、实践教学资源和网络教学资源本身就来自开放的互联网平台，在构建起体系化的"原理"课教学资源体系之后，理应促使这一资源体系保持开放共享的性质，最大限度地发挥其作用。传统"原理"课教学资料的开发往往是教师"单打独斗"进行，教师和教师之间、教师和学生之间存在无形的壁垒，而网络教学平台中的"原理"课课程教学资源则可以方便而高效地在不同主体间交流沟通，以平等、民主的方式共享共建资源库，加强师生协作，提高学生自主学习能力，提高整体教学质量。

在开发、整合、构建"原理"课教学资源的过程中，教师毫无疑问是主导力量。教师是教学活动的主导实施者，如果教师缺乏全面、系统开发、利用教学资源的主观意愿，或不能熟练掌握和使用相关技术，必然会使整合优质教学资源的进度停滞不前。如果"原理"课教师本身就缺乏对马克思主义理论的研究兴趣，不能深入将马克思主义理论与当下中国实践相结合，或对互联网新媒体资讯不敏感，不能及时捕捉新信息和新问题，就会造成许多教学资源的流失和浪费。而学生作为"原理"课程的参与方，不仅仅是教学资源的被动接受者，还可以通过互动式教学参与到教学资源的生成过程当中。他们的课前展示、课堂研讨和课后反馈能够有效促进教师对教学资源的修改、优化和补充。

作为意识形态教育的主阵地之一，"原理"课不同于其他几门必修的思政课，不能停留于历史事实的感性层面，而必须深入对世界、社会历史发展规律的认识，把握资本主义和社会主义的本质，通过证明其理论阐释力而培养学生的共产主义信念，对学生进行马克思主义世界观、人生观和价值观的培育和塑造。新媒体的影响力已经渗透到社会生活的方方面面，"原理"课也必须秉承交流、开放、进步的精神不断挖掘信息化、时代化的教学资源，将正面教育与潜移默化相结合，推动课程教学目标的达成。

自媒体在高校思想政治理论课教学中的应用研究

冉胜刚

（贵州师范大学马克思主义学院，贵州 贵阳 550001）

摘　要：自媒体通过互动的方式进行信息传播，给大学生提供了一个与世界同步发展、展现自己才华的空间。学生通过自媒体表达自己的观点、关注社会动态、获取知识、进行人际交流，他们的世界观、人生观、价值观都打上了自媒体的烙印。如何把握自媒体的特点，转变教育方法，开辟新的教育渠道，对大学生进行有效的思想政治教育，是我们思想政治理论课教师必须要关注的问题。

关键词：自媒体；大学生；思想政治教育

网络媒体的便利化，改变了大学生的信息环境、学习生活和人际交往，使得每个大学生都可以自由地接受信息，将个人的见解快速地传播。高校应顺应社会发展的规律，积极引导大学生充分利用网络媒体，加强思想政治工作。当前，大学生思想政治教育工作的重点是舆论引导，坚持以社会主义核心价值观为指导，加强大学生思想舆论引导，落实传统美德、社会公德、法律法规教育，这对于培养中国特色社会主义事业的建设者和接班人，促进中华民族伟大复兴，具有重要而深远的意义。

一、自媒体信息传播的特点

自媒体是互联网大数据时代不断发展的产物，其可以实现自主设计、制作、分享信息，并且可以随时随地以文字、图片等形式进行发布，呈现出移动化、数字化、便捷化等特点。对于自媒体形式来说，它的传播不受传统媒体组织的相关限制，因而呈现出碎片化、去中心化、泛娱乐化等特点。

（一）碎片化

以我们所熟知的微博来说，发布者发布 200 字之内的信息通常在较短的时间内就能完成，并且可以用简短的文字描述事件，通过上传图片、视频、网页链接、多媒体等，表达自己的想法，让其内容更加吸引人。其次，浏览和发布新闻信息的时间短、频率高，网络用户使用的频率高。但是，因为媒体新闻发布的篇幅有限，新闻发布者常常以不完全的形式表述事实，表现出片面性的特点。

（二）去中心化

在传统媒体时代，大众从门户网站、报纸、电视、广播等渠道获取信息，传播主体与受众之间有着严格的界限，只有职业传播者可以在媒体上进行传播，而受众没有选择和发言权。但是随着网络技术的发展，在"自媒体"时代，传播的技术门槛和成本大大降低，人人都是"主编"，人人都是新闻工作者，这就使得人人都能自觉地参与大众传播。

（三）泛娱乐化

在市场经济发展的今天，媒介必须正视市场的冲击。为了迎合大众的多样化需要，很多媒介都存在过分关注经济利益，甚至在进行新闻报道的时候为博取流量夸大其词，消费主义与娱乐诉求不断地冲击着传统的文化价值观，并呈现出"泛娱乐性"的特点。在泛娱乐的互联网时代，媒体很难独善其身。网络媒体经历了博客、微博、微信公众平台、现实生活平台的发展，在此过程中，也一直存在着"泛娱乐性"的特点。[①]

（四）操作简便，传播速度快

网络媒体的发布很简单，只需要几个步骤就可以完成。比如，在发布微博的时候，点击下面的"加"号，选择要发表的格式（一般是文本）再输入内容。在

---

① 郭亚亭：《自媒体对大学生思想政治教育社会化的影响及对策》，《教书育人（高教论坛）》，2021 年第 6 期。

编辑好要发表的内容后，点击上方的"发送"就能完成了。网络媒体的传播速度极快，实时性也很高。一般情况下，只需要一次点击，就会被上传到网上，然后在很短的时间里，就会在网络上传播开来。

（五）传播的范围广、速度快、影响大

网络媒体覆盖了国内和国外的各个领域，非常广泛。用户可以通过网络平台上的关键词来获取自己需要的信息。如果自己的新闻是有价值的，有娱乐性的，或者是有一定知名度的，那新闻的传播范围就会很大，甚至会成为热点话题。而且，在社交平台上，注册了大量的用户，在很短的时间内，就能使信息迅速扩散开来，这是一种很好的宣传方式。特别是在热门话题上，更是受到了广大网友的广泛转发和评论，其传播速度之快，几乎遍布了整个网络，影响力非常大。用户数量很多，除此之外，网络传播的内容也很多，从国家大事到法律法规，再到日常的餐饮，都能通过媒体传播。

二、自媒体对大学生思想政治教育的影响

（一）增强了思想政治教育的针对性以及实效性

自媒体移动化、数字化、便捷的新闻传播优势推动思想政治教育与时俱进，使思想政治教育更容易为大学生所接受。网络媒体互动的特性，改变了学生对老师的敬畏和不能打开心扉的状况。在虚拟世界中，通过创造平等的对话环境，将传统的单向灌输变为平等、交流，改变了部分大学生对思政课的抵触心理，使教师更容易了解学生的真实想法和思想动态，并有针对性地加以引导，提高大学生思想政治教育的针对性和实效性。

（二）丰富了思想政治教育的内容以及形式

微博、微信、移动新闻客户端、网络直播等新媒体形式，使传统的思想政治教育在时间、空间上得以突破。一方面，网络媒体获取知识便利，将其从教室中延伸到教室外，让学生在任何时间、任何地点都能通过网络平台轻松获取所需要的知识；另一方面，网络技术让传统的课堂教学从学校老师教、学生学的教育向

师生互动交互变化，甚至出现深谙自媒体的学生反哺教师的情况，出现了"老师讲的学生知道，老师没讲的学生也知道，老师懂的学生都懂，老师不懂的学生还懂的情况"①。

（三）思想政治理论课主渠道的功能有所弱化

网络时代的一个突出特点是大学生通过网络媒体实现自主学习。网络媒体的开放，为大学生提供了更多的知识。而传统的思想政治教育教学中，网络媒体对教师话语的影响越来越大。与传统的思想政治课程相比，网络媒体对学生而言具有更强的"信源"作用，有利于学生接受媒体的信息，但是也在一定程度上削弱了对教材的理解。

（四）进一步增加了思想政治教育的相关难度

传统的思想政治理论课教学模式存在一定的弊端，现在的大学生更愿意接受他们所喜爱的网络教育，而传统的、单一的、说教的、僵化的教学模式，会让学生产生抵触情绪，导致普遍抬头率不高的问题。

（五）主体多元化，容易形成偏差

自媒体的便捷性、开放性，有利于个人的信息传播，甚至个人的传播也比主流媒体传播速度更快，从而使个人的传播成为一种舆论导向，从而形成强大的网络舆论。大学生通过方便、公开的互联网，可以随时随地地表达自己的观点、获得自己需要的信息。

网络媒体在一定程度上影响了大学生的世界观、人生观、价值观。相对于传统媒体而言，网络新闻的来源和内容更加复杂，特别是某些敏感的信息，如果不能充分披露和及时地处理，很可能在网络上产生不良的影响。大学生的思想比较单纯，如果长期暴露在这种消极的信息下，会使他们的政治信念、爱国情感和社会主义核心价值观发生动摇。网络媒体的内容未经严格的审查和甄别，虽然其博大精深的自然科学、社会科学内容可供高校学生随意查阅，但同时也存在着一些

---

① 梁明、周文生、万桃涛：《自媒体对大学生思想政治教育的影响及对策研究》，《新余学院学报》，2017年第6期。

伪科学、低俗、暴力、色情、反社会的内容。这种消极的信息，会使他们的道德义务与法制观念变得模糊。此外，一些大学生由于沉溺于网络营造的虚拟世界，削弱了自己在现实生活中的自我，导致性格孤僻和异化，不利于思想政治教育工作的开展。

三、运用自媒体提高大学生思想政治教育的对策

（一）构建基于自媒体的思想政治教育传播新平台

由于受传统的思想政治教育方法以及媒体传播主体的传播能力等因素的制约，目前高校学生的思想政治教育尚未充分发挥其应有的作用。虽然部分大学开设了官方微博，但其成效并不明显。当前，网络媒体在高校学生的生活、学习中已占据重要位置，高校思想政治教育工作要把握这一契机，尽快搭建网络媒体传播新平台，更好地开展大学生思想政治教育工作。可以通过媒体平台在学校相关部门、学院、班级等单位进行有效宣传，同时也可以设立相关的官方媒体，将其转化为大学生易于接受的传播方式，并与之进行有效的互动与沟通。比如，可以通过开通微信公众号来实现思想政治教育与微信的有机结合。传统的课堂教学时间有限，效果不明显，可以在微信上发布相关的通知、信息；同时，也可以利用微信语音，与学生进行有效沟通，增加其真实性。

（二）提升大学生思想政治教育任课教师的相关能力

在网络时代，大学生的"自"能力直接影响到他们是否能够准确地掌握新闻、掌握传播话语的主动权，进而影响到思想政治教育的成效。网络媒体在大学生思想政治教育中具有举足轻重的地位，大学生思想政治教育工作者要有一种强烈的责任感和紧迫感。现在的大学生已经具备社交媒体的能力，能够自如地使用信息、发布信息，这对我们的教育工作者来说是一种机遇。利用自媒体进行高校思想政治教育，必须对高校从业人员进行专门的培训与学习，提高其媒体素养。任课老师要善于识别网络传播的各种信息，注意其在网络传播过程中的零散的语言、信息，并及时发现问题、解决问题，提高预见力，引领学生发展。

（三）加强大学生思想政治教育客体的媒介素养

对大学生而言，网络媒体作为一种重要的媒介，正逐渐成为人们接受和传播信息的重要途径。但自媒体在发展过程中也存在着相应的信息安全隐患，大学生若不具备良好的传媒素质，将会在新闻传播过程中失去自我，从而对自身的心理、身体、精神等造成一定的冲击。网络媒体为大学生提供了大量的信息，但同时也给部分大学生造成了心理上的混乱，这就要求我们任课老师要改进教育方式，教育他们树立正确的传播理念，提高媒体素质，选择方式，加强道德法律意识，增强对新闻信息的判断、甄别、整合、使用等能力。培养大学生积极积累正能量，正确运用社交媒体，在网上发布信息时要懂得担当，懂得实事求是，懂得尊重他人，遵守法律，遵循客观规律，正确地运用自己的话语权。我们可以借鉴别的国家或地区的经验，把媒体素养的内容与现有的课程结合起来，通过不断实验和反馈，根据实际情况开设专业课程，聘请专门的老师进行教学。我们要积极引导大学生主动参加网络社交，不断地促进其自身综合素质的提升。高校可以为学生提供提升媒体素养的机会，如微博、微信设计大赛等，也可以在网络上发表热门讨论话题，对大学生的留言进行引导，鼓励他们进行理性思考，让他们正确地看待问题。

（四）加强校园自媒体舆情监管力度和主流引导

网络媒体的信息是良莠不齐的，虚假的信息很容易传播。如果学校对此没有进行有效监督，那么，身体和心理发育尚不健全的大学生就会受到误导。为此，应加强新闻舆论监督，构建良好的教育环境。

第一，要加强对网络媒体的监督，从源头上杜绝虚假的误导。当前，大部分大学生拥有一到两个甚至更多的社交媒体平台，他们通过自媒体进行学习、交友、倾诉等。因此，高校思想政治教育工作者应当进行适当监控，通过专人对本单位现有自媒体相关信息进行清查和过滤，对不实信息联合有关部门进行彻底删除，避免对大学生产生负面影响。

第二，要避免某些西方国家通过网络传播媒介向我国的大学生进行意识形态渗透。某些别有用心的人利用国内高校学生在网络媒体中的相对活跃性，利用网络传播的不真实信息和煽动性的语言误导大学生。为此，国家应加强对网络媒体的管理，积极传播健康的主流价值观念，引领大学生健康成长。

（五）加强学生的自媒体监管，提高自媒体的媒介素养

网络媒体的"去中心化"特征，使人们质疑信息的真实性。对高校大学生来说，要提高新闻媒体素养，增强法制意识，抵制西方反华势力的意识形态渗透，维护自媒体意识形态领域安全，全面构建网上网下同心圆，营造风清气正的自媒体空间。网络媒体的分散性使得其新闻传播"把关弱化"。要加强对新闻媒体的监督和组织领导，按照属地管理、分级负责、由谁来负责的方针，强化自媒体党建工作，统筹协调学校自媒体意识形态工作，维护自媒体意识形态安全，牢牢掌握自媒体意识形态工作领导权、管理权、话语权，确保自媒体空间更加清朗，让党的声音成为自媒体空间最强音。加强思想政治教育的自觉意识，充分认识到网络意识形态斗争的长期性、尖锐性、复杂性。要树立新闻媒体的意识形态安全观，构建新闻媒介的安全评价预警与风险防范机制，充分利用好、管理好自媒体。

"四史"教育融入高校思想政治理论课探析

冯 丹

（贵州师范大学马克思主义学院，贵州 贵阳 550001）

摘 要："四史"是中国共产党领导中国人民团结奋斗的实践史，将"四史"教育融入高校思想政治理论课具有重要的现实意义。从逻辑上看，"四史"教育与高校思想政治理论课在本质特征、教学目标、教学内容上是内在统一的。在具体的教学过程中，将"四史"教育融入思想政治理论课，既要充分发挥教师的主导作用，又要重视学生的主体地位，还要不断创新课程教学方法，才能取得良好的教学效果。

关键词："四史"教育；思想政治理论课

党史、新中国史、改革开放史、社会主义发展史（以下简称"四史"）蕴含了丰富的理论资源和我党百年奋斗的成功经验，是最好的"教科书"和"营养剂"。以史为鉴，从历史中汲取智慧向来是中国共产党和中华民族的优良传统。将"四史"教育融入高校思想政治理论课，是增强思政课教学实效的客观要求。

一、"四史"教育融入思想政治理论课的重要意义

恩格斯指出："我们根本没有想到要怀疑或轻视'历史的启示'；历史就是我们的一切。"[1] 所以，中国的历史就是中国人民的一切，历史教育一直是我党教育的重点。将"四史"教育融入思想政治理论课，正是为了提升学生的历史认知，

---

[1] 〔德〕恩格斯：《英国状况——评托马斯·卡莱尔的"过去和现在"》，《马克思恩格斯全集》第一卷，人民出版社1956年版，第650页。

填补思想空白。

（一）培育"时代新人"的关键步骤

以史为鉴，可以知兴替。历史既告诉我们"从哪里来"，也为我们指明未来该"往哪里走"。当今世界正处在百年未有之大变局时期，国际形势纷繁复杂，"四史"教育可以让学生更全面更深入地掌握国史国情，把握历史规律，以开拓的思维和视野书写新时代的画卷。同时，通过"四史"教育增强认同感是加强学生思想自觉和行动自觉的关键一步。将"四史"教育融入思想政治理论课，能帮助学生厘清历史脉络、认清历史事实、把握历史进程。另外，所谓育苗先育根、育人先育心，真实的、生动的历史事件和历史人物是最好的教科书，它们能引起学生的共鸣，让他们坚定"听党话、跟党走"的选择与决心，从而从我们党百年来波澜壮阔而又熠熠生辉的历史中，明白自身的使命与责任，自觉成长为有理想、有本领、能勇担民族复兴重任的时代新人。

（二）坚定理想信念的必经之路

人无精神则不立，国无精神则不强。理想信念对于一个人的作用至关重要。它是助力一个人克服困难的力量源泉，也是支撑一个人不断前进的精神动力。回顾百年党史，理想信念支撑了一代又一代共产党人为共产主义事业不断奋斗。但如今，在没有硝烟的和平年代，"佛系""躺平"却成为部分年轻人的热词。面临竞争日益激烈的市场环境，他们消极对待，不进取、不努力、不坚持。从本质上来说，"佛系""躺平"就是缺乏远大理想和马克思主义坚定信念的体现。作为实现社会主义现代化强国目标的主力军，青年大学生的理想信念关乎国家的前途与命运。历史和实践证明，坚定的理想信念是夺取一切胜利的基石。学习"四史"，就是要让青年大学生在中国共产党人的精神谱系中切身体会无数革命前辈留下的宝贵精神财富，补足精神之"钙"，摆脱消极、负面思想的影响，增强马克思主义信仰、筑牢共产主义远大理想、坚定中国特色社会主义共同理想，紧握接力棒，传递生生不息之火，在坚定的理想信念中，开拓进取，不负使命。

（三）树立正确历史观的重要渠道

在国际形势日益复杂的今天，意识形态斗争是大国之间没有硝烟的战争，一些别有用心的政客及反华势力利用错误的社会思潮动摇我国青年的立场，影响其价值观念。其中，宣扬历史虚无主义是他们常用的手段之一。他们打着"重新评价""反思过去"的旗号，通过截取片面的、虚假的历史片段来恶意歪曲我国历史、诋毁中国共产党、抹黑历史人物、丑化国家领导人，企图通过这样的方式来否定马克思主义的指导地位，否定我们建党以来的百年成就，否定社会主义道路。而高校大学生，正处在思想趋向成熟却还未完全成熟的关键时期，接触信息渠道广，却又不能准确辨别信息真假虚实。因此，在无法正确认识史实、准确把握历史规律的情况下，最容易产生错误的历史观念。面对这样恶劣的影响，将"四史"纳入高校思想政治理论课，其重要性可见一斑。加强"四史"教育，就是加强学生对于历史知识的认知。只有通过认真学习"四史"，学生才能做到客观还原历史事件、客观评价历史人物，分清主流与支流，自觉抵制历史虚无主义，树立正确的历史观，成长为信念坚定、爱党爱国、勇毅前行的国之栋梁。

二、"四史"教育融入思想政治理论课的内在逻辑

"四史"教育旨在以历史为基础引导学生更准确地认识国情，知古鉴今；思想政治理论课旨在引导学生树立正确的世界观、人生观、价值观，做德才兼备的时代先锋。两者具有内在的统一性。

（一）本质特征相同

"四史"是反映中国共产党领导中国人民抵抗外来侵略、争取民族独立、实现人民解放的探索史，是中国共产党领导中国人民实现从"站起来""富起来"到"强起来"的奋斗史。"四史"教育不仅仅是历史知识的教学，还是以历史为基础的政治教育，目的在于引导学生深刻认识现代中国的探索历程与发展脉络，认识在党的领导下中国人民进行政治斗争和政治建设的历程。可见，"四史"折射出的是中华民族对政治的历史选择，具有高度的政治特征。而思想政治理论课是高校以培养具有政治觉悟、文化素养、道德品质的全面发展人才为目标开设的课程，是培育有理想、有道德、有文化、有纪律的"四有"新人的主阵地，立足解决"培养什么样的人、怎样培养人、为谁培养人"这一根本问题，在培养学生坚定的政治立场与政治信仰上有不可替代的作用。很显然，思想政治理论课的政治特征

是不言而喻的。

因此，鲜明的政治立场让"四史"教育和思想政治理论课具有高度的契合性，二者的融合有利于贯彻落实党的大政方针政策，让学生坚定马克思主义信仰和共产主义信仰。

（二）教学目标一致

"四史"教育立足于用生动的史实立德树人。学习"四史"，并不是回顾和沉溺于过去的光辉，而是要总结历史经验教训，以前人之事启后人之智，引导学生知史爱国、知史爱党，通过把握历史规律，增强自身修养，厚植爱国爱党情怀，在学习领悟中坚定理想信念，在奋发有为中践行初心使命，不断推动党和国家各项事业前进，为实现中华民族伟大复兴"增强开拓前进的勇气和力量"。而高校思想政治理论课致力于用马克思主义理论、中国特色社会主义理论、习近平新时代中国特色社会主义思想武装学生头脑，强化学生使命担当，培养爱国爱民、志存高远、信念坚定的社会主义建设者和接班人。可见，思想政治理论课与"四史"教育目标是一致的，都是立足于帮助学生树立崇高的理想信念，补足青年学生精神之"钙"，为党和国家培养德智体美劳全面发展的社会主义建设者和接班人。

（三）教学内容互补

党史是中国共产党的领导不断走向成熟的实践史，反映的是中国共产党从无到有、从小到大、从弱到强、不断从胜利走向新的胜利的历史。新中国史是中国共产党推进建设新中国的实践史，反映了中华民族从站起来、富起来到强起来的历史。改革开放史是中国共产党推进社会主义制度自我完善和发展的实践史，反映的是40多年来中国共产党团结带领全国各族人民大胆探索、勇于实践，开创和发展中国特色社会主义的创业史。社会主义发展史是社会主义从创立、发展到完善的历史，反映了500多年来世界社会主义从空想到科学、从理论到实践、从一国实践到多国发展、从遭受严重挫折到正在逐渐走向复兴的发展史。总体来看，"四史"内容虽各有侧重，但它们是一个整体，在时间上叠加，在内容上关联，相互之间接续传承、融会贯通。讲授"四史"，就是要着力讲好中国共产党为人民谋幸福、为民族谋复兴、为世界谋大同的实践史。

思想政治理论课以为国育才为目标，属于政治范畴，主要涵盖以下课程。一是"马克思主义基本原理概论"。这一课程旨在用马克思主义基本原理指导学生用马克思主义立场、观点、方法去认识世界和改造世界。二是"毛泽东思想和中国特色社会主义概论"。这一课程讲述的是马克思主义在中国的运用和发展，是马克思主义理论与中国独创性理论的有机结合。三是"中国近现代史纲要"。这一门课是从指导学生了解国史国情为出发点，讲述鸦片战争到建设中国特色社会主义新时期的历史。四是"思想道德与法治"。这一课程以理论知识引导学生加强自身道德修养，争做有德、有才、有志气、有骨气的时代新人。

通过对"四史"和思想政治理论课内容的剖析，可以看出，"四史"的内容与思想政治理论课存在交叉与互补。"四史"所体现的"不忘初心"使命教育、爱国情怀教育、创新精神教育以及理想信念教育等教育价值理念，为思想政治理论课提供了有力的教学支撑，让广大青年大学生对中国共产党为什么"能"、马克思主义为什么"行"、中国特色社会主义为什么"好"等重大问题有更为深刻的理解，从而更加坚定他们听党话、跟党走的决心，增强他们在全面建设社会主义现代化国家的伟大实践中建功立业的责任感和使命感。

三、"四史"教育融入思想政治理论课的路径选择

高校是孕育人才的摇篮，承担着为国育才的重任。从实际情况来看，要将"四史"教育较好地融入思想政治理论课之中，需要着重把握好以下几方面的情况。

（一）发挥教师主导作用

教师是人类灵魂的工程师，是立德树人的中坚力量。在教学过程中，老师起着教学、引导的重要作用。能否将"四史"融入思想政治理论课并发挥最大化教育成效，关键还在于教师。因此，构建一支高素质的思想政治理论课教师队伍至关重要。具体来看，第一，要让有信仰的人讲信仰，教育者先受教育。2021年4月，《教育部关于在教育系统开展师德专题教育的通知》发布，将"四史"学习作为广大教师思想政治"必修课"，结合建党百年系列庆祝活动，以党史学习教育为主线，强化"四史"学习教育。所谓"打铁还需自身硬"，教师只有拥有过硬的专业知识素质，自己真正做到学懂"四史"，才能更好地传授"四史"。因此，教师

要贯彻落实习近平总书记关于"四个引路人""四个相统一""六要"等重要精神，以坚定的政治立场传授知识，在教学过程中不断丰富"四史"知识储备，准确把握"四史"内容的核心要义，做到教学相长。第二，教育者要明确自身育人职责，增强"四史"教育的主动性。习近平总书记强调："办好思想政治理论课关键在教师，关键在发挥教师的积极性、主动性、创造性。"[①] 教师的教学意识是影响教学效果的重要因素之一。因此，教师要以"四史"教育融入思想政治理论课这一明确要求为导向，充分认识自身在立德树人过程中的教育引领、政治引领、思想引领作用，自觉在思政课程中融入"四史"学习教育。

（二）重视学生主体地位

教学活动是围绕学生展开的，要真正做到让学生将所学知识内化于心、外化于行，在教学过程中就需要充分尊重受教育者的主体地位，发挥学生的主体作用。首先，要帮助学生把握认知规律。人们对历史的兴趣源于现实和历史的关联，对历史的学习遵循从感性认识到理性认识、从现象到本质的一般规律。"四史"的丰富内涵需要长时间的深入研究与学习，而每个人接受新事物、新观点的能力不一样，接受的程度也不一致。因此，要帮助学生学会把握自身认知规律，让学生清楚学习是个积累的过程，不是一蹴而就的。最成功的教育是自我教育，让学生对自己产生充分认识，才能将"四史"学习变成自发自觉的行为。这样一来，学生在学习过程中就会根据自身的知识储备及内在需要，高效吸收"四史"的知识内容及精神内涵，真正让知识入脑、入心。其次，要激发学生的问题意识。带有问题意识的思维表现为善于思考、理性判断、勤于反思。激发学生的问题意识、让学生带着问题学习"四史"，是为了让学生在浩瀚的历史知识海洋中找寻为什么要学习"四史"、学习"四史"的意义所在的答案。学生拥有问题意识才能学会发现问题、解决问题，从而更扎实地把握"四史"的丰富内涵。最后，要引导学生科学学习"四史"。学习"四史"不能"死记硬背"，也不能"投机取巧"。一方面，兴趣是最好的老师，要引导学生从自己的兴趣出发，充分激发学生的主观能动性。另一方面，引导学生用唯物史观的思维学习"四史"，立足史实，实事求是，既不

① 习近平：《用新时代中国特色社会主义思想铸魂育人　贯彻党的教育方针落实立德树人根本任务》，《人民日报》，2019-03-19（1）。

断章取义，也不以偏概全，而是辩证地看待、客观地对待历史。除此之外，学习"四史"也不仅仅只是掌握理论知识，而是要学史力行、以行践知。因此，要鼓励学生在学习掌握了"四史"后，用理论指导实践，自觉在生活中传承和发扬"四史"，自觉承担起中华民族伟大复兴的大业。

（三）创新课程教学方法

为了更好地使学生全面而系统地把握"四史"理论知识，需要利用好课堂这个教学主场地。但仅仅理论说教会让学生感到枯燥，失去学习兴趣，使教学效果大打折扣。因此，还需要探索更多的教学方法来辅助教学。首先，要本着充分发挥学生主体作用的原则，聚焦课堂教学。课堂教学是根本，要利用好课堂教学实现教育者与受教育者之间的双向互动，提升教学效果。为此，教师可以采取案例教学、故事教学、参与式教学等方式，用经典的案例来论证理论的正确性；用"四史"故事引起学生情感的共鸣；用交流心得、朗诵、演情景剧等让学生参与进来的形式充分调动他们的积极性。这样一来，可以有效提高"四史"教学趣味性和感染力，激发学生学习兴趣。其次，在信息技术快速发展的时代，要利用好信息平台，实现线上线下教学双管齐下。信息平台具有传播速度快，覆盖面广的特点，学校可以借助信息平台来弥补线下教学的不足，如利用微信公众号、微博、学习强国等平台和渠道宣传"四史"知识，唱响主旋律。同时，也可以采用数据库、教育电影、网上论坛等形式拓宽学生获取权威信息的渠道，用学生喜闻乐见的方式强化"四史"教育。线上平台是意识形态宣传的重要阵地，因此要注意在学生能充分表达自己的观点的同时对学生言行进行引导和监督。最后，坚持理论与实践相结合的原则，加强"四史"融入实践教学。一方面可以开展抗战胜利、国庆、五四运动、建党等重大纪念日的主题活动，让学生在红色氛围中感悟"四史"的精神内涵。另一方面，可以组织学生参观博物馆、展览馆、革命根据地等爱国主义教育基地，让学生在具体而又生动的历史资源中接受精神洗礼，传承红色基因。

总体来看，历史是前人留给我们的宝贵财富，学习历史的目的既是了解过去，更是透视未来。将"四史"融入高校思想政治理论课体系是丰富思想政治理论课内容的需要，也是培养时代新人的要求。深入学习"四史"能帮助学生坚定"四个自信"，厚植爱国情怀，做到立场坚定、思想自觉、行动自觉，藏抱负于胸怀，为实现中国梦砥砺前行。思想政治理论教育工作者应充分认识"四史"教育的重要意义，积极研究更多实现"四史"与思想政治理论课有机结合的路径或机制，为提升"四史"教育效果、落实立德树人任务而不断探索。